學林鷗樂

塵紓

謹以拙作
獻予先祖母
感其捧負隆恩

目錄

學林踘樂

3

學林鷗樂

序

黌舍翹楚傳木鐸

學林大儒振金聲

真不意，第一本刊行的拙作，居然是《學林踽樂》，而不是《梨園偶拾》，也不是《閒話音樂》。

回望三十年硯田樂，以筆名塵紓所撰的戲曲文章，少說也有兩千篇，而以其他筆名寫就的音樂文章，又何止一千？雖然歷年愛看拙作的朋友不斷催促我把已刊文章結集成書，但老是提不起勁。或許，縈繞胸臆的那種闌珊之感，就是對戲曲以至音樂現況的無奈之嘆吧。惟有把疊疊文稿束之高閣，暫且免提。

每篇一位 文史名家

二零一六年退休之初，應某報館誠邀，為其「人文歷史」專刊撰寫文章，題目任定。三年下來，合共寫了三幾十篇；每篇簡介一位大都是我少年即中四至中七期間開始認識的文史名家。

當時為專刊撰文，礙於篇幅，每版連插圖以及間或有三幾百字的配稿在內，只可約載四五千字。以此字數簡介名家，當然難求稱心順遂。篇幅太小，恐怕連前菜也夠不上呢！

過去兩年，經不起各方敦促，認為不把這些文章編輯成書，根本愧對列位先師，更有負學子所為，只得奮起精神，重新檢視，並酌增原文，補述不可或缺的資料。當中增潤多至兩萬字的，是首篇亦即介紹業師汪經昌的拙文，蓋因今天認識汪師其人其學的後輩，

稀若晨星。如此著墨，無非是要在濁流之外另呈清流。第二篇亦即簡介業師徐復觀的拙文，也大幅增至一萬六千字，主要記述他不畏強權，無懼霸凌的鬥士精神；欽敬他一支健筆，單挑各界名士文人。

書內分成　兩大系列

　　為方便翻閱，本輯文章特意分成兩部分，其一是「新亞學者系列」，專敘當年新亞研究所列位恩師；其二是「二十世紀文史名家系列」，介紹兩岸三地文史翹楚。年前為了拓闊報館「人文歷史」專刊的範疇，間或敘及西方名家。記得當年在專刊破格介紹西方大師，確需幾番唇舌。念及此，那些文章也應收入上述第二系列，以便一并翻閱。

　　論趣味，新亞系列內的簡介，相信較為有趣，皆因當中載有頗多第一手資料，自敘當年忝為新亞弟子如何親蒙師訓，仰承教澤，而所記所錄，盡是活見證；反觀第二系列的名家，全憑神交，只是由少年時代以至過去年間的拜領經驗而已。

　　一如前述，文內名家大都是我少年時代開始「認識」。究竟是什麼回事？為何少年時代已經開始「認識」？要道出箇中原委，得從少年時說起。

　　首先，請容直言，莫怪疏狂。我是「十五而有志於學」的典型例子。清楚記得，踏入中四那年，突受激勵，毅然摒棄長年怠惰態度，終止一切頑皮行為，矢志敏求，潛心向學。然而，所謂向學，不是專注學習應付即將面臨的重重考關，而是黽勉學習無關考試的知識。當時極之醉心中華文化，於是開始從語文、歷史、地理、文學、思想、藝術等方面打基礎，而拙作所提述的文史名家，多是高中至預科年代開始認識。

學林鷗樂

先後打下　兩層基礎

　　此外，為了弘揚國粹，西洋文化也須深入瞭解，俾收知己知彼之效。為此，同時銳意修習英文、西洋文學、西史、地理，以至政治、經濟等。扼要而言，中四至中七那四年，是學習生涯裏打第一層基礎的年代。姑且稱之為 My First Formative Years 吧。

　　隨後浸會學院英文系的四年，可說是 My Second Formative Years，即是打第二層基礎的年代。其間除了以英文為主，法文為副，盡心研讀西洋文史哲以至各門藝術，更以旁聽生身分修習校內中文系及史地系各式各樣的課程，甚至發起傻勁，懇求每科老師視我如本科生，批改自發提交的功課。幾年下來所領受的大量知識，不但直接拓闊視野，亦有助增進思考。

學習須憑　史地座標

　　在打基礎年間，以至隨後悠悠歲月，無論習中習西，均以歷史地理作為一縱一橫的座標。當中歷史是縱，地理是橫。吸取知識的過程，定必按照每個知識點所屬的時與地收取。換言之，當接觸某人某事某物，就以其歷史時間與地理環境，歸類記取；然後將同類知識點連成一線，繼而結線成網，並不斷擴大知識網。此舉亦有效促使短期記憶轉成長期記憶。

　　經驗可予印證，這種使用史地座標的學習方法，比較記得穩妥。何忍把每天所收得的知識零散於腦際而變得漫無旨歸？知識一經散亂，就難以取用。一言蔽之，學習越有系統，記憶就越牢固。此史地座標法，也用於教導小兒，而效果顯著。他十六歲入讀加拿大某省立大學時，已可應付綽餘。

序

此刻遙想，前述兩個打基礎的年代，確實奠立了牢固而廣闊的學問基石。隨後以英文系第一名畢業並取得「浸會」唯一獎學金而保送美國某研究院進修西洋文學，之後回港得列「新亞」門牆，廣受文史哲不分家的教澤，以至過去大半生不論何時何地勤修苦練，都是仰仗那八年所打下的良好基礎。

早著先機　未教先學

良好基礎，固然重要；穩奪先機，更是不二法門。自忖是 Being Proactive（先機穩奪）的信徒。回首求學年間，那些尚未修習的科目，往往在開課前一兩年早已熟習。及至正式進修時，已經了然於胸。這種方法，不但學得踏實，而且早就備有足夠知識向老師問難，更早從各式論著步步開拓，時時增益。

若問，先機如何穩奪？答案其實十分簡單──就是充分運用大假期。每逢聖誕、農曆新年、復活及暑期等長假期，為求精進幹練，總以一半時間預習隨後而來的學科，多讀參考書，包括相關學術論著；餘下一半，則用來娛樂玩耍。幾年下來，就足以勝人多步。

自問性好分享，既愛分享學問見識，也愛分享心懷意念，所以很喜歡教學，與後進共享一己所知所感。然而，如果留在學府，便須常仰系主任鼻息，既要教一些非己所願的科目，又要從事某些了無興趣的研究。總覺得，以自己最大興趣作為飯碗，簡直是人生至笨之事。正因如此，從不企望留在庠序，以教學作為正職；寧願做個小小公務員，而以教學為副業。回望八十年代，就是以兼職講師身分執教英文、翻譯、西洋文學。既然是興趣所在，怎不樂在其中？

學林鷗樂

學林獨行　趣樂無窮

　　過去年間，不論是當教師抑或做藝評，總是中西環抱，古今兼攻，未敢偏廢。在學林獨行，身雖孤單，心卻富足，只因林裏奇花競秀，妙卉爭妍，委實趣樂無窮！

　　必須申明，並非青少年時代已予拜領的每位文史哲名家（文藝作家不算在內），均有專文簡介。事實上，當中缺漏者，多不勝數，既有親施教澤的錢穆、蕭作樑、章羣、司馬長風、趙聰、徐訏、曾錦漳、佘陽等，亦有以論著啟我導我的無數前輩高賢。例如：

　　文有——錢鍾書、祖師爺吳梅、蔣伯潛、馬宗霍、鄭振鐸、羅根澤、劉麟生、郭紹虞、蕭滌非、陸侃如、青木正兒、吉川幸次郎、鈴木虎雄、游國恩、屈萬里、王夢鷗、劉若愚、張元夫、方孝岳、方祖燊、李純勝、黃永武、楊啟高、陳延傑、史墨卿、方瑜、王保珍、劉維崇、楊文雄、包根弟、張仁青、張夢機、謝錦桂毓、何啟民、瞿兌之、劉開榮、羅聯添、胡雲翼、黃昮吾、杜松柏、趙景深、葉德均、胡士瑩、譚達先、鄭騫、陳萬鼐、王志健、楊文雄、張健、葉龍、吳宏一、孟瑤、祝秀俠、胡懷琛、張以仁、王力、馬敘倫、唐蘭、向夏、林尹、杜學知、陳新雄、楊樹達、黃慶萱、陳望道、張舜徽、王叔岷、啟功、來新夏等；

　　史有——柳詒徵、陳寅恪、祖師爺呂思勉、傅斯年傅樂成兩伯侄、顧頡剛、方東樹、李宗侗、吳晗、費孝通、羅香林、翦伯贊、蕭一山、黎傑、張孟倫、杜乃濟、毛一波、蘇同炳、丁易、劉義棠、李劍農、許冠三、金毓黻（靜庵）、何永成、沈兼士、楊樹藩、張金鑑、薩孟武、鄧嗣禹、吳相湘、王壽南、帥鴻勳、薛作雲、馬空群、鄭壽彭、孫金銘、徐曾淵、李俊、馬問耕、王德昭、鄭良樹等；

哲有——祖師爺熊十力、蔡元培、朱謙之、謝扶雅、唐君毅、梁漱溟、任繼愈、楊明照、吳經熊、王利器、黎翔鳳、謝幼偉、趙雅博、傅勤家、勞思光、殷海光、韋政通、唐端正、吳怡、陳大齊、劉述先、譚作人、葉國慶、紀敦詩、張明凱、林夏、楊筠如、林繼平、成中英、蔡仁厚、杜維明、滕春興、楊慧傑、黃士復、高登海、杜而未、何秀煌、李震等。

酷愛國學的讀者當然知曉，上述學者，不是名家大師，就是學林翹楚，位位業有專工，各領風騷，足為典範，實堪記述。年逾古稀的文友，看到這些名字，更必勾起絲絲遠憶。

一經臚列，就知未敘者遠超已敘者。缺漏如斯，許是緣分未至。他日是否尚有閒情，逐一補敘遺珠，此刻倒不必過於措意。

本乎學術　說良心話

再者，書內所提名家，儘管享譽學林，但按我多年觀察，未必位位堪稱楷模；當中有些反而大有商榷之處。例如，親傳教益的牟宗三，雖然客觀上堪稱二十世紀偉大哲學家，但個人行為難樹典範，甚至招人鄙夷；講授唐史的林天蔚，史識缺乏，概念混淆，甚至信口開河，大有濫竽之嫌；熱愛中華民族並處處力證毗鄰各族與漢族實有血緣關係因而盼望中外民族和平互愛的徐松石，想法嚴重脫離實際；宋史名家鄧廣銘，囿於民族情緒，論述未及客觀；熟讀《資治通鑑》的王仲犖，竟然看不懂《通鑑》成書的本意而嚴重錯評；精研南明史的謝國楨，居然認為黨爭是明亡主因，而從不提及太祖廢相，以致皇權獨大，才是明亡主因；廣受景仰的羅忼烈，撰文立論，居然主觀偏頗，甚至前後矛盾，委實叫人失望；風趣幽默的黎東方，只擅於說史，卻不精於研史。

凡此觀察，都寫在相關文內，期與讀者共鑑。慶幸並非久廁上庠，否則未必可以如此順乎學術良心，秉乎士子良知，說一些很多學者都不敢說的話。拙作的本意，正正是要說一些了無畏懼的良心話。

餘生轉談　西方名家

　　拙作刊行後，自當筆耕續樂，免得馬齒徒增，並冀以餘生綿力，晚霞微光，轉為介紹西方文史名家。蓋因他們一直惠澤至豐，啟迪殊深，實應記敘。

　　殷冀大家互勉互進，在各自崗位敬誠其事，同心仿效先輩前賢，為這個早已扭曲至不成常形的世界，多傳木鐸，盡振金聲。

　　如此，學林幸甚，蒼生幸甚！

二二年十二月杪
香港沙田

序

學林鷗樂

「新亞」學者系列

風趣幽默　從不吹噓
常念吾師汪經昌

　　幾十年前在香港高等學府教授戲曲的專家，相信只有兩位。其一是長期任教於香港大學的羅忼烈，後輩大多尊稱他為「羅公」；另一是曾在台灣執教鞭而其後來港任教於新亞研究所的汪經昌。

　　我年輕時，無緣立雪羅門，而羅公的學養，只能從著作中拜領。然而，說什麼也想不到竟然有幸趕得尾班車，做汪經昌老師的其中一位關門弟子，在新亞研究所修業期間，深受汪師教澤。

師生緣分　始於浸會

　　在戲曲藝術圈，不少人都知道我是汪師晚年劣徒，但沒有人知道，師生緣其實始於香港浸會學院。上世紀七十年代，我在「浸會」修讀英文系。為求增益，除了本系課程，亦恆常旁聽中文系和史地系課程。只要時間上不與本科相撞，必定涓滴不捨，一一旁聽。幾年下來，旁聽過的學科，倒也很多。記得某年旁聽中文系的聲韻訓詁課程，任教的就是汪師。

　　回想當年，少不更事，有眼不識泰山，壓根兒不知汪師有這麼大的來頭，僅知他學問豐富，聲韻訓詁裏的各個課題，他都講得暢如流水，輕若行雲。可惜，中文系一眾學子，沒有多大著意老師所講所授，只管低首案頭，幹己之事。或許他們認為，此等「小學」，不值得認真學習。當時，我滿有慨嘆，這位老師在浸會中文系教學，簡直是屈就浪費。

學林鷗樂

眼疾嚴重　摸牆而行

及後得列「新亞」門牆，有幸再續師生緣。其時老師眼疾嚴重，視力不佳。很多次上課之前，我在農圃道遇見他時，他總是靠着牆，一邊用手摸着牆，一邊慢步而行。我自當趨前問安，並想伸手扶他同行，冀盡弟子之禮；怎料他溫言婉拒，說自己習慣了，不礙事。我也只好陪着他走回學校。

老師個子不高，不胖不瘦。每次上課，總穿上西裝，結上領帶，儘管西裝並不是時髦的款式而領帶老是結得鬆鬆的。外形上，他沒有錢穆的儒雅，也沒有牟宗三的瀟灑；言談上，沒有徐復觀的威儀，也沒有嚴耕望的嚴肅；講話時，總愛閉上眼睛，嘴巴橫張。

從不吹噓　師承吳梅

研究所期間的幾位老師，以他最平易近人，說話常帶幾分幽默，而且語調輕鬆，氣定神閒。他給我們最深的印象，是絕不吹擂。記憶中，他從沒提及自己是大師吳梅的得意弟子。

他上課時，個性盡顯，只管夫子自道，從來不向學生提問，而我們這幾位學生也習慣了不舉手發問，只有靜心聆聽的份兒。幾十年前的研究所，教學模式與今天很不相同。老師絕少在課堂上教授相關知識，因為他們都認為，我們身為研究生，理應具備相關知識，即便缺乏知識，也應自行翻閱書本。他們在課堂大都集中教導治理學問的法則，不像今天，研究所老師還繼續以填鴨式講授知識，而且大都是膚淺知識，學生還停留在只關心考試範圍的光景。

由於汪師所教的是戲曲，他所講述的法則，當然多與戲曲有關。當中最有趣的例子應該是他每每提及「倒字」時，總愛舉出國語時代曲《今天不回家》的頭五個字作為說明。他屢次說道，歌詞「今

天不回家」這五個字沒有一個不是倒字。戲曲課堂居然以時代曲作例，相信老師的用意是讓我們這幾個魯鈍的學子容易明白，牢記於心。也真是的，「今天不回家」五字全倒，也實在太經典了。

風趣幽默　語帶玄機

汪師的言談有多風趣幽默？或許可從他吩咐我們寫第一篇功課時得見一斑。記得某天課堂上，他對我們說：「是時候你們要寫點東西了。就這樣吧，我給你們一個題目，寫『戲曲之我見』。」說罷，他豎起四根指頭。有同學隨即問：「是四千字嗎？」老師搖搖頭。我當時心想：這麼廣闊無垠的題目，不寫四萬字，怎得了結？豈料老師居然說：「寫四百字。不要多！我眼睛不好，不能看太多。」當下真的愣住了，四百字？題目寬，字數少，怎生寫？

老師當然懶得理會我們滿臉為難之色，只管繼續說：「你們用不着翻什麼書，只須看看劉大傑的《中國文學發展史》就可以了，因為裏面很多地方都是錯的。」真猜不透，他當時是真介紹，還是反介紹？由於字數限定四百，我為求盡量精簡省字，只得用文言文，以兩張原稿紙寫了四百多字，並在限期前遞交汪師批改。

文字功底　果真重要

其後，幾位同學遵照老師囑咐，前去他的辦公室取回功課，而此行恍惚是領回自己的屍體，皆因做這種功課，難求倖免，必死無疑。當我走進辦公室道明來意，並報上名來，只見汪師一邊從抽屜取出我的原稿紙功課，一邊對我說：「你就是黃健庭。我知道你。」隨即再匆匆看一遍我的功課；然後慢條斯理對我說：「很好，很好！你文言文寫得不錯。以後做什麼，也沒有問題的。」

學林鷗樂

聽罷此話，頓然冒火十丈；可是礙於師生有序，尊卑有別，心頭怒火，不好爆發，只得暗忖：你明明是戲曲老師，我戲曲功課上若有何缺失，大可言明，逕直指導，何苦拐個大彎，不批評功課內容，只評點文字能力？這豈不是等於我參加歌唱比賽，你當評判，不直接批評我的歌藝，只管避重就輕，讚賞我的歌衫。真是可惡！心中不由得狠狠罵了他好幾頓。

其後由於事忙，他那次的說話，倒沒有放在心上。及至中年，人生經驗漸豐，工作能力稍增，每當研究新課題，翻閱古籍時，總覺順心無礙。那個時節，才突然想起汪師的評論。原來他所言不差，只要文字功底扎實，管你研究什麼，撰寫什麼，也必事半功倍。只怪我當時年少愚拙，領略不到老師的點評，參悟不透箇中真理，實在慚愧！

傳世著作　雖少卻精

不過，更慚愧的，是儘管隨侍有年，常領棒喝，但只恨智淺才疏，魯鈍散漫，汪師如汪洋的學問，竟無半分承襲。每每念及，惶恐無比。尚幸汪門弟子，仍有不少；弘揚師學的大任，慶有賢人學長肩負。

或許是基於性格，又或是固於自身原則，汪師傳世的著作，並不算多。我手執的三本，是他親撰的《曲學例釋》（初版）（台灣中華書局，一九六三）及（二版）（台灣中華書局，一九六六）、《南北曲小令譜》（初版）（台灣中華書局，一九六五），以及他校輯的《曲韻五書》（二版）（台灣廣文書局，一九六五）。

這三本書，今天大型圖書館應可找到，網上以至一些書店亦有發售，而他介紹乃師吳梅的短文，則見於「台灣國民基本知識叢書

第五輯」《中國文學史論集（四）》的「于右任先生八秩榮慶祝賀論文集」（中華文化出版事業委員會，一九五八）。此外，內地出版社近年把前述《曲韻五書》內的〈中州音韻〉及〈中原音韵講疏〉取出，另自刊行。

汪師著作數量雖然不多，但翔實精闢，只要耐心捧讀，細心思考，定必盡得三昧。

文人代序　藝趣盎然

汪師論著之中，宜先介紹《曲學例釋》。此書初刊於一九六三年，隨後於六六年重刊。

在此不妨未論正文先說序。事緣汪師慶得兩位文友慨允，代撰序言；其一是在軍隊擔任文官而酷愛文學尤專駢文的成惕軒，其二是雅擅書畫兼工詩詞的江絜生。

對目下讀者來說，這兩位文人可能比較陌生。其實，他倆都是當時士林顯赫之輩。成惕軒著有《楚望樓詩》、《楚望樓聯語》、《楚望樓駢體文內、外、續三篇》等。再者，他的哲嗣，就是後來譽滿黌舍的哲學教授成中英；江絜生則與張大千過從極密，常在這位國畫大師的畫作落款題詞，而他自己的作品，台北故宮博物院亦有收藏。

成以駢文　敬撰序言

成惕軒以駢文敬撰序言。他在序內首先慨嘆，當時文壇儒林：「天將喪文，士不悅學。陋襲兔園之冊，冗爭驢券之辭。其間炫露短材，譏評前輩，呼太冲為傖父，詆子美以村夫；儴紫自雄，雌黃徒侈，比比也。」

學林鷗樂

他這番話，是狠狠批評當時文人，既缺才學，亦無見識，並藉《兔園冊》及博士買驢這兩則典故，嘲諷他們只管在低下無聊的文字遊戲爭鋒。

他繼而轉談老師，稱許他儼如「俗世清流，人中龍鳳。求一闇然覃研，卓爾樹立，紹前修之絕學，恥嘩眾以希榮，如吾友汪薇史（按：老師名號）教授，不幾稀若星鳳，蔚為人龍也哉？薇史博覽覃編……殷盤周誥，爛熟於胸中；宋豔班香，紛羅於腕底，多文為富，同輩所推，……可謂藹藹吉人，謙謙君子者也。」

他稱讚一番後，隨而標明，樂見汪書初成：「頃分暇晷，親課諸生，成《曲學例釋》一書，屬（按：即「囑」）以一言弁諸首。」就此，他謙虛愧稱，自己是戲曲門外漢：「余於斯道，素鮮究心，未窺樂府之藩，敢顧當筵之誤。」

他為此對汪書充滿期望：「今也雅樂雖微，王春尚在，……當必有詠歌雲龍，凌轢關馬，以紀舊邦中興之盛者。薇史纂一家言，為多士式，……」他在文末殷盼，際此「野色茫茫，天風浩浩，……」而他既身為楚人，「願聆白雪陽春之奏。」

這篇以駢文寫就的代序，實在是二十世紀的範文佳構。

江賦一詞　聊以寄意

成序既畢，江序隨來。

江雅擅詩詞，自當賦詞乙闋，聊作抒懷，藉以寄意：

「楚魂馨，曲終人訣峰青。

　記年時，酒旗戲鼓，轟場排唱陽春。

　倚北腔，高廻雄越；

賡南曲，怯囀嚶嚀。

裂笛秦淮，拋鈿吳苑，西遶鈴雨不堪聽。

自胡馬，重窺江左，檀板久飄零。……

最哀怨，衣斑映海。經筵欹鬢星星。……

閑尋夢，畫玳千雲；

玉茗堂幽，青門夢幻，宵來偷醉太平聲。

嘆重遇，落花時節，無淚濕榴裙；

歌樓月，甚時歸問，扇底秋唇？」（調寄【多麗】）

　　江絜生在詞內先慨嘆當年打板唱曲美景，如今逝如流水，一去難回；復哀此刻，檀板飄零，惟憑偷醉；他日縱有重逢，猶恐相對無淚。歌魂曲夢，衰落如斯，何以掩抑？

卷首列明　凡例十條

　　閱罷序內一文一詞，拜領前輩騷人酬遞雅意之後，此刻好應返回正題。

　　《曲學例釋》一書，長六百頁，內分四卷，即「篇首──曲學發凡」，「上篇──散曲例釋」，「下篇──劇曲例釋」，「篇餘──治曲徵獻」，並於卷首，列明凡例十條。

　　不過，老師所立的凡例，不單為隨後的正文定例，亦就曲學以至曲體略有說明。他首先直言，曲本身只是文學的枝末，而歷代各家各派對曲學也有不同的說法。由於填詞制譜是曲學的根本，他特意把「曲學發凡」放在篇首。

　　雖然按照曲的發展先後，北先於南，但由於南曲自傳奇之後有繁花競秀之態，以致曲作豐富。於此，一北一南，各自精彩，倒有「金玉同貞之妙」。他因此在書內分章討論北曲與南曲，而不混為一談。

書內詳述　學曲須知

另一方面，他所選取的例釋，必「以範本為先，以通理為貴；凡屬虛罔之論，概不網羅。」至於「散曲選錄，以基本牌調為主，……曲詞則以文采為主。」既然曲是詞餘，學曲之人必先具有詞章知識，所以曲裏的字句典實，不擬逐一詳註。

此外，北曲多雜胡人詞語；南曲多摻宋人俗話，老師特於書末酌量詁釋，以便讀者瞭解陌生字詞。老師在凡例末款說明，鑑於「曲選之類，既已傷於繁博，曲理之學，復見遺於學課，」於是「為補此失，義取兩全，通編體制，實備蒙習。」

即是說，他編此《曲學例釋》的目的，是補救曲學不再是高等學府的常設科目。因此，我們倒可視之為曲學常識讀本。

學曲首要　須明源本

老師在「篇首——曲學發凡」列出九項須知，依次是「源本」、「曲義」、「樂理」、「宮調」、「體制」、「韵協」、「板式」、「正襯」、「譜律」，並就每項有所闡明。據他指出：

（1）「源本」——「南北曲為樂府緒餘，學曲應先明源本」。汪師首先明言：「歌謠之興，……靡不聲辭俱備，有律有樂，雖各代異制異名。要其性質皆屬樂府。……人有方域之分，時有今故之異，所發之音，因亦隨地隨時而有變易。樂因聲易，其律亦易，故歷代樂府，歌辭儘可保存，樂律則絕難固守不變。然其變易之迹，實相延綿，是逐步之蛻變，非一時之突變。蓋欲明其流，宜先窮其本。」

常念吾師汪經昌

這番開場白，無非是要說明，曲既然身為韻文的一支，如果要理解曲，就必須摸通樂府，而此處的「樂府」，是取其最廣義，即聲辭俱備而有律有樂的詩歌；

瞭解脈絡　懂得樂理

（2）「曲義」——「曲樂僅大成於金元時代，學曲應先明曲為詞餘之義」。此處是指學曲者在摸通樂府之後，必須瞭解從詞演變至曲的脈絡；

（3）「樂理」——「曲為音樂文學之一種，學曲應先明樂理」。曲，本質上是文學與音樂的結合，即是韻文與聲樂乃至於器樂的結合，因此學曲必須懂得當中所涉樂理。老師首先說明，古樂家按照人類口腔內外五個參差有別的發聲部位而分列不同的音質，即喉音深厚，顎音豁顯，舌音平和，齒音清麗，唇音柔微。如果以字符表達其特質，則是宮、商、角、徵、羽，而這五音，實質是聲類。

老師進而指出，「聲類之立，以發音諸器官為源，而以音質與聲等為本。音質有清濁，聲等有高低，高者近清，低者近濁，故音質實影響聲等。音律家以字符表之，清者謂之陰，濁者謂之陽；古樂家以樂符表之，陽聲歸諸律，陰聲歸諸呂，……而各釐為六等，（按：即隸屬陽聲的六律，而當中以黃鐘為首，以及隸屬陰聲的六呂，而當中以大呂為首。）……故律呂合為十二，猶今樂鋼琴之設十二音鍵，而宮、商、角、徵、羽、變宮、變徵，猶今樂之七等音符也。調之高低，以十二呂律表之；音之輕重，以七等音符表之。」這就是傳統樂理的基本知識。

學林謳樂

宮調缺失　曲分南北

（4）「宮調」——「南北依聲成詞，學曲應先明宮調」。由於律呂不全，宮調缺失，不是宮存而調亡，就是調存而宮失，以致宮與調已經沒有什麼區別。影響所及，各家曲譜所載的南北曲宮調，在分別宮調方面，變得不盡相同。

雖然如此，一般通行的，仍有六宮十二調。不過，當中只有九個算是常用的，分別是：仙呂、南呂、黃鐘、中呂、正宮、大石、商調、越調、雙調；

（5）「體制」——「曲有南北之分，學曲應先明體制」。老師隨而在此段指出，「北曲濫觴於金而盛於元；南曲萌芽於元末而盛於明季與清初。風格製作，互不相同。」

他繼而說明，今日的曲體，可分為小令、散套、雜劇及傳奇三大類。傳奇只有南曲才有，其實是南雜劇的延伸。由於小令與散套，「同屬題詠性靈，不譜故事，故稱為散曲」；而雜劇及傳奇所用的套曲，則稱為劇曲；

樂聲字音　兩須相協

（6）「韻協」——「曲學重在和聲，學曲應先明韻協」。老師在此段首先申明曲有南北之分的關係：「元曲依牌調定式，以成詞句；復循樂聲高下輕重，以協單字四聲、陰陽之異。……元曲句法，有可平可仄，有必平必仄；有可陰可陽，有必陰必陽之別。樂聲賴高下輕重之音階以成旋律；字音賴強弱清濁之音質而獲區別。字音之清濁，足以影響樂韻之輕重；樂聲之高下，足以影響字音之強弱。若兩不相協，則樂聲亂而字聲失。故樂聲能協字音，則單字之音，

可表於樂；字音能協樂聲，則樂韵之和，可表於詞。此所以通樂理者，必須明審字音，而摛藻采者，必須旁通乎樂律也。」換言之，樂聲與字音，必須講求和協。

老師繼而指出字音的特色：「單字之形音，實合頭、腹、尾三部之聲，而以發聲與收韵為樞紐。音韵家藉此出口與收韵間差別，分別其單字之平、仄、陰、陽。平聲出口不抗不墜；上聲出口高舉；去聲出口遠送；入聲出口斷促。此平、上、去、入之分等，謂之四聲。就其聲等相同之單字，勒為綱目，謂之韵目。顧平仄相同之字，固有清、濁之分，而同一韵目之內，尤有『應』（按：指協應，即兩字同屬陰，或同屬陽）與『不應』（按：即不協應）之別。例如，『東』，『通』，『同』，均為平聲；……然播諸於口，『東』，『通』則相應；『東』，『同』則諧而不應。……是則韵目同，平仄同，而陰陽亦同者，始稱諧協。『東』，『通』同一平聲，同一韵目，同一陰陽；『東』，『同』雖同一平聲，同一韵目，而一陰一陽，遂有既諧而應，諧而不應之分。……」

另外，本段下半部說明曲韵與詞韵，實有分別：「詞曲韵雖同屬平仄通用，而曲韵分部，且較詞韵為寬；然曲韵對陰陽之分，收音之辨，則遠比詞韵為密。故曲韵與詞韵相較，固似寬而實嚴也。」從老師所說可知，曲韵比詞韵更為嚴格；

節拍為據　板式有五

（7）「板式」──「曲調定格，以節拍為據，學曲必須精究板式」。老師繼樂聲與字音之後，轉談板式：「每一曲牌風格，繫於音節快慢。每一音節段落，詞家稱之為一拍；曲家稱之為一板。一板之內小音節，詞家稱為短拍；曲家謂之為眼。」

學林踽樂

如果說，板是字與句之間的關係，眼就是字與腔之間的關係。

文內隨而說明，板式有五種：其一，下於字頭之處，曰頭板；其二，下於字腹之處，曰腰板，亦稱制板；下於腔盡之處，曰底板，亦稱截板，而以上三種，皆為正板，是曲中固有的板式。

然而，及至南曲，由於輔腔繁多，曲家為應所需，特意在每兩正板之間，各增一板，稱之為贈板，而贈板之下，再細分為頭贈板與腰贈板。前者是指下於字腔之頭；後者是指下於字腔之腹。此二者再加前述三種正板，合共五種板式。

必須注意，頭贈板與腰增版，僅限於南曲，而不見於北曲。至於曲眼，則有三種：「但凡下於頭板之後，叫頭眼；下於頭眼之後，叫中眼；下於中眼之後，叫末眼。」不過，老師繼而指出：「凡此三眼，皆屬正眼。正眼著於字或腔之頭部；其著於腔之腹或尾，曰側眼，俗名宕眼。」

快曲慢曲　不可誤置

老師敘明板眼的關係之後，提出曲有快慢之分：「夫積眼成板，而曲快慢以分。故有三眼一板之曲，有一眼一板之曲，有板板相接之快曲，有僅下截板（按：即底板）之散板曲。」然則，何時用快曲，何時用慢曲，是否有常規？

文內繼而概括：「大抵行動之情，多出以快曲；文靜之情，多選用慢曲。」老師特別提醒曲友，快曲慢曲，不可誤置，否則造成顛倒，失卻倫次。再者，「每一曲牌，有可獨用，有須疊用，有必先後順用，情形不一，出入幾微。」由此可見，度曲絕非易事；

字分正襯　有矩可循

　　（8）「正襯」——「南北曲句法，均有規矩，學曲必先判正襯」。但凡學曲唱曲之人，當然知道，歌曲的文詞，有正字與襯字之分。不過，正字與襯字，如何區別？襯字有什麼功能？襯字是否可以任意使用，隨處添加？

　　對於這些問題，老師在此段有清楚解說：「元曲每句除固定字數外，尚可增益單字。曲家以每句之固定字數，稱之為正字；其額外所增單字，稱為襯字。正字之四聲陰陽，每一曲牌均有一定軌範；襯字則不拘陰陽四聲。故正襯相混，勢必影響句法尺度，從而損及曲牌格式。曲中襯字之運用，不僅使文義條暢，更係配合曲樂節奏，而使曲聲有疏密錯落之致，清新流轉之美。此正曲句貴用襯字之處。」

　　然而，襯字除了固有好處，亦有壞處，就是「往往因襯字失檢，遂使一句誤作兩句，或兩句誤為一句；或將相異曲牌，誤成同一詞格；或將相同曲牌，誤作另一體制。格式既亂，自無從訂正體裁。」老師隨即以《還魂記》「訓女」的一句曲詞為例：「不枉了銀娘玉姐衹做箇紡磚兒。」按照譜式，這是個七字句。「銀娘玉姐紡磚兒」是正字；其餘的「不枉了」，「衹做箇」，都是襯字。此處明明只有一個七字句，但竟然可以讀作兩句，即「不枉了銀娘玉姐，衹做箇紡磚兒。」

襯字可用　但不亂用

　　老師因此叮囑，「襯字可用而必不可亂用也」；然後列出四條規則：

「（一）必須檢查曲牌板式，下襯必不可當板。至北曲板式，雖可移動，然有疏密之別。板式繁密之句，不妨用襯；板式疏朗之句，用襯不宜過長。蓋板式繁密，兩板相距必較近，酌用襯字，可以抒展音節。若板式疏朗，則兩板相去必遠；襯字一多，將趕板不及也。

（二）北曲用襯，長短固可不拘，但襯字過多，足以紊亂句法，牽混音節，曲家有襯不過三之說。此雖適用於南曲，然作北曲用襯，亦總以不濫為是。

（三）用襯只宜用虛字，不宜用實字。

（四）用襯須顧全文義。句中正字，應為主要文義；襯字只是輔助文義。」

且看老師如何在此段末端總結：「曲中襯字之用，須遵守句讀、句法、曲牌、板式，而又不得損害文理。……學曲必應細按正譜，逐字檢和，庶幾披沙得金，不致扣盤捫燭。」換言之，襯字若然用得恰宜，當可發揮輔助功能；惟上述規則，必須凜遵；

宮譜曲譜　功能不同

（9）「譜律」——「南北曲法度，出入幾微，學曲應先究譜律」。老師在本卷最後一段說明：「元曲宮調，有一定程式。每一曲牌，有一定之句法與聲範。循規遵途，必須熟究譜律。……曲中軌範，既密且嚴。譜律之學，為治曲者所不可或廢。」老師繼而指出，歷來曲律的著述，可按性質分成兩大類：「一為釐正句讀，分別正襯，附點板式以示作曲準繩者，謂之曲譜；一為分別四聲陰陽，腔格高低，旁注工尺，以示度曲之準繩者，謂之宮譜。」（上述九項，見頁一至二十五）

常念吾師汪經昌

老師進而說明宮譜與曲譜的不同功能：「宮譜重在樹立曲牌之聲範；曲譜重在明示曲牌之詞範。」曲譜方面，「論北詞者，以《太和正音譜》，《北詞廣正譜》兩書，足可取法；論南詞則沈璟《南曲譜》，呂士雄《南詞定律》二書，亦稱精審。……至於宮譜之作，則有《大成九宮譜》及呂氏《南詞定律》。兩者皆以曲譜而兼及宮譜。」（頁二十五至二十六）

不過，老師始終認為，乃師吳梅之《南北詞簡譜》與王季烈之《集成曲譜》，分別是最佳的曲譜與宮譜，並稱「此二書問世較遲，其審律精當處，實突過舊譜，允為曲學津梁。」

從上可見，這九項既是學曲須知，也可以說是學曲步驟。

「發凡」之後　闡明散曲

「篇首——曲學發凡」之後，老師進而在緊隨的「上篇——散曲例釋」闡明北詞小令、南詞小令、北詞散套及南詞散套，以及在「下篇——劇曲例釋」闡明雜劇和傳奇。

老師在北詞小令的「釋例」指出：「北詞曲牌總數實際當為三百三十五章（個）。……曲牌之形成，大部分皆各有來歷，或出於唐宋詩餘，或出於大曲，或出於諸宮調，或出於胡樂及俗調。」（頁二十七）例如：

（1）出於唐宋詞的有【喜遷鶯】、【賀聖朝】、【晝夜樂】、【女冠子】等七十多章；

（2）出於大曲的有【小梁州】、【八聲甘州】、【普天樂】、【齊天樂】等十一章；

（3）出於諸宮調的有【刮地風】、【迎仙客】、【石榴花】、【一

枝花】等共二十九章；

　　（4）出於胡樂的有【阿納忽】、【六國朝】、【風流體】、【者刺古】等共七章。

北詞【么篇】　實指【上篇】

　　他亦表示：「北詞曲牌，原亦如詩餘之有上下片（按：即上下闋），其後多不用下片，乃成單隻曲牌。凡一曲連用二支或四支者，是曰【么篇】。」（頁三十）

　　他隨即引述乃師吳梅之說：【么篇】其實是【上篇】的俗字，因兩者字形相近而引致訛誤。如果【么篇】的起句與第一隻不同，則叫作【么篇換頭】；不換頭者，就一如南曲的【前腔】性質。他認為吳梅此說，「應屬精當可信」（同上）。

　　文內繼而指出，如果兩支正曲前後連綴而合成一曲，則叫作「帶過曲」，例如【雁兒落】帶過【得勝令】、【沽美酒】帶過【太平令】。但凡使用「帶過曲」，必須取用同宮調或同音色的正曲，而所帶曲牌，不得超過三隻。

　　他補充說，南北詞同宮調的曲牌，亦可以互帶，但如果是南曲帶北曲，則那支南曲必須是一支從北曲移植過來的南曲，又或是一支南北兼用的曲。他因此勸誡初學者，礙於音律未精，「只宜謹守成式，不宜妄出新意。」（頁三十一）

單用小令　稱作葉兒

　　此外，老師提醒曲友，北詞曲牌當中有超過一半可以互相搭配聯用，但可以當作小令而單獨使用的，只有兩三成。那些可以單用

的小令，也稱作葉兒，體制上與唐宋詞相仿，也因而具備唐宋遺風。為此，小令獨用時，最好保留詞的優雅本質，不宜從俗；用典亦須講求出處。

他甚至不憚煩厭，告誡曲友：「小令既有其專用之曲牌，故作小令時，必須辨明所用牌調，是否適合單用性質。例如【賀聖朝】一曲，入黃鐘者，可作小令用；入商調者，則祇作聯套用。此中消息，必熟讀譜律，始不致迷失。」（頁三十三）

至於南詞小令，老師首先說明：「南曲之興，實在元之中葉，而其結體殆近於詞。南曲曲牌，本之詞牌者甚多。其句法亦多與詩餘相同，至宮調尺度，復折衷於宋詞南北曲之間。故南曲實襲樂府緒餘，而調和南北之音者。其後海鹽、餘姚、弋陽、水磨（按：即崑山）諸腔，相繼流行。」（頁五十四）

度曲之法　全然變質

他隨而指出，本來曲分南北，但由於自明朝中葉，人們以弋陽腔唱北曲，崑腔唱南曲，以致元曲的度曲之法，全然變質。到了明代末年，弋陽腔衰落，南北詞的口法全用崑腔。老師因此有所感言：「今無論南北曲，俗統名曰崑曲，直以崑曲為南北詞本曲，誠屬數典忘祖，不可不辨。惟今日南北曲口法盡亡之後，僅崑腔猶襲曲之宮調，曲文猶是南北詞原本，而宋詞遺音，崑腔復可追尋一二。故崑腔尚不失為探溯南北曲之津梁耳。」（同上）上述引文，言簡意賅，客觀中肯，為崑腔明確定位，消除妄議誤解。

至於南曲所用的曲牌數目，老師引述沈璟所載，共有五百四十三章，當中出自古代詞曲者，幾乎佔半，而光是出自唐宋詞，就佔一百九十；反觀北曲，出自古曲者，僅佔三分之一。

另一方面，南曲的曲牌可以按照性質分為正曲與輔曲兩類。輔曲只可以放在套曲使用，不可以單獨作小令用。老師隨而闡明南曲的用韵規矩：「平上去可以通押，惟入聲字，祇能代平，不可通押……曲之以入聲字起韵者，則通體皆叶入聲。所謂通體專押，不與其他三音混用也。」（頁六十）

既有借宮　亦具犯宮

　　老師在本節的末段講解，南曲北曲均有犯調之法。南曲除有一如北曲之借宮，更獨具犯宮之法，即是「以一隻正曲牌調為本，去其腹句，別取他調句律以實之，首尾仍還本格者，是為帶格之犯。犯一曲者，則就本調下書一犯字，如【永團圓犯】是也。犯二曲者，則就本調上書明二犯，如【二犯傍妝臺】。……」（同上）

　　至於那些沒有在首尾保留本格的犯曲，就猶如百衲成衣，也如詩中之集句者，是謂集曲。

　　承接前文，老師在講解北詞散套時，說明正曲與輔曲的分別。但凡「板眼完整，音節有致，足以暢情永（按：即詠）懷者」，謂之正曲；「有板無眼，或音節疏簡，僅具頭尾」，則屬於輔曲。

　　那末，正曲與輔曲又如何配置使用呢？曲家從眾多曲調當中選取一些單用曲以及把宮調笛色相同的曲牌聯貫成套，然後在其前其後配上輔曲，作為「引子」及「尾聲」。如此就成為一個套數，而這類套式，謂之散套。

　　從結構看，散套其實是小令的延伸。老師至此指出，這類散套是「聯貫數曲牌，自首至尾如長歌然。按題作曲，與小令之法，殊無二致。」（頁七十一）

常念吾師汪經昌

聯曲成套　須守四則

曲家聯曲成套時，並非可以任意施為，隨心選取，而必須恪守四項原則。

其一，只有同宮同調或同等笛色的曲牌，才可以相聯；其二，要分清楚哪些是正曲，哪些是輔曲，並要懂得把具備引導性質的曲牌列為套數內的第一支，把具備結尾性質的曲牌列為套數內殿後的一支；其三，由於北曲裏同名而不同曲的曲牌甚多，曲家必須熟悉曲牌來源，免至誤用；其四，根據北曲的借宮之法，雖不同宮但同一管色的曲牌，都可以相互通用。因此北曲裏各宮調之中的曲牌，有半數可以通假互用。既然如此，曲家必須通曉北曲的借宮之法。

對於南詞散套，老師首先說明，這類散套的聯套方法，一般是把「引子」放在前頭，再把「過曲」放在中間，而用作殿後的，是「尾聲」。套曲內的「引子」與「尾聲」，可視作獨立曲。

借宮之法　純在意會

至於個別散套如何定式，則完全取決於「過曲」內是如何聯調，而聯調的關鍵在於：

（一）「引子」曲不得混入「過曲」內的聯調；

（二）必須按照「過曲」內每支曲本身的快慢緩急，決定曲與曲之間的排序，而當中的準則是慢曲在前，快曲在後。再者，若以兩支慢曲聯在快曲之前，則以較慢者緊貼在快曲之前；

（三）南詞聯套，特例甚多。本來聯套的原則是同宮同笛色才可相聯。然而，實際上，雖不同宮但同笛色的曲牌，也可相聯，而這就是所謂借宮。不過，哪些可借，哪些不可借，往往取決於樂程

的進展，並須斟酌曲情的變化。老師強調，此舉「純在意會，非盡可著相以求。」（頁八十八）

老師隨後提醒曲友，南詞「過曲」之中，有一些兼具「引子」功能的曲牌，由於名稱上與單用作「引子」的曲牌相同，因而容易產生混淆。至於如何區別，老師當然給予提示：但凡純粹用作「引子」的曲牌，通體是散板，並沒有主要腔格（即主腔），例如【一枝花】、【菊花新】；但凡可兼用於「引子」與「過曲」的曲牌，必定具有主要腔格，例如【一江風】、【縷縷金】。老師在南詞散套的「釋例」末段重申，「聯套原以正曲相聯為主，『引子』、『慢詞』皆屬輔曲。主從釐別，實為聯套基礎。」（頁八十九）

《曲學例釋》上篇（即「卷二」）「散曲例釋」完結後，下篇（即「卷三」）轉談「劇曲例釋」。此篇內分「雜劇第一」和「傳奇第二」，先後就劇曲裏的雜劇和傳奇給予例釋和舉隅，而每處均點出精要所在。

雜劇之名　始見於宋

老師在「雜劇第一」首先概述雜劇在不同時代的含義及演變。雜劇之名，始見於宋。起初是與大曲連在一起，用於宮廷春秋的宴饗。不過，那時純為歌舞的大曲，與只演故事的雜劇，並不相混。

到了南宋，大曲零落，殘缺不全，而曲家以殘存曲調與雜劇結合。至此，大曲與雜劇混合為一，成為大曲雜劇。

南宋中葉之後，曲家喜以樂府小令歌譜故事，由此衍生了諸宮調。到了金及元初，曲家以諸宮調編成雜劇，風行朝野。單以民間而言，蛻變自教坊的行院（相當於南方的勾欄），將這類金元院本雜劇廣為流布。

不過，自從元朝關漢卿等曲家將諸宮調殘曲妥為整理並度以新聲，戲曲裏雜劇之名，得以確立。

院本雜劇　不可相混

至此，老師為雜劇的發展總結，隨後「馬致遠之《漢宮秋》、白仁甫之《梧桐雨》競用新聲，遂成北劇定制。至雜劇所用之牌調，亦逐漸釐定程式。……後之作者，遵軌而行，不再凌亂無次。規矩繩墨，因得樹立。此即今猶存之北曲牌調也。所謂院本與雜劇之分，當以此始，而院本以前諸雜劇，僅具戲劇雛形，不過為北雜劇之前身。通常所謂雜劇，係指元人所作之北雜劇而言。至金元院本，乃諸宮調之遺，與元北雜劇截然不同，固不可混為一談也。」（頁一三三）

扼要而言，北曲雜劇包含歌、舞、念、作四大元素。反觀之前的大曲雜劇，只有述事之調，並非代言之體，而金元院本，無論是歌詞抑或表白，都是以劇作者的語氣表達，再加上是坐唱形式而缺乏舞台動作，觀賞效果頗感不足。

全盤代言　賓主應對

及至北曲雜劇出現，才見到全盤的代言方式以及賓主應對式的唱詞，而唱詞有主與賓之間的對應。這就是北曲雜劇第一項特色。

其二，對白方面，北曲雜劇除有常見於金元院本的「表白」，亦有「賓白」。

其三，大曲雜劇雖有脚色之分，但演員的一進一退，完全根據舞蹈的規矩，而缺乏貼合自身表情的動作；金元院本則以歌唱為主，

學林鷗樂

而每位腳色的歌唱，均以本嗓唱出，發揮不了寬窄做音的功能。如此一來，曲唱根本不能與腳色的外在形相配合。

到了北曲雜劇，腳色實行了唱、做分工，而每種腳色都各有基本動作的規律，促使面容動作與劇情發展相配，更「增衍會意之舉措，……於是喜怒哀樂之情備彰，進退應對之節，更自如而無格閡。」（頁一三四）

北曲雜劇　設有分幕

北曲雜劇的第四項特色是設有分幕。在此之前，大曲雜劇是以整套曲調為基礎，然後以一整套曲調譜成一個故事；金元院本則依循諸宮調舊制，故事的開始，發展以至終結，都是跟隨樂程的發展，當中並沒有分幕的規定。

北曲雜劇則有固定折數，而故事當中所用的音樂，再不須限用一套曲調，也即是說，劇中的表情主體，再不流於單調。

試想，限用一套曲調的獨幕演出，要在其間轉變故事的表情主體，殊不方便。如果設有分幕，則表情主體以及用以配合劇情的曲牌樂調，可跟隨分幕而變更。當中的大分謂之「場」；小分謂之「景」。另一方面，但凡涉及故事之首要，謂之「正場」；協助補述正場者，謂之「過場」。

四折為限　可加楔子

此外，北曲雜劇將台上的語言動作分成「科」、「白」兩大類。「科」指動作；「白」指語言。

常念吾師汪經昌

36

脚色則分生、旦、淨、丑，而劇中的曲調唱詞，須與脚色搭配。大抵生唱正聲，旦唱文韵，淨唱渾雄，丑唱調笑。

按照北劇體式，每劇悉以四折為限；至於紀君祥的《趙氏孤兒》，內有五折，另加楔子，則屬體例之外。北劇每折限用北曲一套，但可酌加楔子。

不過，必須說明，楔子並不屬於正折，而僅可發揮輔助功能。楔子並無固定位置，既可放在劇首，作為序幕；又可放在兩折之間，作為過場。

但凡楔子，不得使用整套北曲，而只可使用一支單曲，或疊用同調一曲。

折數長者　稱為傳奇

老師在《曲學例釋》下篇（即「卷三」）談完雜劇後，轉談傳奇。

他首先指出，傳奇一詞，始見於唐朝，但唐朝的傳奇，實指我們今天所講的小說，不可與隨後之戲曲混為一談，而宋代的傳奇，是指諸宮調。到了元代，傳奇成為雜劇的別稱。明代的曲家稱南劇折數短者為雜劇，而以折數長者為傳奇。

由此可見，傳奇是南雜劇之延長。從曲式看，傳奇以南詞曲牌為主，間或使用北詞曲套。

為方便說明，老師在本章內以簡單圖表列明，元明兩代的傳奇是從那兩處衍化而來。其一，是從南宋南戲演變至南宋戲文，然後演變至元明傳奇；其二，是從北方歌謠及金元外曲演變至金元院本，再演變至元曲雜劇，然後演變至元明傳奇。

學林鶹樂

老師隨而指出：「傳奇之興，實戲劇一大進步。雜劇止於四折，其後明人，雖不惜損害程式增衍折數，亦不過六七折而已。每劇折數既短，自不能多用過場，於是每折均係正場，用曲自以長套為多，不僅形式板滯，且聆賞亦覺冗繁；傳奇則不限折數……用曲範圍亦廣……體式之靈活完備，實較雜劇為勝……」（頁二五一）

副末開場　略述大意

老師繼而說明，傳奇的定式是以副末開場。即是說，在鋪演故事之前，由副末略述全劇大意，而這就是「家門」。「家門」可以視作全劇第一折，但一般並不視作正折。「家門」的最大特色，是不以曲牌入曲，而是以詞牌入詞（按：指宋詞）。

載於「家門」的詞，通常有兩闋，其一是虛，其二是實。前者多寫風花雪月，四時更替，百物枯榮；後者則敘全劇大要。

兩詞之後，還補上四句文詞，用以總括，而此舉謂之「題目正名」。此外，兩詞之後，可以酌加對白，增補全劇大意，而規矩是場上問，內場答。

傳奇脚色　沿用雜劇

傳奇的脚色，完全沿用南雜劇。正規脚色除了生、旦、淨、丑，還有外、末。生之下分正生、小生；旦之下分正旦、貼旦、老旦、小旦；淨之外還有副淨、中淨、小淨；末之外還有副末；外則分外及小外。

從上可見，台上脚色，絕對離不開這十六種。老師繼而慨言：「清乾嘉以後，……復妄立大冠生、小冠生、巾生、武生、閨門旦、刺殺旦等名目，從不見於諸載籍。正式傳奇劇本，向無此者。詞客

作劇，支配角色，必以前十六種名目為限。」老師因此告誡後學：「萬勿羼入歌場所定名目，而詒傖俗之誚也。」（頁二五二）

　　老師此言，誠屬忠告。然而，鑑於戲曲自有其生命力，須每每因應劇場實際需求而增衍脚色。此舉並不為過，倒不必固步自封，免得扼殺戲曲自然而合理的發展。

主角上場　必念引子

　　傳奇另一特色，是主角上場時必念引子，但僅限於正場。至於過場，則不用引子。但凡單用於印子的曲牌，既可按照曲牌格式全填，但亦可只填首兩句，而不必全填。如果全填，則須標明曲牌名稱，但如果不全填，只須標示一個「引」字便可。

　　不過，凡屬第一折正生上場，必須使用稍長的引子，而且必須全填，而所用曲牌，多是【戀芳春】、【滿庭芳】等。

　　至此，老師特意提出，除了第一折引子宜長不宜短之外，其他場合，引子宜短不宜長；蓋因引子多屬散板，長則拖沓，有損劇力。

　　此外，每個脚色出場時，限用引子一次，不可多用；遇有幾名脚色一同出場，則合用一個引子。

每折結束　可用尾聲

　　傳奇另一特色，是每折結束時，如果使用尾聲，則所用尾聲，皆從套式而定。尾聲可由某脚色獨唱，又可二人分唱或合唱。不過，尾聲所使用的曲牌，必須全填。規矩上與引子明顯有別。

　　另一方面，關於可否以引子曲牌用於尾聲，老師提醒後學，此舉並非不可，但僅限於三個曲牌，計為：【哭相思】、【鷓鴣天】、

學林鷗樂

【臨江仙】，而這三個曲牌只用於離別悲哀的場合，絕對不可視之為一般引子而用於過曲之前。

此外，傳奇每折所用的套曲，實有不少規矩須予遵循。例如，正場必用正式套曲，過場必用過場套曲；文場不得用武場套曲；生、旦不得唱淨、丑之曲；哀怨不得唱歡樂之曲。

廣讀名作　不厭參詳

以上所引，僅屬泛例。套曲如何使用搭配，實在難以逐一縷述，確切言明。為此，老師在卷末提醒後學：「總之，傳奇套式配搭，千變萬化，未宜執一以求，尤非文字所得備舉。精心較律，廣讀名作，不厭參詳互證，恕幾中矣。」（頁二五九）

至此，散曲內的北詞小令、南詞小令、北詞散套、南詞散套，以及劇曲內的雜劇和傳奇，均已一一敘明。

《曲學例釋》的尾部是「篇餘——治曲徵獻」。篇內有四項，依次是「曲家第一」、「著錄第二」、「遠祧第三」、「詁辭第四」。前三者依次是指曲家簡傳、曲本名錄，以及唐宋金元古劇名錄。最後者是常見於曲文的詞語解釋，方便讀者理解曲文的常用語。

南北小令　輯校纂述

老師《南北曲小令譜》是緊隨《曲學例釋》之後的力作。從學術意義看，此書可視為前書的延伸之作。書內所言者，與《曲學例釋》內「上篇——散曲例釋」的解說，難免間有重複，而這亦是情理之常。

同樣，未論正文先說序。

一如前書《曲學例釋》，老師邀請儒林名家為《南北曲小令譜》作序，而今次邀得的學界翹楚是高明。他是江蘇高郵人，年輕時師從黃季剛（即黃侃），學習經學及小學（即文字聲韻訓詁之學），隨後享負盛名；亦曾跟隨吳梅習曲，可算是老師同門，而且在遷台期間與老師同樣寄寓新竹，彼此份屬芳鄰，朝夕相見。

再者，事緣某年師範大學國文系戲曲教席出缺，時任系主任的程旨雲向高明求助。高聽後馬上舉薦老師承乏，冀解「師大」倒懸之困。由此可見，老師學養深得認可。

高明作序　稱許汪師

高明在代序中固然十分稱許老師。且看他如何憶述彼此交往：「偶與縱論，及於曲學，薇史（按：即汪師）娓娓如數家珍，混混如湧原泉。余媿不能測其深淺。驚而問之，始知薇史以鄉世侄侍先生（按：指吳梅）久。少既嗜聲律如性命，又喜與曲師相印證。苟有得，必請益於先生；苟有所疑，亦必就正於先生。故辨音，能淵淵入微；論律，能絲絲入扣。余然後恍然悟先生之真傳，實在此也。顧薇史深藏若虛，不喜著述，以是知之者鮮。」

短短百餘字，就清楚勾畫了老師嗜曲如命以及不愛著述以爭名的清逸性格。高明甚至在代序言明，吳梅另一弟子盧前（即盧冀野）雖然著作不少，但遠不及汪師盡得先生真傳。（順帶一提，關於盧前的著作，另有拙文簡介，並附於本文之後，作為配稿。）

嚴格來說，《南北曲小令譜》是由老師纂述，而校閱者另有其人，就是親執弟子禮的上海藥商兼文詞名家郁元英。他是其後台灣政壇名人郁慕明的父親。下文提及的《曲韻五書》，也是由他親校。

學林鷗樂

十項例略　必須細讀

《南北曲小令譜》除了詳述北宮與南宮小令的解旨、類題、譜式、斟律之外，更在卷首之處，定明例略，而所指例略，實乃：

「明體例」、

「辨主從」、

「慎格句」、

「究板式」、

「識句法」、

「分正襯」、

「判宮調」、

「遵韵協」、

「批駁襖」、

「善存疑」共十項。

筆者認為，此等例略，學曲者必須細讀。

南北小令　皆單用曲

老師首先在「明體例」（頁一至二）說明，南北牌調，合計過千，但總離不開兩大類。其一是單用曲；其二是聯用曲。單用曲用於小唱，是故南北小令，皆以單用曲為限。

然而，後代曲家喜愛從聯用曲中摘取聲調流美者，作為單唱，於是出現所謂「摘調小令」。

不過，所摘者必須合乎協律，斷不可違反體例，任意摘取。

遵守體例　辨別主從

「辨主從」（頁二）是指南北牌調素有主從之別。北詞的正曲與引煞，以及南詞的過曲與引尾，皆有原格，也就是所謂本曲。

反觀一切的「兼」、「帶」、「集」、「犯」，均從本曲而生，而由於本身並無固定的原格，因此全屬旁曲，實有別於正曲。但凡曲家把二三支正曲聯綴一起而成為一支新曲，均視之為「兼帶」。一般稱此為「帶過曲」，或簡稱「帶」。

嚴格來說，「兼」「帶」之間，還有區分。如果所帶之曲，音量相等者為之「兼」；音量不等者，為之「帶」。同樣，所謂「犯調」，是指從南曲裏的一些正曲摘取若干句調，然後合為一曲。

如此，這些編綴而成的曲調，則屬從而不屬主。老師為此叮囑，曲有主從之別，習曲者不可不分。

小心用曲　審明板式

所謂「慎格句」（頁三），是指南北小令須受格局限制。例如，【北快活林】一調，雖然並見於「黃鐘」及「雙調」，但情況各異。列在黃鐘者，是用於套數；列在雙調者，則用作小令，而兩者根本是同名異體，不可相混。

老師在「究板式」（頁三至四）一欄內說明：「南北曲調尺度，悉賴板式而立。其在音律言之，乃有段落；其在詞章言之，乃有句法。北板固可挪移，但仍有一定通例；南板則屬固定，失之毫釐，格局皆亂。正本清源，必從明板式入手。」

學林謳樂

識別句法　分辨正襯

　　句法一詞，見於上述「究板式」一欄內。然則，句法是如何識別的呢？老師隨即在「識句法」（頁四至五）一欄表示，南北牌調都有一定句格。單以七字句為例，就有「上三下四」與「上四下三」之分，而各有規矩。本來每句的句格，必須依照曲中板式而有所分明，可惜「學士逞才，往往專騖詞章，不顧板式，遂致文義與句法相互齟齬。」

　　由於文人偏愛賣弄詞章而輕忽板式，造成了舊譜中居然有一半文詞是不依板式的。老師為此呼籲，曲家在審定曲譜時，務必「悉據板式斷句，藉期劃一。其不合之處，並一一註明。」皆因曲須協律，方為正道。

　　學曲者為了認識句法，須懂得分辨正字與襯字。老師為此在隨後的「分正襯」（頁五）一欄內說明，南調所用襯字不多，因此正襯之分，容易辨別。然而，北調多用襯字，而且往往比正字還要多。老師提醒後學，分辨正襯時，不應仿效詞章家，以文理為先，而須以板式為據。他堅持：「板式一定，句法以立，孰正孰襯，自有準衡。若專就字義分襯以正句法，實尚非根本之計。本譜（按：指他的《南北曲小令譜》，下同）勘定正襯，悉以板式為依據。」

旁註四聲　辨別陰陽

　　除了「識句法」，「分正襯」，學曲者還須「判宮調」（頁五至六），「遵韵協」。由於南北宮調出現了名同而笛色不同的情況，過往曲譜所列的宮調，常有分歧，莫衷一是。為此，老師建議，北詞可依《太和正音譜》；南詞則依《大成九宮譜》及《南詞定律》。（按：老師在《曲學例釋》的「曲學發凡」內，亦如此提議。）

另一方面，老師在「遵韵協」（頁六）一欄說明：「北調只用三聲……不容含混。南調四聲俱備，上、去尤嚴。陰陽之辨，出口與收口並重。至若一調或聲，應隨字轉，或字應就律聲，又須交輔為用。本譜於字必就律處，則旁註明平仄；兩可之間，則旁註明可平可仄；權變之字，則旁註明宜平宜仄；必守四聲之字，則旁註明平、上、去、入；必守陰陽之處，則旁註明陰陽平仄。至於聲隨字轉之處，不妨高下在心，更不旁註，以省煩瑣。……」只要我們打開這本《南北曲小令譜》，就豁然明白老師這番解說了。

慣用冒曲　放入褻調

追本溯源，南北曲牌本來就是承襲了唐宋大曲、詩餘、南北俗樂，並且糅雜了遼、金、元各朝的胡樂。如此斑駁蕪雜，難免出現冒襲和冒曲的情況。當中既有以琴調冒曲，亦有以詩餘亂曲（按：誤以宋詞當曲）。

面對這種情況，老師在「批駁褻」（頁七）一欄提議：「其在十三調舊調中業已習用者，除仍隸附各宮之後，錄其程式，並酌存節拍外，凡冒竄失經，聲調不明，板式不合而又元明清三代譜錄所或不廢者，則概入褻調。」換言之，即使是冒襲或冒曲，只要歷代習用，就可以放入褻調，保留續用。

老師在最後一欄「善存疑」（頁八至十一）列舉多例，說明不少曲調由於多有流變，根本追溯不易。後學宜應抱有存疑態度。話雖如此，但要善於存疑，談何容易？莫說是今天學曲者，即便是老師當年那輩學曲者，也難達致。

學林鷗樂

治學之法　處事之道

綜觀此十項，固然是學曲須知，而當中若干項，比如明白體例、辨別主從、排除駁雜、常存疑竇，都是治理各門學問之法，甚至是修身之法，處事之道。這無疑是一理通，百理通。

此外，老師的《南北曲小令譜》，可與乃師吳梅的《南北詞簡譜》，一并閱讀。

除了上述兩書，老師在輯校韵書方面，貢獻亦深，而他的《曲韻五書》，就是明證。他在書序親述：「南北詞韵協之書，元明以來，代有述作，類多散寄叢刻。平時已輒費搜求。世變頻仍，更復若存若晦。戊庚間（按：即戊戌至庚子年間，一九五八至六零之間）授曲上庠，詞林難尋舊帙，士子艱於徵古。……」

《曲韻五書》　普惠曲友

他在教學時有鑑於學曲者尋找南北詞韻協之書不易，於是親自輯校五款韻書，計為：

〈中原音韵〉（周德清輯）、

〈中州音韻〉（按張漢重校本）、

〈中州樂府音韻類編〉（卓從之輯）、

〈詞林韻釋〉（按葈斐軒本）、

〈韻學驪珠〉（沈乘麐輯），

然後編訂成書，合稱《曲韻五書》，另將司馬君實（即司馬光）的《切韻》附於書後，並於一九六零年印行，普惠曲友學子。此刻，我手執的是台灣第二版（台北廣文，一九六五）。

必須說明，《曲韻五書》雖云親由老師輯校，但過程中實有分工。輯者，固然是老師，但校者是前述的郁元英。憑書推想，郁元英應該是在老師督導下以水磨功夫一一親校韻書。

枯燥工作　師徒肩成

老師在《曲韻五書》的序寄意，希望輯正後的幾本韻書，有助學曲者「審音協律」，而郁元英在書內的〈中原音韻講疏〉序言說明：

「禮可因儀式見；樂非可筆墨傳也。故禮存而樂易亡。且古今字讀不一，然自有反切，可依韻求聲。魏晉以來，韻學尚焉。夫古樂亡而漢傳樂府，而晉傳清樂文康。唐宋又傳大樂，遞變流傳，其字樂相配，猶不失韻切之正聲。迨胡元入主中國，北曲盛行，胡語北音雜弦索而任叶；雅俗梦，韻益失正。挺齋宋之子遺乃作〈中原音韻〉（按：指編者周德清，字挺齋，是活在元朝的宋朝遺民），納俗入雅，用夏變夷，激濁揚清，意至微也。曲雖晚起，然歷元明清三代，而弋而崑，猶能尋清樂文康之源。……今雅正之聲，日趨銷歇，詞章韻叶之道，若明若晦，又何有於曲學韻義之辨耶？薇史夫子，近就〈中原音韻〉詳為義疏。源，必探及本；流，必窮其變。盡北韻之奧旨，為後學之津梁。……」

這篇序言大概是說，由於文字存有反切之法，古人可以依韻求聲，而字樂之間得以相配，不致失卻韻切之聲。可是到了元朝，北音混雜，雅俗難分。民國年代，薇史夫子有鑑於雅正之聲日趨銷歇，特意整輯〈中原音韻〉，以助後學。

輯校韻書，其實是枯燥乏味而不見討好的工作。難得師徒二人，不憚沉悶，把五款韻書輯校而成，廣澤曲友，確實福德不淺。

學林謳樂

憶述吳梅　以正視聽

至於前述那篇用以憶述乃師而題為〈吳梅〉的十頁短文，老師將文章分成六個段落，計為：

一，「吳氏身世」；

二，「吳氏與曲學研究」；

三，「吳氏與《南北詞簡譜》」；

四，「吳氏與集曲」；

五，「吳氏與水磨調」；

六，「吳氏與曲學之盛衰」

當中最有趣之處，是老師在第一段落「吳氏身世」提到吳梅本來「瘁於經史之學，……復肆於詩古文詞。至對南北曲之研究，已在弱冠之後，初不過以此為學問餘事，偶有述作，而不意終其身竟以曲學名世，其在經史之成就，反被曲學所掩。」吳梅因此留有遺言，子子孫孫，「須時時讀史，以竟吾志。」

由此可見，成為曲學大師，純屬陰差陽錯，斷非吳梅本意。故此，他期待子孫日後時時讀史，完成他的未完心願。

樂工文士　釀成流弊

老師在文內第二段落「吳氏與曲學研究」首先慨言：「南北曲，本屬音樂文學之一種，詞章聲律，相互體用，故元明初曲作，無不協律。自明季中葉以後，樂工只通聲律，不識詞章；文士只通詞章，不講聲律，遂致體用漸分，曲律難明。《臨川四夢》，詞采騰諸文士之口，而曲聲乖盡樂工之喉。及有清道咸以後，樂工更不復通曉聲律原理，僅賴文士墨客，依式作曲，面目徒具，本質日遠。作散

曲，不計牌調陰陽；作雜劇，不通家門排場，直以作曲如填長短句。迷誤後學，莫此為甚。」

短短兩百字，精準道出自明代中期一直到民國時代因樂工不懂詞章而文士不通聲律所釀成的流弊。老師繼而稱頌吳梅，指他面對這種本質日遠的情況時，以自己優厚的文學根基，「精心於五噫四聲之微，窮流於宮調換犯之變。歷來治曲譜之學所不獲解答諸問題，均經吳氏苦心發明而得通澈。」

老師隨而列舉吳梅三項成就。

首先，他解通了歷來曲家持論不一，引義愈廣，其說愈蔓的「務頭」之說。吳梅認為，平上去三音相連，而陰陽不同之處，即屬務頭。

順帶一提，「務頭」之說，吳梅在其《曲學通論》有專章申述。他鑑於元代周德清《中原音韻》只臚列北曲，絕無提述南曲，而明代沈璟《南九宮十三調曲譜》亦沒有斟酌此事，因此基於南北詞同隸一法，提出「凡調中最緊要句字，揭起其音，而宛轉其詞，如俗所謂做腔處，每調或一句或二三句，每句或一字或二三字，即是務頭。」（按：此說其實承襲明代曲家王驥德在其《曲律》「卷第二」之「論務頭」所言。）

他繼而說明：「蓋務頭者，曲中平上去三音連串之處也。如七字句，則第三，第四，第五之三字，不可用同音。」舉例說，陽去，陰上與陽平相連；又或陰去，陽上與陰平相連。他至此總結：「每一曲中必須有三音或二音相連之一二語，此即務頭處也。」（按：吳梅在其《顧曲麈談》，亦對「務頭」之說有相同的闡釋。此外，羅忼烈在其「說務頭」一文則另有論述，而此文收錄於羅著《詞曲論稿》，可對照互參。）

學林踟躇

老師親睹　兩老共商

其二，南詞板式裏，原有「無增板」與「有增板」之分，而這種有增無增之分，舊譜雖有記註，但考訂欠精，以致混淆不清。本來贈板必然是正板之倍數，但由於偶然有借板摻雜其中，在釋例時容易造成分歧。吳梅常於午夜，與好友王季烈商訂板式的有增無增之分以及宮調今古之變。

據老師憶述，當年兩老寅夜共商的情況，是他侍師左右時親眼所見。

其三，吳梅花費不少精力辨明牌調的宗支問題，補足了一如《九宮大成譜》的疏漏。

此外，為正視聽，老師在文內說明，吳梅的《顧曲麈談》、《遼金元文學史》、《中國戲曲史》等，「皆係應邀之作，生前並未措意。」由此可見，這些後來變成熱捧甚至奉為圭臬的論著，只不過是吳梅應酬之作，斷非嚴肅認真。

不過，單就「並未措意」的戲曲論著而言，吳梅對自己的《南北詞簡譜》一書，反而「寄望最深，認為學曲必讀之書。」

《南北詞譜》　十年心血

為此，老師特意在文內第三段落「吳氏與《南北詞簡譜》」和應：「吳氏一生對曲學之造詣，具見於所著《南北詞簡譜》一書。此書……積十年心血而成；……就每一曲牌，定其板式，判其用法，明其四聲，正其體式。考訂之精，闡發之微，殆突過前賢譜律。雖曰簡譜，而實宮調齊全，體用俱備。」

我們這班吳梅徒孫，當然視《南北詞簡譜》為瑰寶，捧讀再三，豈敢輕廢？

可是，現代學曲者反而注重《中國戲曲史》及《顧曲塵談》，而少看《南北詞簡譜》。對此，我輩頗感無奈。

稱頌吳梅　集曲大成

老師在文內第六段落「吳氏與曲學之盛衰」給予乃師極高評價：「綜吳氏一生，實居曲學承衰起敝之地位。蓋曲原聲詞相成，自棄聲尋詞，曲學本源遂由一元而成多元：一為作曲之學，一為譜曲之學，一為度曲之學。學者類多以偏概全，鮮能會通。實則度曲為譜曲之門徑，而譜曲又為作曲協律之基礎。正未宜執一以從。其能集度曲，譜曲，作曲之大成者，……僅吳氏一人而已。故謂吳氏為今世曲學啟運之人，固可謂曲學最後一人，亦無不可。絕麟以後，來聖難期……」

以上引文，固屬吳梅應得的評價，亦是老師對於本屬一體的曲學分裂成不同範疇的哀鳴。每當捧讀此文，總難禁慨然浩嘆。

老師學問　知者極少

老師這篇短文，的確道出不少重要資料及寶貴看法，可惜此文知者極少。

其實，更可惜的，是老師的學問與論著，近年知者也極少。為此，謹藉拙文，聊予弘揚，稍履弟子之責。

筆者當年有幸仰蒙教澤，委實福德不淺。

（「新亞」學者系列之一）

學林鷗樂

汪師同門盧前
詞曲論著簡介

客觀來說，汪師親自編撰的《曲學例釋》和《南北曲小令譜》，內容確實比較艱深難懂。因此順帶建議，初學者為了隨後進窺堂奧，宜先閱讀汪師同門盧前（即盧冀野）的戲曲論著。

享有「江南才子」美號的盧前，師承吳梅，是出色的文學家，尤擅韻文；既是詩人兼劇作家，亦是大學教授兼文刊編輯。他的新詩「本事」，即「記得當時年紀小，我愛談天你愛笑……我們不知怎樣睡着了。夢裏花兒落多少？」經音樂大師黃自譜曲後，成為我們這輩學子少年時代愛唱的詩歌之一。

用筆淺白　入門必讀

可惜，這位才子英年早逝，未及半百就撒手塵寰。猶幸在世時勤耕不輟，留下很多著作。單就詞曲論著而言，起碼有五款，計為：

《散曲史》、
《中國戲劇概論》、
《明清戲曲史》、
《讀曲小識》、
《詞曲研究》。

由於他的寫作對象不是大學生就是一般讀者，他用筆定必力求淺白；也即是說，他的著作適宜用作入門必讀。

上述《散曲史》，原本是盧前在一九三零年任教成都大學時所編的講義，其後整輯成書，在同年刊行。書內共分五章，頭四章依次講解：散曲的發端；元代散曲盛況；明代散曲的兩個時期；清代以來的散曲家，而終章是編後補志。

《戲劇概論》　縱橫兼述

《中國戲劇概論》在三三年寫成，根據作者在書序中憶述，他任教河南大學時，開始撰寫此書。可是參考書籍不足，所以要把尚未完成的手稿帶回江南，然後倉卒完成。他謙稱，「當世界書局來約我寫此稿時，我抱著一個很大的希望，想寫出一部像樣些的東西。現在完成以後，我重新翻閱一過，這使我不得不有些慚愧了。」

不過，客觀而論，囿於當時環境，他能夠寫出接近三百頁的翔實曲史，已經很不容易了。「慚愧」一詞，實屬自謙。

此書共有十二章，依次講述：戲曲起源及萌芽；宋戲；金院本；元雜劇傳奇；明雜劇傳奇；清雜劇傳奇；話劇傳入，是一本由戲曲起源寫至西方話劇傳入的史書，既有縱向敘述，亦有橫向解說。

《明清戲曲史》共分七章。頭三章屬於綜論，依次是「明清劇作家之時地」，「傳奇之結構」及「雜劇之餘緒」；隨後三章是專題討論，計有：「沈璟與湯顯祖」，「短劇之流行」及「南洪北孔」；最後一章講述「花部紛紛興起」。此書定名為《明清戲曲史》，實有踵接王國維《宋元戲曲史》之意。

《讀曲小識》是一本小書，共分四本。其內收錄戲曲鈔本四十種。每種均有版本介紹，而劇內所用曲牌，脚色及情節，亦有所申述。由於書內所收鈔本有些已因戰火或其他原因散佚，此書所收資料，益見珍貴。

學林鷗樂

《詞曲研究》消除誤解

《詞曲研究》在一九三四年寫成，前半部寫詞，後半部寫曲。據盧前親述，他寫此書而將詞曲關係緊扣，目的是要消除世人對詞曲的兩種誤解。他在書內自序言明：「……向來談曲的，沒有不以雜劇傳奇為主，那是錯誤的，尤其是說明詞到曲的轉變，非以曲為主不可。」

這段文字其實是要提出，曲可分散曲與劇曲兩大類。從詞直接演變出來的，是散曲，而散曲之下，可分為小令和套數。

小令是曲這種韻文的最細小單元，即是按照所選曲牌的格律而填上曲詞的一支獨立曲，也即是單支。套數是由曲牌不同但宮調相同或相近的單支彙集而成的套曲。

其後的曲家為了以曲鋪演故事，於是在散曲的基礎上，編譜雜劇乃至傳奇。我們慣把這類延伸的曲作稱為劇曲。因此，我們談曲，斷不可只注意劇曲而忽略散曲。

盧前在自序內提出另一種誤解：「一種文體必自有與其他文體不同的特性，詞與曲也是各具特性的，如何知道特性的存在呢？惟有在規律裏去尋，因此，作法是不可不知道的。現代的文人主張研究詞曲，而不需要製作詞曲的。於是有很多不合事實的論斷便發生了。……有人說，詞是從詩解放的，曲是從詞解放的，總之詞曲是一種解放。……在形式上說也許有幾分還像；若在規律上說的話，那正是相反的，詞比詩固然束縛得多，曲比詞更要束縛得多。」

「解放」一詞　引致誤解

在此越俎補充，這種誤解其實源於「解放」一詞。但凡解放，必定是指某物從原物擺脫出來，而不再受到束縛，得享自由。如果某物從原物擺脫出來之後，反而另受束縛，而所受束縛甚或比先前過之，那怎能說是解放呢？

須知詞之於詩，以及曲之於詞，都不是解放，而純粹是自然演變衍生。所以，詞從詩演變出來，須受另一套格律束縛，而比詩更受束縛。同樣，曲從詞衍生出來，須受另一套格律束縛，而事實上束縛得更緊。盧前在自序內以至書內，都著意消除這種誤以為解放的說法。

盧前上述五書，一如前述，大體上淺白易懂，很適合初登門檻的後學。然而，不難發現，由於五書課題接近，甚或相同，內容難免重疊。因此，如果必須取捨，則寧取《中國戲劇概論》及《詞曲研究》，蓋因前者記敘戲曲沿革，後者講解曲相對於詞的結構特色。

《元曲概論》　值得一讀

另一方面，本身並非專攻戲曲但因閱罷王國維《宋元戲曲史》而深受推動的文學家賀應羣，在一九二八年推出一本《元曲概論》。這本隨後在台灣復印而不滿二百頁的小書，從漢代樂舞一直講到元明雜劇傳奇與京戲的關係。全書敘述清晰，行文流暢，因此也值得一讀。

可惜，此書不論是新加坡一九六六年版或是台灣一九六七年復印版，未必一如盧前上述的論著，這麼容易在網上買到。不過，應該可從大型圖書館借到。

學林鷗樂

威儀抑抑　誨人不倦
遙念吾師徐復觀

　　月前在本欄憶述吾師汪經昌而提及他的外表言談時，寫道：「老師個子不高，不胖不瘦。……外形上，他沒有錢穆的儒雅，也沒有牟宗三的瀟灑；言談上，沒有徐復觀的威儀，也沒有嚴耕望的嚴肅；……」

　　「新亞」諸師之中，徐復觀是影響筆者最深的授業師，而他在外形言談上常常予人威儀抑抑，震懾人心的感覺。

　　余生雖晚，但尚幸趕及親領上述五位名師的教澤，而當中的徐師，於筆者而言，倒是真的尾班車。當年忝作徐師關門弟子，既屬有緣，更感有幸。

親聆教誨　感受益深

　　上世紀七十年代尚未進新亞研究所之時，徐師的大名，早已如雷貫耳。他敢言敢罵的性格、激濁揚清的言論，我等後輩，當然多有知聞。及後在所期間，立雪徐門，親聆教誨，感受益深。

　　那一年徐師在所開了一科「《文心雕龍》」。論科目，在研究所講論劉勰的《文心雕龍》，倒沒有什麼很特別；最特別之處，是課堂不設於校內，而是老師的住所。

　　順帶一提，當年在所期間，筆者遇到三位光是上課的做法方面已叫筆者感動萬分的老師。其一是前文提到的汪經昌老師，他身患

眼疾，視力不佳但仍堅持摸着路旁外牆回校授課；其二是王韶生老師，他教務繁忙，須於珠海書院任教，以致無暇回校授課，但仍歡迎「新亞」學生逕自跑去「珠海」，以便他乘隙晤談講授；其三是身罹絕症仍堅持登壇授課的徐復觀老師。

他們那種忘我無私，誨人不倦，但教一息尚存仍忠於教職的精神，確實帶給後輩很大激勵。

筆者雖自愧粗疏，但時刻秉持列位先師的精神，在此花甲之年，仍樂意與後進分享各式課題。

年邁體弱　堅守崗位

徐師開「《文心雕龍》」時，已經動完胃癌手術，在家休養。我們幾位同學按時前往徐師位於美孚新邨的寓所，在客廳裏敬聆教澤。每次開講之前，只見師母王世高夫人端上一杯熱牛奶給老師潤口補充。徐師鑑於自己手術後形神俱損、血氣不佳以致聲柔語弱，於是備有一塊小白板。每當我們面露疑惑，他就在那小白板寫上幾個關鍵字。親睹這位歲暮體弱的學者仍然堅守崗位以夕陽餘暉光照學子，怎不崇敬萬分？

他所授科目，雖然名為「《文心雕龍》」，但回顧整年的課堂，直接與《文心雕龍》有關的內容，他倒沒說太多。今天看來，這種情況可能視為偷工減料，有虧職守。其實絕非如此。

記得月前在「憶吾師汪經昌」拙文提過：「幾十年前的研究所，教學模式與今天很不相同。老師絕少在課堂上教授相關知識，因為他們都認為，我們身為研究生，理應具備相關知識，即便缺乏知識，也應自行翻閱書本。他們在課堂大都集中教導我們治理學問的法則⋯⋯」

學林鷗樂

教導我們　治學法則

他在課堂上花了很多時間教導我們治理學問的法則。他深信，只要好好掌握法則，不論從事任何研究，哪管讀什麼書，定必手到拈來，了無畏懼。因此，在所期間的莫大得益，是學懂掌握治學法則。他日不管碰到任何課題，也從容自若，明辨肌理，識分主次。

徐師與汪師授課，明顯有別：汪師只管自話自說，徐師卻愛「問書」，往往話至中途，就稍予停頓，轉而詰問學生。

不過，當年的研究所，有一個不成文的規矩。如果課堂上整班學生都是同級同輩，則可自由隨意回答老師提問。如果學生之間有長幼之別，例如筆者在徐師的課堂上屬於小師弟一輩，則回答問題的「重責」，例必落在大師哥身上。

斬釘截鐵　一字以決

本來老師提問，學生答錯，又或答得未如理想，實屬平常。畢竟是學生嘛，犯錯乃所應當，老師何須苛責？不過，上徐師的課，情況可不一樣。

首先說明，徐師雖愛罵人，而且罵人無數，但記憶所及，他對於晚輩後學，從不責罵。不過，他那種斬釘截鐵，一字以決的回應，倒叫人不寒而慄，沮喪半天。

很多時候，真的很替扛肩回答之責的大師兄難受。眼看他一句回話還沒說完，而往往只說了半句，徐師即以柔弱但決絕的語氣說：「錯！」當時筆者年少，而且慣受西方教學法（在所期間，同學都譏笑筆者是「番書仔」，蓋因筆者進所之前，主修西洋文學），西方老師縱使聽到學生荒誕離奇、匪夷所思的答案，而即使班上同學

哄堂大笑，老師只會微笑回答：Nice try 或 It's very interesting。然後才以開放式回應：「但你有沒有想過⋯⋯」；又或：「我們不妨從這方面想想⋯⋯」哪有學生話未說完，就被老師斷然否定？

止步轉向　以矯錯誤

當時筆者年少，既缺學養，亦乏歷練，只覺得徐師有點霸道，對學生不夠體恤。然而，當自己踏入知命之年，赫然發覺，不管在公職上提示下級，抑或在藝術上啟導後輩，也步了徐師後塵，每每聽到對方明顯錯誤的回答，便斷然說：「錯！」

原來，當自己真確知道對方是概念出錯，即 conceptually wrong，或錯於方向，我們便會斷然說「錯！」至於那些不涉對錯的課題，則不在此限。

打個比方，如果你站在中環，本想去柴灣，但偏偏上了去堅尼地城的車，不管你坐了多少個站，你仍是錯了方向，只有回頭轉向才可抵達目的地。治學之事，也是一樣，萬一錯了方向，就必須止步轉向。

擔心後輩　積錯難返

當然，做學問功夫，你必須在概念上掌握透徹，方可決斷如徐師。何況當年的徐師，已處於生命盡頭，而沒多久便離世，他那種焦急決斷，惟恐後輩積錯難返的心情，我們必須體諒。

徐師身為一代大儒，學問既淵且博；但他的道路，與別不同。一般學者，都是自年輕開始，便一邊教學，一邊著述。反觀他早年從事軍政，做過軍隊文官，而官拜少將；後來棄官從學，設帳授徒，埋首寫作。

徐師弟子眾多，港、台均有，但數目上當以台灣較多。關於徐師生平，網上資料頗多，茲不贅。

著作等身　種類繁多

徐師除教學外，亦勤於寫作，既有專論，亦有雜文，堪稱著作等身。單以筆者手執早年刊於台灣的書籍而言，可以粗分為幾大類。

其一，思想論著；計有：六十年代的《中國人性論史（先秦篇）》、《中國思想史論集》、《公孫龍子講疏》、七十年代的《兩漢思想史》（卷一至卷三）（當中的卷一原稱《周秦漢政治社會結構之研究》）；

其二，藝術論著；計有：六十年代的《中國藝術精神》、七十年代的《黃大癡兩山水長卷的真偽問題》；

其三，經學論著；即八十年代的《中國經學史的基礎》；

其四，雜文類，多收於九十年代的《徐復觀文存》（此《文存》收錄早已絕版的一套四冊《徐復觀文錄》內的所有文章但不包括《徐復觀文錄選粹》已予收錄者）；以及

其五，家書類，即收錄六十年代家書的《徐復觀家書精選》，以及收錄七十年代家書的《徐復觀家書集》。前者由學長曹永洋編校；後者由曹學長連同黎漢基編校。

以上僅屬坊間可以買到的徐師著作，至於其他例如五十年代的《學術與政治之間》（甲乙兩集）、六十年代的《石濤之一研究》、七十年代的《中國文學論集》及八十年代的《中國文學論集續篇》等書，不是絕版，就是難在坊間找到。

徐師著作，絕大部分由學生書局印行，只有少數例外，比如《中

國人性論史（先秦篇）》及《徐復觀家書集》，則分別由臺灣商務印書館及中央研究院中國文哲研究所的「中國文哲專刊」印行。

內地重輯　另自刊行

另一方面，內地不同出版社亦將徐師的部分文章，重新輯錄，另自刊行，例如《遊心太玄》、《徐復觀論經學史二種》、《中國人的生命精神》、《中國學術精神》，而其內的文章，大都取自《徐復觀文存》及《徐復觀文錄選粹》；還有最後期的《無慚尺布裹頭歸──徐復觀最後日記》。

順帶一提，曹永洋學長於徐師逝世後向各界廣集鴻文，編成《徐復觀教授紀念文集》，於一九八四年由台灣時報書系印行。書內集得文章近百篇，全由學林友好及晚輩後進提筆紀念。

其實，不論你對哪門學問有興趣，只要撿起徐師任何一本論著，都可從書內所展現的學術精神及治學態度而有所感悟，深得裨益。

捧讀徐書　自有別趣

再者，捧讀徐書，自有別趣。

趣？徐師選題嚴肅，治學惟謹，行文認真，何以言趣？敢問趣從何來？

原來他愛在文裏罵人。提起徐師，當年整個學術界都知道，他最愛罵人，而且是誰人都罵。哪怕你是誰，只要你在他眼中有任何重大缺失，他都罵。當年掌權者及政界強人，他敢罵；文化名人，他當然罵；教授專家，他固然罵；學界翹楚，他更罵，而且每罵必狠。

學林鷗樂

徐師罵人的方式，當然不像一般潑婦莽夫，而是依據學術常識，發文質疑對方，令致被罵者語塞詞窮，無法應對，只有捱罵的份兒；又或轉以攻訐，圖求解窘。每讀及此，頓覺有趣。

有人認為他罵人罵得過於辛辣；有人認為他十分難纏。其實，只消靜心分析，就知他罵必有理，伐必有因。比方說，他罵紅學專家潘重規，是因為他認定潘重規研究方法欠通，痛惜他誤人子弟。他罵胡適學問根基不穩，出言欠缺客觀理據，是因為胡適既然貴為台灣中央研究院院長，執掌最高學術組織，位高名大，如果言而無據，焉能為學林表率？

胡適學問　備受質疑

提起徐師痛罵胡適，倒是當年學林逸事，蓋因胡適恍惚是徐師恆常痛罵的對象。徐師在一九六二年《中國人性論史》初版的序言，就向胡適發炮：「胡適認為《尚書》『無論如何，沒有史料的價值』（按：引自胡適《中國古代哲學史》），這大概不是常識所能承認的。」（頁三）

換言之，胡適不是學術研判出錯，而是違背常識，也即是今天所謂「犯了低級錯誤」。胡適貴為「中研院」院長，是學術界最高代表，他的言論居然被人謾罵違背常識，而偏偏確實違背常識，忒也有趣。

徐師為說明對方何以違背常識，在序裏繼而指出：「對於馮友蘭『孔子實佔開山之地位』的說法及胡適『道家集古代思想的大成』的說法（按：前者引自馮著《中國哲學史》；後者引自胡著《淮南王書》的手稿本），都完全不能了解。」（頁三）

把人家的說法，形容為「完全不能了解」，只有兩種原因，其一是對方學說高深，自己卻才疏學淺，以致無從理解；其二是對方論之缺據，言之無理，以致不能了解，而且是「完全不能了解。」

違背常識　治學不嚴

徐師此間所言，當然是指後者。按照一般情況，如果某學者認為對方立論不確，頂多贈以一句「值得商榷」或「未敢苟同」；至於反駁或詰問對方，也例必冠以「討教」、「請指正」的字眼。怎會像徐師直言「完全不能了解」？小孩年幼胡言，我們尚可用「完全不能了解」評之，但若以此評論黌舍翹楚，學界大儒，則等同謾罵。

不過，徐師絕非只管罵人而不講道理。他在文內隨即指出「我國古代思想中的《詩》、《書》、《禮》、《樂》、仁、義、禮、知、忠、孝、信等，在道家思想中並未加以肯定，而道家以虛、無為體的思想，亦為道家以前所未有。在這種情形之下，則胡氏的所謂『集大成』，到底作何解釋呢？」（頁三）短短數言，簡單一詰，即證胡適的確犯了低級錯誤。

印象中，胡適是徐師罵得最多，亦罵得最狠的學術領袖。無他，胡適違背常識。看他當年為急於提倡白話文而竟然違背常識，鼓勵中文走向晚清詩人黃遵憲所言的「我手寫我口」的低劣境地，就足以給社會痛罵一生。須知某民族的文字（書面語）與語言（口頭語）相差越遠，其文化涵養就越深厚。我們當然理解，胡適當時所處身的國家，亟須破舊立新，但急於扔掉傳統包袱的當兒，總不能提倡這種「口手如一」的荒謬言論。至於他當年提出的《改良文學芻議》，也即時人所稱的「八不主義」，當中多項違反常理，因而惹來批評，招致詬病。由於此事知者極多，於此不贅。

學林鷗樂

再者，胡適從來治學欠認真，考證不嚴謹，以致他的學問功夫，備受質疑。何況，胡適貴為「中研院」院長，地位至高，而居然常犯一如前述的「低級錯誤」，因此在徐師眼中，絕對該罵，怪你不知身分，誤導蒼生。

胡適卻成　悲劇書生

徐師雖然長期痛罵胡適，但在一九六二年當知道這位「中研院」院長遽然辭世，便立刻停罵，反而以「一位偉大書生的悲劇」為題，撰文悼念這位自由民主的追求者。

文章首段書明：「剛才從廣播中，知道胡適之先生，已於今日……突然逝世，數月來與他在文化上的爭論，立刻轉變為無限哀悼之情。」（按：依照學林規矩以至社會倫理，你儘可抨擊某位在世的人，甚至謾罵。然而，當他離世，就必須停口，皆因對方已經沒有能力「回敬」你。如果你仍舊抨擊對方，人家就視你為缺德；你的評語，只會換來鄙夷。當然，如果你以客觀法則評論死者的學術論著，則屬另一回事。）

文內第二段隨即說明胡適是「悲劇性的書生」：「胡先生二十多歲，已負天下大名。爾後四十多年，始終能維持他的清望於不墜。……他是這一時代中最幸運的書生。但是從某一方面說，他依然是一個悲劇性的書生。……是一個偉大的書生。」

尊重胡適　追求民主

徐師隨後稱許胡適對民主自由的追求：「我於胡先生的學問，雖有微辭（按：「微辭」是客套話；口誅筆伐才是實情）；於胡先

生對文化的態度，雖有責難；但一貫尊重他對民主自由的追求，也不懷疑他對自由民主的追求。我雖然有時覺得以他的地位，應當追求得更勇敢一點；但他在自由民主之前，從沒有變過節，也不像許多知識份子一樣，為了一時的目的，以枉尺直尋的方法，在自由民主之前耍些手段。……他回到臺灣以後，表面是熱鬧，但他內心的落寞，也正和每一個有良心血性的書生所感到的落寞，完全沒有兩樣。」

文章下半部簡評胡適畢生的光景：「我常想，胡先生在五四運動時代，有兵有將，即是：有青年，有朋友。民國十四、五年以後，却有將無兵；即是有朋友而無青年。今日在臺灣，則既無兵，又無將；即是既無青年，又無真正地朋友。自由民主，是要面對現實的；……我曾寫文章，強調自由民主，是超學術上的是非的；所以主張大家不應以學術的是非爭論，影響到自由民主的團結。」

無法自遏　不評胡適

徐師隨後敘述他如何無法遏止自己批評胡適：「我曾很天真的試圖說服胡先生，今日在臺灣，不必在學術的異同上計錙銖，計恩怨；應當從民主自由上來一個團結運動。我自己曾多少次抑制自己，希望不要與胡先生發生文化上的爭論；……但結果，在文化問題上，依然由我對他作了一次嚴酷的譴責，這實在是萬分的不幸。」

從徐師的剖白得知，他深感矛盾，在自由民主的團結這個大前提下，他強抑批評對方的心，可惜最後還是按捺不住，在文化議題上嚴酷譴責對方。

其實，單以這篇悼念文章而言，徐師雖然凜遵倫理，敬守禮數，沒有半字狠批對方，但可從上述引文看到他對胡適的終生評價。

學林蹓樂

首先，他稱對方為「書生」，即便冠以「偉大」二字，也只不是個書生，並不是成就非凡而足可在「中研院」院長這高位上領導群儒的學者。

再者，文內絕對沒有像一般悼文，頌揚死者的學術成就，更沒表彰他對後世的貢獻，而只「尊重他對民主自由的追求，也不懷疑他對自由民主的追求」。不過，徐師一邊說尊重，一邊卻惋惜對方處身在那個時代而沒有憑藉自己崇高地位而「追求得更勇敢一點」，致令自己成為悲劇書生。徐師此番蓋棺論定，昭然可見。

到了文末，徐師有感於胡適這位書生逝世而心生宏願：「我常想到，生在歷史專制時代的少數書生，他們的艱苦，他們內心的委曲，必有千百倍於我們；所以我對這少數書生，在他們的環境中，依然能吐露出從良心血性裡湧出的真話，傳給我們，總不禁激起一番感動，而不忍隨便加以抹煞。……在真正地自由民主未實現以前，所有的書生，都是悲劇的命運；除非一個人的良心喪盡，把悲劇當喜劇來演奏。我相信胡先生在九泉之下，會引領望着這種悲劇的徹底結束。」（此文見於《徐復觀雜文》，亦刊於《中國人的生命精神》）

大家看罷上述引文，不難發覺，徐師十分刻意把「我們」從「他們」劃分出來。「他們」是指那班包括胡適在內的少數書生。論學養，徐師當書生，固然綽綽有餘，試問誰會質疑？但他偏偏不以書生自居，硬把自己類分開來。估計是因為他在性格上，以至在使命上，根本不想當書生。他因此自稱「我們」，以示與書生不同路。

這篇悼文寫於一九六二年，而徐師當時相信胡適會引領望着這種悲劇徹底結束；二十年後，徐師亦不幸逝世，因此我們或許補誌一句：「我們相信胡適與徐師在九泉之下，會引領望着這種悲劇徹底結束。」

狠批胡適　大有人在

其實，痛罵胡適絕非徐師的「專利」。學術界狠批胡適的，大有人在。業師牟宗三就是其中一位。

話說一九八二年牟師在某次演講中提到知識分子，說道：

「胡適之先生代表一個型態。胡先生相信自由主義，宣傳的是科學、民主。不錯，科學、民主是當該的，自由主義也對。……但是這個時代表現自由主義，我們要知道應該用什麼方式，什麼型態。在這方面胡適之先生就很差。

自由主義……是一個政治概念，它的作用要在政治上見。自由主義跟著個體主義來，個體主義、自由主義講的是人權，故要扣緊人權運動來了解。這根本是政治的。西方自由主義的表現就是如此，由之而開出了現代的文明。但胡適之先生在中國提倡自由主義卻避免政治的重點，而只在社會日常生活上表現。這便是一種差離。所以胡先生，照徐復觀先生所說，是屬於『文苑傳』的人物（按：正史如『二十四史』的列傳部分，設有『文苑傳』或相關列傳，記述當代文人儒者），還是文人的底子。他以文人的底子做點考據，拿做考據來當學問，這是很差勁的。這是眼前的人物，大家都可一看便知。他……處在這樣一個時代中，不是一個健康的型態，至少不是能有重大負擔的型態。他在這個時代中享有這麼大的聲名，實在是名過其實。」（這篇演講載於聯合報叢書《中國文化的省察——牟宗三講演錄》頁六十二至六十三）（台北聯經，一九八三）

從上述講辭可見，牟師批評胡適雖然提倡自由主義，但因避免了政治重點而造成「差離」，更抨擊胡適的所謂學問「很差勁」，根本「名過其實」。他對胡適的劣評，堪堪與徐師的遙遙呼應，也是那個年代具有文化意識及學術良心的一代大儒對胡適的客觀評價。

「故宮」畫藏　引發筆戰

書歸正傳。徐師罵人，豈止胡適？

初刊於七七年的《黃大癡兩山水長卷的真偽問題》一書，就是他筆伐「故宮」及其附庸的匯編。事緣元代著名畫家黃大癡（即黃公望）的《富春山居圖》真作，據稱藏於台北故宮博物院。然而，徐師本其豐富知識及嚴謹態度，懷疑故宮所藏，可能是贋品，因此發文質疑。結果，非但沒有引起誠懇議論，反而惹來群起聲討。其一是「故宮」主事者；其二是文化名人；其三是恆常與徐師對立的人。他為此連續寫了四篇長文，一一駁斥對方所言。

這四篇文章其後收集成書，取名如上。此書所收四篇文章，依次是「中國畫史上最大的疑案」、「中國畫史上最大的疑案補論——並答饒宗頤先生」、「由疑案向定案——兼對疑難者總答復」、「定案還是定案」。

他在最後一篇文章裏炮打多人，其一，在台灣《藝術家》期刊撰文批評的台灣書畫家張光賓；其二，在《大公報圖書副刊》發文的易樸士；其三，在《明報月刊》提出反對的傅申；其四，台灣故宮博物院的李霖燦。他甚至狠批故宮博物院這個文物機構已經成為小集團。

徐師在文內第七節寫道：「臺灣有學術研究的自由，又有許多寶貴的資料……但迄今為止，在中國文化研究方面，只落得一片空虛混亂。重要原因之一，有機會參加重大文物機構研究的人，非僅自己悠遊歲月，不求長進，並且不知不覺地誤以國家的寶藏，當作小集團的產業，因而形成豪紳惡霸的心理，以豪紳惡霸，魚肉鄉民的手段，對待他們小集團以外的學術問題。」（頁一六一）

遙念吾師徐復觀

痛罵對方　「豪紳惡霸」

　　徐師把「參加重大文物機構研究的人」罵作「小集團」的「豪紳惡霸」，而他們排斥外界的行為，等同「豪紳惡霸，魚肉鄉民」。從他用字極重，可知他對那時的文化惡霸如何心痛惡絕。其實，面對各界翹楚的歪言惡行，徐師常常敢於指正，勇於批評，充分展現「良心鬥士」的無畏精神。

　　他繼而提及「當我的《中國藝術精神》印行，受到重視時，臺北故宮博物院的李霖燦……用射暗箭的方法，說我把氣韻生動說得『太玄秘深奧』，是『一心鑽牛角尖』，『取錯了方向』。而他自己的『淺釋』，既無起碼的常識，又無文字必不可少的條理，我便……加以教訓。」（同上）

　　李霖燦年輕時畢業於杭州藝術專科學校，師從林風眠，在校期間亦得李苦禪扶助；後來成為納西文化專家。在台灣退休前位居「故宮」副院長，著有《中國美術史稿》。徐師「教訓」對方，全因為此君身居「故宮」高位，而居然論缺常識，文無條理，豈不是濫竽藝林，愧為表率？

　　徐師繼而提到：「此次張光賓的文章，其動機、水準，和李霖燦，是一模一樣的。張文分明是針對我的三篇文章來寫的（按：即收在前述書內的首三篇文章），但對我的論點却一條不提。……把上述這些顯明事實置之不顧，而要說出顛倒是非的謊言，這真使收藏的古物蒙羞被辱。……故宮博物院諸公推出此文，意在遮羞，而實以出醜。」

　　徐師繼而「回敬」易樸士的文章，而其中一點是「易先生的文章，到底還是『獨白』，還是『對話』？若是獨白，則不必提我的名字。若是對話，則何以逃避我所提出的全部論證，無一條的反駁，

而只以自說自讚為滿足呢？大陸過去尚沒有出現過這種學術討論的變態。假定易先生認為我的論證是不足辨的，也應說出不足辨的理由。例如我認為易先生此文不足辨，我下面便要說出理由。……」（頁一六四）

關於徐師因「故宮」黃大癡畫作而罵人這個課題，筆者最後引述此文的第一節作結：「在此次黃公望……兩長卷的討論中，以饒宗頤先生找材料的能力最強，以翁同文先生搜討之功最密。我則在材料的分析綜合上，稍具一日之長。而一經對方或自己發現了錯誤，立即公開承認、改正，這點勇氣，或對百十年來的學風稍有裨補……我們的討論，不在爭個人的勝負，而在爭問題的是非。」

這段文字，足以說明徐師的治學態度、人文精神及學術期望，並且為後學豎立楷模。

做法偏頗　深表痛心

順帶一提，「故宮」當年知悉徐師發文質疑後，煞有介事，隨即刊登對畫作的官方介紹講解，但當中居然完全沒有回應徐師的疑問，反而在文後附錄「參考資料」內引列當時由文化名人執筆狠批徐師的文章，但對於支持徐師的文章，卻付諸闕如，半篇也沒有。徐師對於這種偏頗的做法，深表痛心。以現代用語來說，這是活脫脫的文化霸凌。

其實，在「故宮黃大癡畫作事件」之前，徐師已經在報章公開質疑李霖燦的美術言論。換言之，他早已「盯上」對方。事緣李霖燦認為，但凡不復存在的畫作，就不必研究。他於是寫了一篇文章回應這種說法。文章指名道姓評論對方，而標題是「人文研究方面兩大障礙——以李霖燦先生一文為例」。

逷念吾師徐復觀

自我中心　一大障蔽

　　文章首先指出，「我們學術上的落後……除了偷巧懶惰，及因小利而出賣靈魂，失掉獨立自主的研究精神以外，還有兩大障蔽。一是『自我中心』；一是反理論反思想的傾向。」所謂「自我中心」，「指的是許多人，不僅以自己的生活態度作評論古人的標準；並進一步認定古人的人格、學問，都會和自己一樣；……」

　　從引文可見，徐師指的，是那些以己度人，以今論古的人。至於「反理論反思想」，大抵是指那些「知其然」但「不知其何以然」的人。這些人只管停留在目前而表面的東西，但懶得依循理論，運用思考，從而尋究根源。

　　他隨即提述李霖燦的主張，並「稱許」之為「果決」：「李先生似乎曾主張研究中國的畫史，只能以現存作品為對象；沒有現存作品的，便應從畫史中淘汰掉，這樣一來，便把文字記載的材料，一刀砍斷了，該是多麼果決。」

　　李霖燦得此「稱許」，不大為光火才怪呢！那還不止，徐師繼而就對方差不多同期發表的「南齊謝赫六法淺釋」一文，逐項質疑，逐點駁斥，煞是有趣。

　　此文現收錄於《徐復觀文存》（頁一九六至二零五）。但凡對繪畫特別是畫史畫論有興趣的藝友，實在值得一讀。

「士有三賤」　「士有三狗」

　　徐師罵人，何止僅罵某人某事？他甚至罵某一撮人，某一群體，以至某一現象。一九六六年他以「士有三賤」為題，痛罵三種賤士。他在文內首先引述東漢末年仲長統在其《昌言》的言論，是要「讓

大家來看沒落時代的所謂知識分子的嘴臉……：『天下之士有三可賤。慕名而不知實，一可賤。不敢正是非於富貴，二可賤。向盛背衰，三可賤。』」仲長統這段話，雖然寫於東漢時代，但仍然擲地有聲，任何時代，完全適用。

什麼是賤？且看徐師解釋：「賤是卑賤，即是沒有人格。一個時代的完全沒落，其根本原因便來自知識分子的卑賤。……人沒有不慕名的。但在衰亂時代，政府、社會，對人、對學問，常常失了衡斷的能力，及大公無私的精神，於是欺世盜名之徒，得以大行其道。」老師這番話，實在確切萬分，而且古今各代，盡皆如此。

為了識別欺世盜名之輩，老師提議「循名責實」，即是研判某人之名，是虛是實。不過，循名責實的工作，絕非輕易，自身既要有學問修養，又要有冷靜頭腦，更要有求知精神，勇於探究。可惜，上述三項條件，處身於「沒落地區的知識分子」（引述徐師用語），卻絕少擁有。

罵得痛快　同聲叫好

文內進而提醒大家，「慕名而不知實，會發生三種結果。」其一，大家對於的確名實相符的人，往往只慕其名而忽略他的實；其二，大家遇上名實不符的人，卻瞎捧瞎抬；其三，至於有實而無名的人，則時常受到抑壓。

徐師引用完仲長統「士有三賤」的名句而大書特書後，更在文末提出「士有三狗」的延伸甚或進階的說法。然則，何謂三狗？且看徐師列述：「這批人（按：即賤士）後面都有強力的主人；他們

之所以敢明火執仗，乃是『狗恃人勢』，一狗也。這批人有的是以主人的『狗頭軍師』自居，許多貪污（按：此處或可補充一詞：『以及諸般惡行』），是在狗頭軍師掩護下幹的勾當，二狗也。我們鄉下把不要臉的人稱為『人頭狗臉』，而他們正是人頭狗臉，三狗也。由三賤到三狗，這是歷史的大發展。」（此文收錄於《徐復觀文存》頁三二零至三二三）士子之賤，真被老師罵得痛快淋漓，大家怎不同聲讚好？

翻查徐師罵人事件簿，只要你是某個範疇的領袖人物，假如你所犯的錯誤影響深遠，他必不放過，定當口誅筆伐，撥亂反正，以免當事人禍延下代。正因如此，他罵人罵到連自己業師也不放過。四十年代末，他臨離開內地而轉赴台灣之前，力勸乃師熊十力遠走外地；可惜對方不聽。老師於是罵他不通世情，昧於實況。

罵熊十力　猖狂縱恣

時光倏忽，幾十年後，老師在垂暮之年翻閱熊十力於六十年代初自資刊行的《乾坤衍》；讀後冷冷罵道：「熊十力先生……立言猖狂縱恣，凡與其思想不合之文獻，皆斥其為偽，皆罵其為奸。……彼雖提倡民主，而其性格實非常獨裁。……我不了解他何以瘋狂至此。」（摘自《無慚尺布裹頭歸──徐復觀最後日記》）他這番話，與其說是失敬攻擊，倒不如視作憤慨哀言，痛惜對方墮落如斯。

筆者雖然忝為兩位老師的徒子徒孫，但此刻絕對無意介入他們的師徒恩怨；對於他們的學術爭論，亦不宜置喙；惟覺人生若走至此，怎不欷歔？至於老師年輕時立雪熊門而被熊十力當頭棒喝的情景，則記於本文尾部。

學林鷗樂

綜觀上述不同引文，足證徐師罵人，理據鮮明，條理清晰，因而字字有力，句句鏗鏘，實足大快人心；而這亦印證本文之前所述：「文化名人，他當然罵；教授專家，他固然罵；學界翹楚，他更罵，而且每罵必狠。」

真佩服老師罵人的本領。他罵人，既勇猛無畏，全力攻堅，亦措辭狠絕，毫不留情。看他罵人，固然解氣紓鬱，有時甚至忍俊不禁。筆者眼中，老師學問修養，與罵人本領，堪成正比。

敢於罵人　勇於認錯

不過，徐師對於言之有理而值得尊重的人，必定客氣有禮。一如他在前述「故宮黃大癡畫作事件」上，對於比他稍後半輩的饒宗頤所提出的批評，自覺錯在己身，隨即虛懷接受，敢於認錯，而誠如他所言：「這點勇氣，或對百十年來的學風稍有裨補……我們的討論，不在爭個人的勝負，而在爭問題的是非。」

又例如，他早年執筆「中國孝道思想的形成，演變，及其在歷史中的諸問題」一文時（按：此文現收錄於《中國思想史論集》），起初推論《孝經》成於西漢武昭之際，可是他的朋友牟潤孫致函提出，他推論得太後。起初他不以為然，但經過幾年再三琢磨，終於認為對方說得正確，於是奉函道謝，感激對方不吝指正，使自己深得啟發，知所錯誤，俾使日後撰寫相關文章時更趨完善。

由此可見，徐師治學，的確虛懷若谷，遇錯必改。其實，為學做人，偶有過錯，實乃常情，只要敢認敢改，就是好漢。順帶一提，本段提及的徐師朋友牟潤孫先生，也是當年筆者在所時的老師。稍後另有專文介紹。

雖愛罵人　也常讚人

然而，必須申明，徐師一生愛罵人，雖然學林皆知，但他也常常稱許他人，卻少人報道。現引載一兩則，聊予對照。

其一，他在「溥心畬先生的人格與畫格」一文，不但推許國畫大師溥心畬其人其畫，更藉此申明，其實人格與畫格，二者根本密不可分。

徐師首先簡述這位滿清皇裔的身世。他年輕時兩度赴德求學，得博士學位；抗戰期間，他「大節凜然」，稱病而不參與日本所扶植的政權；四九年轉赴台灣，「雖於顛沛流離之中，未嘗一日改其度，未嘗一日廢其學，未嘗一日不著書，未嘗一日不作書不作畫。」

褒溥心畬　植基經學

徐師隨後在褒揚溥心畬時稱道：「先生做人植基於經學，著有《四書經義集證》、《爾雅釋言經證》，皆採以經證經的堅實方法，卓然成家……文則直追六代，詩則直追盛唐……書法植基於說文，立規於虞褚……先生之於繪事，……實與其現實生活，融為一體。……性情趣味，自然流露之於書，尤流露於畫。……格調之高。一掃董其昌後卑弱怯懦之習。……一洗近百年來繁雜單寒之體。」

他甚至因當時國畫市場對心畬先生之畫作定價不高，甚至遠遠低於其真值而滿有慨嘆，代其不值，並揚言百年後，其畫作價值，必會轉變。

這篇短文，現載於《徐復觀文存》（頁三四五至三四六）。徐師不但以高瞻筆觸頌揚心畬先生其人其格，更在文末延伸論及：「文學藝術的高下，決定於作品的格！格的高下，決定於作者的心；心

的清濁深淺廣狹，決定於其人的學，尤決定於其人自許自期的立身之地。」他對人格精準闡釋，我輩學子，當然拳拳服膺。

其二，徐師在六十年代撰文稱許陳立夫新著《四書道貫》。事緣此書刊行後，陳立夫敦促徐師寫書評。他謹遵囑咐，在六六年十一月寫了一篇評論文章，題為「評陳著《四書道貫》」，並於翌年十一月刊於《華僑日報》。

居夷處困　引發自省

提起陳立夫，一般學子只知他是政治家，是民國時代蔣介石的心腹近侍，隨後更官拜教育部長；豈不知他早年留學美國，在Pittsburgh 大學取得礦務工程碩士學位，畢生熱衷中醫中藥，對國學亦素有心得，長年擔任孔孟學會理事長，而六十年代旅居美國期間，寫就《四書道貫》一書。（按：「道貫」一詞，是孔子「吾道一以貫之」的縮寫）

徐師在文章首段先來自嘲一番：「說來很慚愧，我著的書，在書店裏多是冷貨；而陳先生的書，則真是洛陽紙貴，風動一時。」

自嘲之後，他進而解釋「為什麼陳立夫先生乃是一科學家，政治家，並不是一經學家，而我却推重他的《四書道貫》」？老師認為「讀古典，當然要通訓詁。但並不是通了訓詁便算讀通了古典……對《四書》的理解，……必由訓詁追到人生的體驗，更由人生的體驗而追到注釋者人的自身，乃必然之勢。」老師在進一步解說之前，先「申報利益」：他其實與陳立夫並無深交，絕少親近，只是在民國三十六年曾有兩星期在上海同居於一棟房子而已。換言之，他的書評，絕不涉及交情。

《四書道貫》　平易親切

　　徐師隨即指出，陳立夫旅美期間，可謂「居夷處困」，（按：陳立夫自五十年代初就離台赴美，而旅美生活，殊不優渥，甚至緊短，時有困頓。）卻體現了「孟子所謂『富貴不能淫，貧賤不能移，威武不能屈』，庶乎近之。他的注重《四書》，主要是因為他在肩負黨國重任中，遇到了許多困難問題，並要解決這些困難問題，而引發了自己的反省，由這種反省而發現了《四書》的意義；……因此，他著的《四書道貫》的第一特點是平易親切，有的地方使人感到聖人好像正對着讀者講話。古典的大眾化，乃最不容易的事情。……陳先生開闢了比較可靠的古典大眾化的道路。」

　　此外，老師認為「立夫先生在四書中把握到了誠、仁、中三個基本觀念，以作為貫通的真實內容，這是非常有意義的。」

　　不過，筆者倒想在此越俎補充：細究其實，誠、仁、中這三個基本觀念，可用一個「仁」字進一步貫通，蓋因「誠」乃「仁」的必備條件，也根本是「仁」的外顯，而「中」就是仁者應有的定位。因此，一個「仁」字就足以貫通，而「仁」也就是人必須達至的境界。

　　徐師在文末指出，陳書「在結論中，很扼要的把許多人對中國文化所造成的人為障蔽，很簡明地打通了。……對現實人生、社會、政治各方面的陳述，實際都作了針對現代的指點，而發生了提撕、警覺的作用，應當可以引起讀者深切的反省。」（此文載於《徐復觀文存》頁一八六至一九一）

　　閱罷老師罵人讚人的褒貶文章，應該對這位率直認真的學者，多了明確的理解。另一方面，必須再次申明，徐師雖然罵人無數，但對於低輩後學，從不嚴責，只會認真提點。估計是他認為晚輩後進，學養不深，經驗未豐，犯錯乃必然之事。何苦責備？

學林鷗樂

至於徐師的著作，由於數量很多，範圍極廣，根本無法在此一一簡介。日後有緣，定必另文補述。筆者倒想在餘下篇幅報道他與師母相處的一鱗半爪以及他自己讀書治學的經歷。

撰文記敘　夫妻情趣

　　老師偶爾喜以文字講述兩老相處之道，甚至敘述多年夫妻情。例如他在一九七二年八月寫信給長女均琴時提及：「前幾天洗冰櫃，凍箱的冰融解後，我發現有些東西；清出來一看，原來你媽把醃了一下的魚，每個膠紙袋裝一塊，一共十幾塊，準備我好煎了吃。當時我真感動得要流下眼淚。」（見《徐復觀家書集》頁一九一）

　　又例如，老師在「和妻在一起」一文內，憶述他倆幾十年來的夫妻生活。他首先把二人的婚姻生活分成三個階段。第一階段：新婚一年後，戰事便爆發。他的軍旅生活導致夫妻聚少離多，「因此常引起妻的深深怨恨。」第二階段：在台灣東海大學執教的十四年安定生活中，「當然是和妻在一起，但四個兒女，個個嬌慣，妻的精力，幾乎完全用在兒女身上，……這實際是和兒女在一起，而不能算是和妻在一起。」第三階段：當「兒女都已高飛遠走」，而自七二年定居香港，才「真正和妻在一起」。

　　關於與妻在一起的總體感覺，「是我們都不曾長大，而且將永遠也不會長大……兩人相接觸的語言、行動，……都帶有兒童的意味，有時我在她面前放點小賴，好像她是我的媽媽，有時……又感到她是我的小女兒。」

　　老師繼而在文中提述因老妻事事遷就他而常感歉疚。他說：「我的妻，是在帶封建氣氛的家庭中長大的，她從來不叫我的名字而稱我為『先生』，小孩在一起，她便一切為小孩着想，小孩離開了，

遙念吾師徐復觀

她便一切為我着想，……我幾次向她懇求地說：『你這樣將就我，使我心裡很難過。』但妻却堅持並沒有什麼事情將就我。」

待妻之道　求致太和

老師隨後在文末道出如何面對老妻的責罵。「我一向馬馬虎虎，在言語上得罪了她自己並不知道。她總是忍上兩次三次；最後發作出來，就會狠狠地數罵一番。么兒在身邊時，他便乘機搧火地說：『媽！你這次不要輕易放過爸爸，不要聽爸爸說一兩句笑話你就心軟了。』……妻一發了脾氣，常把二三十年前的雞零狗碎的事情，都羅織成為當前的罪狀。有時真是氣死人。但第一，因為她身體不好，我不能反口去刺激她。第二，我知道她發過脾氣後，很快就會後悔的……『百忍堂前有太和』，所以我和妻在一起，總算過的是『太和』的生活。」（此文原刊於七七年《星島日報》，後載於《徐復觀雜文》）

我們準可從這篇文章領略老師待妻之道以及夫妻充滿「太和」的相處之情，讓我們這班學子在仰承師訓之餘，瞭解老師與師母夫妻共處以至闔家生活的意趣。

不僅如此，夫妻相處，老師居然偶爾對妻子耍奸使詐。且看他在七十年代寫給長女均琴的信裏，剖白他的奸計：「今天你媽……隨意清東西，清出我過去兩次寫給你媽的悔過書，你媽笑了給我看，其實我當時也弄了點手腳，故意寫得似通不通的。你媽笑了一陣後，一起扯掉了。」（見《徐復觀家書集》頁二六零）

原來他們夫妻之間也搞「悔過書」的玩意，而且還在悔過書上動手腳。夫妻相處的情趣，溢於紙上。後輩讀之，頓覺溫馨。

學林鷗樂

另一方面，師母固然是賢妻良母，除了照料老師起居飲食，還不時充當他的左拾遺，從旁提醒他注意因事忙而一時無暇兼顧的資訊。她的拾遺差事贏得丈夫暮年在日記稱許：「年來世高常以某些新聞或文章提醒我，都很有意思。」

師母撰文　憶念亡夫

老師離世後，師母在孀居期間親撰「友情默默感時光」一文，憶念亡夫。師母以淡淡的愁思，幽幽的情懷寫道：「從您辭世那一頃刻開始，與我生命相伴隨的，無法言喻的偎依之情，也與您的形體相偕俱去。這麼多年來，我的生活只為照顧您，培育四個兒女而生，如今孩子們都長大成家，遠在異地，突然在生活的核心中失去您，這種岑寂是何等難耐。」（此文載於前述《徐復觀教授紀念文集》，頁五七一）

文內輕輕數言，便道出夫妻相依相伴，彼此情真意摯；淡淡幾句，我們便充分感受到師母大半生相夫教子，堪堪彰顯了賢妻良母的傳統婦德；短短百字，卻道盡喪夫後生命失去核心，深嘆孀居何其寂聊。

師母隨後續憶：「……任何獨處的時刻，浮現縈繞在我腦海中的總是您在書齋裏埋首研讀，撰述的影像；您留下的那些歷經歲月，累積醞釀的研究成果。那些文字有的我不十分懂，有的則全然不能了解，然而我知道為了學術，為了堅持自己的原則，您的確得罪過不少人。您秉性雖然剛烈耿直，可是從來不記仇，從來不暗地裏算計人，您生前常說，歷史和時間終究會揭開飄忽不定的迷霧，顯示它凝定清晰的面貌。」（頁五七一至五七二）

雖然寥寥數語，卻表明自己對丈夫一生的評價及認定，亦印證了我們這輩學生對老師性格的理解。際此，只想遙稟老師，時光飛逝，綜觀您辭世四十年後的今天，歷史和時間不但揭不開「飄忽不定的迷霧」，歷史反更模糊，時間益覺乏力。

自我憶述　讀書生活

至於徐師的讀書經歷，據他在「我的讀書生活」一文憶述，他早年初遇熊十力，就被對方棒喝當頭，大罵他沒有把書讀好，而他們所指的書，是王船山的《讀通鑑論》。當對方問徐師，有什麼心得，他就把不同意書內所說的地方，逐一提出。怎料對方罵他：「你這個東西，怎麼會讀得進書！任何書的內容，都是有好的地方，也有壞的地方。你為什麼不先看出他的好的地方，卻專門去挑壞的；這樣讀書，就是讀了百部千部，你會受到書的什麼益處？讀書是要先看出他的好處，再批評他的壞處……」

他續憶，自己受過棒喝，經過熊十力「不斷的錘鍊，才逐漸使我從個人的浮淺中掙扎出來，也不讓自己被浮淺的風氣淹沒下去，慢慢感到精神上總要追求一個什麼。為了要求一個什麼而打開書本子，這和漫無目標的讀書，在效果上便完全是兩樣。」（順帶一提，關於徐師憶述與乃師的關係，可參閱「有關熊十力先生的片鱗隻爪」一文。此文現收錄在前述《徐復觀文錄選粹》內，另見於內地華東師範大學出版社編印的《中國人的生命精神——徐復觀自述》。）

學林鷗樂

提醒後輩　多加寫作

　　老師早在五十年代就以「為學習而寫作」為題，解釋寫作如何有助學習。他在文內初段說：「做學問最基本的工作，首在搜集資料，整理資料，把資料加以消化。……其次……是要養成自己的思考能力……當你有某種感想，經過初步的思考而覺得其值得寫出……你的思考力便隨著文章的展開而展開，隨著文字的鍛煉而鍛煉……所以『寫』是發展鍛煉思考的重要方法。」

　　他隨後有感而發：「一生讀書而不肯輕易寫一字的人，站在做學問的觀點來說，是最吃虧的事。」他因此特別提醒後輩：「應養成隨時觀察事物特性的習慣……應養成隨手抄錄資料的習慣。」最後，他在文末總結：「為了學習而寫作，以學習的心情來寫作，可能是流弊最少的寫作。」

　　另一方面，徐師到了中年而飽經歷練後，「摸出了一點自己的門徑。第一，……決不讀第二流以下的書……。第二，讀中國的古典或研究中國古典中的某一問題時，……把可以收集得到的後人的有關研究……先看一個清楚明白，再細細去讀原典。……第三，便是讀書中的摘抄工作。一部重要的書，常是一面讀，一面做記號。記號做完了便摘抄。」（見前述「我的讀書生活」一文）不過，徐師所提出的治學門徑，對現代學子來說，未知是否有所啟迪，可予仿效？

常勉我輩　要多讀書

　　文人愛書，自不待言。一九八一年一月，老師儘管自知來日無多，但購書之樂，仍絲毫未減，並在日記寫到：「所買之書，未必能讀。然買時感到快慰，不買如有所缺欠。」他甚至因此賦以打油

詩一首自況：

「死壓床頭尚買書，分明浪費也區區。

莫愁死後無人讀，付與乾坤飽蠹魚。」

另一方面，徐師晚年時表示，他後悔年輕時浪費很多時間讀那些與他擬研究的課題無關的書。不過，筆者很想提出，縱使你有志於學，但什麼是一代大儒所指的一流及二流書？又，究竟什麼是二流以下的書？相信一般學子根本無從辨識，以致常常讀錯書而枉花時間。

再者，讀那些與自己擬研究的課題沒有直接或間接關係的書，真的是浪費時間？試想，在漫長的閱讀歲月中，如果不是常加開拓，多所涉獵，又怎可以易於酌定擬研究的課題呢？這些想必都是現代學人同感疑惑的問題。

徐師到了暮年，師母問他，讀了一輩子書，究竟有什麼使命。他回答：「承先啟後。」今天，他的一眾弟子已經承先，接過了棒，肩負了啟後的重責。再者，老師離世前不久，還引述孔子之言：「學而不已，闔棺乃止」，並永遠視此種精神為他的鞭策。

此刻，縈繞腦際的，是老師當年上課時說得最多的一句話：「你們要多讀書！」

（「新亞」學者系列之二）

學林漫樂

講學認真　語帶笑容

敬憶吾師全漢昇

　　上世紀八十年代初新亞研究所是著名學者薈萃之地。當時雖然唐君毅已經離世，但所內大師多不勝數。單以歷史學者而言，就有多位，包括時任所長的孫國棟、主治制度史的嚴耕望、專研政治社會史的羅夢冊，經史兼擅的牟潤孫，以及專治經濟史的全漢昇。此外，國學大師錢穆不時從台北來港，向一眾學子講學。這個強大的史學陣容，敢稱睥睨學林，而筆者廁身其中，實感受惠匪淺。

　　這裏所說的受惠，可以分為直接和間接兩種。直接，是指在所期間修讀某課程而在課堂上親聆教益；間接，是指雖然沒執弟子之禮，但當時學風所及，諸位老師的著作，定必抽空翻閱，從中拜領。

「新亞」文史哲不分家

　　筆者進所之時，主修文學。不過，「新亞」所揭櫫的辦學宗旨，是文史哲不分家。換言之，即便你主修文學，但進所之後，起碼首兩年，除文學科目，總得選修歷史和哲學科目。根據當年的學制，研究生在所頭兩年，必須修讀文史哲裏的若干科目。如果兩年之內修不完，就要在第三年以至第四年修畢。

　　由此可見，當年研究所的學制，與今天的很不一樣。目下，念一個碩士學位，莫說是兩年，即使是一年半，學生也嫌長，最好是一年；如果十個月修畢，則屬最佳。以當年的學風而言，進所時，

我們從來不問，「多久可畢業？」反之，我們例必提問，「我可以在所裏待多少年？」只因為，好不容易才考進來，當然希望在這個學風頗盛的研究所，多待幾年。

當年的「新亞」，固然需要考入學試，而且由於學額有限，收生很緊，考關很不易過。誠如前述，「新亞」文史哲不分家，三者並重，而這個原則，早於考入學試時已予體現。入學試考五科：中英文外，文史哲各一。某一科可以不及格，但平均分必須及格，否則無緣面試。筆試後，所方按考分排名次，而所考名次，會在面試告知。面試時是兩師會審，輪流詰問。考生也要提述研究計劃及論文綱要。

基礎牢固　一專多能

不過，一如前述，不管你選修什麼，文史哲科目，必須修讀。在這種學制下，筆者除修讀文學科目，還修了不少史學和哲學科目。這種文史哲兼重的做法，其他大學裏的研究所根本欠奉。國學範疇宏大，始終要分工分門，所謂業有專工嘛。不過，如果在文史哲這三大範疇打下牢固基礎，確必有利於個人日後的學術發展。哪管你今後在學術上走哪一條路，你寬闊廣博的知識基礎，永遠是一種其他人盼羨不已的優勢，也給予你暢通無阻的方便，更為你鋪上一專多能的道路。「新亞」育人的苦心，絕對值得崇敬；我們深受福澤，當然感激萬分。

以筆者過去三十年的藝術工作而論，每當在公開場合演講完畢，總有人趨前求問：「我對某個劇種（例如京劇）有點興趣，請您介紹一本入門書給我，可以嗎？」

學林踽樂

碰到這個表面看來合理的問題，筆者總是帶着笑容跟對方說：「問題不是這樣問。你要是對京劇產生興趣，就應該先了解京劇的整體發展；你想了解京劇的整體發展，就應該先了解戲曲的整體發展；你要了解戲曲的整體發展，就應該先了解文學的整體發展；你想了解文學的整體發展，就應該先了解歷史的整體發展。如果你對歷代的治亂興衰、典章制度、文學藝術，以至我國核心價值，包括儒釋道三家思想，沒有通盤認識，任憑你花盡畢生精力，鑽研京劇，也只落得膚淺短視，永遠達不到上乘。」聽到這一大番話，對方大都面露難色，頹然而去。

再舉一個例子，某年有一位後進拿着她一篇比較皮日休與陸龜蒙的碩士論文前來，請求斧正潤飾。筆者問她，大學本部或研究所期間有沒有修過歷史，特別是唐朝以至其前其後的歷史。她只是搖着頭說沒有。筆者於是喟然嘆曰：你對皮、陸二人的時代背景也摸不透，怎去研究他們呢？你寫的論據，夠踏實嗎？

卓然有成　飲譽學林

舉以上兩個例子，無非是要說明修讀歷史的益處。筆者在所期間，有幸修讀歷史，更蒙經濟史名家全漢昇教授在其「中國經濟史」一科裏，講授經濟史上的諸般課題。全老師在經濟史的領域裏卓然有成，飲譽學林。在敘述老師之前，必須首先指出，由於內地採用簡體字，學界把他寫成全漢升。其實他的正確姓名是全漢昇。

清楚記得，老師個子不高，衣着整齊。穿西裝時總是繫着領帶。他講學認真，但不偏於嚴肅，反而常帶幾分笑容。說話時，總是從容不迫，不像某些老師，課堂上恍如黃河決堤，浩瀚奔放。由於他是廣東人，堂上自然是以粵語授課。我們這班「香港仔」，當然倍

敬憶吾師全漢昇

感親切，蓋因其他老師講話時，總帶着程度不一的鄉音。他在課堂上愛與學生分享他的研究心得。我們坐着細聽老師一點一點地縷述，既覺受益殊深，更感榮幸萬分，畢竟當年在譽舍教授經濟史，確以他為尊。

可惜，課程初段，筆者沒有敬誠其事。記得老師交付我們第一份正式的功課時，准許我們自由選題，寫一篇幾千字的論文。筆者為圖方便，故意選先秦經濟為題，因為寫先秦經濟，只消從《史記》、《左傳》、《戰國策》等古籍左搬右抄，就可成文。反觀，如果選唐宋或明清經濟，需要翻閱的史料較多，有點划不來。論文未幾順利寫就，交功課時，心裏居然還有幾分沾沾自喜，覺得自己挺聰明，懂得取巧。

筆者取巧　慚愧內疚

然而，當筆者從老師領回這份自忖是「傑作」時，他淡淡說：「可徵的史料有限，寫了也沒什麼意思。」看着他那種略帶「拿我沒法」的無奈面容以及露出幾分鄙夷的眼神，筆者既慚愧，又內疚。慚愧，是因為躲懶而心存取巧，枉作研究生，愧為新亞人；內疚，是因為難得幸遇名師，卻平白放棄從修改功課中仰蒙教澤的良機。

自從那句冷評以及那臉鄙夷，筆者銳意習史。多年下來，益發覺得，只要有穩固的歷史根基，不管你從事哪門研究，總是比較容易得心應手。

筆者再舉一個近年的例子，說明認識歷史是何其重要。六、七年前，筆者連同一班公務員前往內地，參加北京大學研究所的國情研習班，當中有一科是新中國經濟發展，由五十年代初講起。可是，由於從香港去的學員對新中國的瞭解明顯不足，教授講課倍感吃力，

在講論經濟議題之前，總得花大量時間交代歷史背景。如此一來，教學進度大受障礙。所以說，缺乏歷史知識而貿然從事學問研究，根本寸步難行，豈能求成？

此刻回想，誠心感謝全老師當年猶勝棒喝的冷冷一眼，讓筆者知恥而勤修歷史。自此，筆者從頭學史，先瞭解歷朝更迭，治亂興衰，進而研習各代典章制度、社會民生、財政經濟、交通建設、文化學術。

先研唐宋　後治明清

然則，全老師本身的習史之路，又是怎樣的呢？據悉，他年輕時與很多熱血青年相同，鑑於國家積弱，社會紊亂，於是用心研究晚清歷史，冀能找出振興之路。由於他勤修苦幹，用功殊深，遂得政治學者陶希聖、史學名家陳受頤以及當代大儒傅斯年（亦即後來台灣著名歷史教授傅樂成的伯父）等學林翹楚提攜扶助，得到更好的修史機遇。

他繼而專研唐宋，並上及六朝，下開元代。及至四十年代中至六十年代初，先後數度赴美以至歐洲遊學考察，開始著心於中國與外國的經濟貿易，進而研究明清兩代的內地經濟以及中外經濟關係。由於他心思縝密，務實無偏，因此研究成就非凡，後學廣承蔭澤，學林更視他為經濟史學祭酒。

老師除了日常講學，啟導後輩，還發表大量研究文章，而他部分的著作，收錄於一套三冊的《中國經濟史研究》。這是全老師在不同年代撰寫經濟史文章的彙編，歷年出現不同的印行本。筆者手執的，是七十年代「新亞」親自印行的初版。

那個年代，「新亞」除了學報，亦出版書籍，而所刊書籍，會送至台灣、美國等地售賣。以一九七六年初版計，一套三冊的售價是三十六美元。所內學子享有折扣。書內所輯錄的，是早年散見於各式期刊的論文，而那些期刊，大抵可分為三個體系，即中央研究院歷史語言研究所（一般簡稱為「史語所」）集刊；「新亞」體系內的新亞學報、新亞書院學術年刊、新亞生活雙周刊；以及其他著名學報期刊。

採用西方經濟時期劃分法

《中國經濟史研究》共有論文及專刊二十一篇。當中篇幅最長者，是卷首的一篇，即「中古自然經濟」，而這篇文章最大特色是把西方的經濟時期劃分法應用於中國。根據德國經濟學家 Bruno Hildebrand（一八一二至一八七八）以及幾位西方學者的劃分法，人類的經濟可劃分為三個時期，即以物換物的自然經濟期、貨幣時期及信用時期。

老師把漢朝以至唐初劃成自然經濟期，而盛唐時代的中國，已走進貨幣經濟期。這篇文章寫於四十年代初，而由於自清末民初西潮東漸之後，我國不少學者傾向引用歐美學術概念去研究本國問題。據老師自述，他這種做法，是上承他恩師陶希聖。

這套《中國經濟史研究》主要是按朝代而分成三冊；上冊除前述「中古自然經濟」，還收錄了唐宋兩朝有關物價變動、政府歲入與貨幣關係及運河的三篇文章；中冊則收錄了關於唐宋明清四朝官吏私營商業、寺院經營工商業、白銀、糧食價格等課題的八篇文章；下冊則主要收錄近代及晚清有關農業、工業、鐵路等課題的文章。

學林鷗樂

官吏私營商業　絕非限於宋代

　　此三冊共收文章二十一篇之多，要在此逐一介紹，實不可能，只好酌選其中一篇對現代讀者而言應感興趣的文章，即中冊內第一篇——「宋代官吏的私營商業」，蓋因「當官營私」是歷代常存的課題，而絕非限於宋代。

　　老師把這篇長達七十多頁的論文分成九部分，計為：「五代官吏之私營商業」、「官吏私營商業之原因」、「海外貿易之私營」、「邊境貿易之私營」、「外交官吏之私營」、「綱運官吏之私營商業」（按：綱是指一批米的運輸）、「專賣品貿易之私營」、「其他各種商業之私營」、「官吏私營商業之特色及其影響」。

　　由於文內的「官吏私營商業之原因」比較吸引讀者，筆者在此敘述老師所列載的幾大原因：

　　（一）宋代官俸太少，不足以養廉，所以官吏多貪污，而私營商業就是貪污的表現；

　　（二）邊將擁有重兵，他們私營商業，中央也無可奈何；

　　（三）唐朝商人地位不高，因此官商涇渭分明。到了宋代，商人地位躍升，本來不恥與商人為伍的官吏，基於厚利，並仰仗自身權勢，居然自行營商；

　　（四）宋代打破了「市井子孫不得仕宦」的傳統規矩，商人及其子孫可以買官，亦可以結交權貴，以博取高官厚祿。

　　老師進而指出，官吏為了方便私自營商，不惜以公款作資本，以公物作商品或商品的原料，以官船運載私貨，利用公家人力，藉勢壟斷，或賤買貴賣，以及逃稅。官吏私營商業，至終引致政府損失，真正商人損失商機，以及官吏頓成暴富。

一如前述，官吏私營商業，絕非一朝一代，而是歷朝歷代的問題，亦是中國歷代嚴重秕政之一。為了杜絕官吏仗勢斂財，高薪養廉似乎是不二法門。

《經濟史論叢》出版較先

必須申明，上述一套三冊《中國經濟史研究》所收的文章，頗有撿拾遺珠的味道，蓋因在出版此書之前三年，老師把他手上的一批文章結集成書，題為《中國經濟史論叢》。

書內收錄三十多篇從唐宋至明清的研究文章，當中以清朝經濟著墨最深，超過全書的一半，而有元一代，則少有論述，全書專論元朝經濟的文章，只有「元代的紙幣」一篇。

此《論叢》初刊於一九七二年，比前述亦即刊於七六年的《中國經濟史研究》較早。不過，筆者在所時，《論叢》早於所內售罄，而坊間亦無從購買。及至九十年代及二零一零年代，台灣及內地先後將之分一、二兩冊重印，使這套早已絕版的《論叢》，得以再度面世。

由於筆者早年先購得上述七六年刊行的《研究》，而及後才購得七二年《論叢》的再版，因此本文按照筆者捧讀老師著作的先後而介紹，並非依循這兩套文集的出版先後。敬希鑑察。

論述宋金之間的走私貿易

縱觀《論叢》內所收文章，筆者最想在此介紹的，是載於第一冊內的「宋金間的走私貿易」一文，純因《論叢》內的文章，例如「清中葉之前江浙米價的變動趨勢」、「清雍正年間的米價」、「乾隆

學林甌樂

十三年的米貴問題」,盡屬專題文章,只適合專研清代經濟史的後學;反觀走私這個課題,現代讀者應該較有興趣。

此文初寫於民國二十八年,後於民國三十一年重寫。事緣老師閱罷日本經濟史學者加藤繁「宋金貿易論」一文,覺得該文「對於宋金間的走私貿易,語焉不詳」,於是執筆為文,根據《宋會要》、《金史》、《大金國志》、《建炎以來繫年要錄》等相關史籍,寫就此文。

文章共分六節,除第一節「概說」及第六節「結論」之外,依次是「飲食品的走私貿易」(包括糧食、茶葉、鹽和薑)、「軍需品的走私貿易」、「金銀銅錢的走私貿易」及「其他各種物品的走私貿易」(包括書籍和布帛)。老師在第六節即「結論」而不是在第一節即「概說」裏提出幾個重要課題。

首先,為什麼宋金之間有大規模的走私貿易,而規模比歷代大得多?

探索箇中原因,須從史地兩方面著眼。鑑於中國河流特別是最重要的河流如黃河、長江等,都是自西向東流,而不是自北向南流,因此大大妨礙南北經貿貨運及文化的互通。

開鑿南北運河是解決天然河流少通南北的問題,而自運河開鑿後,「南北水道交通發達,南方富庶的物產……可大量供給北方;而北方物產的南運,也跟着較為發達。這樣一來,……南北經濟……差不多構成一體。……但自運河促成南北經濟統一後,大體上說,統一在中國政治上是常態;分裂是變態。其間最明顯的分裂,要數到宋、金對立(約共一百多年),……當宋、金對立的時候,南北分裂的政治組織既不能滿足全國經貿密切聯繫的要求,自然要另謀所以補救之道了。」(頁二六九)

明白了中國大型河流並非北向南流的地理因素，繼而理解到南北分裂的歷史情況，我們才可以初步知道宋朝走私貿易何以異常鉅大。

「榷場」難以應付整體需求

　　宋金之間的經濟往還，雖然有官方的「榷場」（按：宋金兩國以淮河為界，而那些設於淮河流域而受官方管制的兩國貿易市場，稱為「榷場」，意指「專賣場」。見《宋會要》「食貨」三八紹興二十九年九月七日條），但「榷場」的經營由於受到兩國法規約制，根本難以應付整體需求，因此「榷場」以外的走私貿易，便應運而生。

　　老師亦在文內指出，走私的主要動機，是謀取巨利。南北兩方的物品礙於供需失調而價格相差很遠，因此很多人看準機遇，走私貨物，圖謀暴利。當時走私的人，可以分成幾大類：來往南北的商人、邊境官吏、出使的外交人員及邊防軍人。

　　至於走私的物品，種類很多。由南進北，大多是糧食、茶葉、軍用器材、銀両、書籍等；由北進南者，大多是鹽、麥、麵等，而走私的路線，則以宋金接壤之地即淮河流域一帶為主。另一方面，漢水流域、四川與陝西之間以至海道，走私問題亦很嚴重。

　　老師在文內提及走私糧食時指出：唐宋兩朝，長江三角洲是全國最重要的穀倉，每年均有大量穀米從運河輸往北方各地。然而，及至宋金對立，南宋政府禁米出口，北方糧價激增。礙於運河無法暢通，走私者改循海道北運。

　　至於川陝一帶，由於南宋駐有軍隊，糧食需求量大，加上江南運米入川，甚是困難，因此當地政府只好默許甚至獎勵糧食自北秘

學林鴻樂

密入口。其實，一言蔽之，但凡物品因兩地阻隔而出現價差，就有貪圖利潤的人，從中走私謀利。

這篇文章老師寫得淺白易懂，讀之有趣；對於認識宋代經濟，亦頗有增益，實在值得一看。

《中國近代經濟史論叢》九六年刊行

老師繼《中國經濟史論叢》及《中國經濟史研究》，於一九九六年另外刊行《中國近代經濟史論叢》，將之前二十年內先後撰寫而散見於各地期刊的二十五篇關乎明清兩代經濟史的文章，結集成書，合共四十八萬字。

在這二十五篇文章當中，涉及國內經濟者，有十篇，而論及中外經貿者，則有十六篇。單是以中外白銀交易為題的，就有六篇。不過，眾多文章中，一般讀者應該對「略論新航路發現後的海上絲綢之路」一文，最感興趣。

此文是一九八六年八月老師在中央研究院舉行院士會議時的講稿。全文共分五節。他在文內首先說明，歷史上，絲綢之路有兩條。頭一條始於漢代的陸地商路。由於這條橫跨歐亞大陸的道路要經過高山、沙漠、草原等各種不同陸地，而每個約有三十頭駱駝的運輸隊，合共只能馱負九噸左右的貨物，加上走動緩慢，運輸能力低下，效率不佳，以致絲綢售價極為昂貴，甚或與黃金同價。

海路輸出絲綢　始於漢代

以海路輸出絲綢，亦始見於漢代。據《漢書》所載，武帝一朝，我國已有海船從廣東雷州半島開出，經現今越南、泰國、馬來西亞，

橫越印度洋，而到達印度南端。船上載有黃金、雜繒，以換取各國明珠、璧石、琉璃及奇珍異物。

不過，及至世界航道發現後，海上絲綢之路才特別活躍起來，而促進海路貿易頻繁的兩個國家，是葡萄牙和西班牙。

葡萄牙自十五世紀中葉開始，沿非洲西岸探險，繞過非洲南端好望角而橫渡印度洋，終在一四九八年即明朝弘治十一年到達印度西岸，輾轉至一五五七年即明朝嘉靖三十六年，得到中國批准，定居澳門，以便通商。

以菲律賓作基地　與中國通商

另一方面，西班牙哥倫布在一四九二年橫渡大西洋，隨後在墨西哥殖民，並於一五六五年橫渡太平洋，佔據菲律賓，並以此作為日後與中國通商的基地。

據老師所指，由一五六五年至一八一五年，西班牙每年均派遣可載重千多至二千噸的大帆船從墨西哥前往菲律賓馬尼拉，多則一年四艘，少則一艘，而以兩艘居多。所載貨品，不一而足。從墨西哥及秘魯輸往菲律賓者，以白銀佔多；由菲律賓輸往美洲者，則以生絲及絲綢為主。

文內隨後指出，明朝流通的貨幣「大明寶鈔」，由於自明中葉起發行過量導致幣值大跌，人民為保財值，轉而以銀交易。可是中國銀礦不豐，供不應求，以致不少商人轉與菲律賓的西班牙人通商，以對方需求甚殷的絲綢，交換己方所需的白銀。

美中之間有海上絲綢之路

老師因此在文內指出：「橫越太平洋的大帆船，一方面把銀價低廉的美洲和銀價高昂的中國聯繫起來，他方面使中國大量生產的生絲和絲綢在美洲擁有購買力強大的市場，跟着這條海上絲綢之路也就蓬勃發展起來。」（頁八十七）

關於中國明清兩代的白銀問題，老師在不同時期的多篇文章內均有論述，而這篇論述海上絲綢之路的短文，主要說明，除了橫通歐亞的陸上絲綢之路，美洲與中國原來有一條不大受到注意的海上絲綢之路，而這正是他這篇文章的要旨。

上述先後印行的《中國經濟史論叢》、《中國經濟史研究》和《中國近代經濟史論叢》，可說是老師經濟史研究的總彙。

《明清經濟史研究》收講稿六篇

此外，老師仍有一本傳世之作，名為《明清經濟史研究》（聯經出版社，一九九四）。書內收集他於一九八七年應台灣清華大學人文社會科學院歷史研究所杜正勝所長邀請出席文史講座的講稿，每講一篇，共得六篇文章，分上下兩編。上編即前三篇分論中國與葡萄牙、西班牙、荷蘭的交通與貿易；下編即後三篇則分論清代人口與農業、貨幣與物價及近代工業。

以第一講即「中國與葡萄牙的交通與貿易」為例，老師在開端說明，葡萄牙在十五世紀最後三分之一的時期，開始沿着大西洋的非洲海岸探險，先於一四八八年抵達南端好望角，後於九八年到達印度西岸加里庫特（Calicut），再於一五零一年及一一年，先後佔領果亞（Goa）及滿剌加，即今馬六甲（Malacca），及至五七年，佔領澳門。

本來，把上述文字放在這篇中葡交通與貿易文章的開端，作為引言，實在絕對合理。不過，他在同段後半部提出，早於葡萄牙自西向東航行，中國明朝在十五世紀最初三分一的時期，鄭和已從中國出發，橫渡印度洋，抵達非洲東岸，而中葡彼此航線長度，同為一萬五千英哩左右。

暗示中早於西　中優於西？

他雖然沒有明言，以航海遠行而言，中國早於西方，因此中優於西，但從他字裏行間，不難發覺，那種中早於西，即中國遠航比你們以葡萄牙為代表的歐洲還要早半個世紀而因此中優於西的姿態，溢於紙上，且看：「……葡人東航是在十五世紀最後三分之一的時間，他們的……新航線長度約為一萬五千英哩。在此半個多世紀之前，在十五世紀最初三分一的時間，中國……直達非洲赤道以南……的地方。這條由亞洲到非洲的航線亦約為一萬五千英哩，與葡人在五十多年後發現的歐、非、亞航線長短大致相同。」（頁三）其實這是專治經濟交通（即廣義的文化交流）的現代中國史家的常見態度。

老師隨後在文內講述葡萄牙人在明朝與鄰國西班牙的商業關係，以至中葡之間的貿易情況。

西班牙在十六世紀末至十七世紀，在美洲大肆開採銀礦，並把採得的白銀大量運回本國。由於歐洲其他國家的物價遠遠低於西班牙，於是將自己的貨物大幅輸向西班牙，從而套取該國白銀。「最靠近西班牙的葡萄牙，自然向西大量輸出貨物，把西班牙人手中的銀子賺回本國。……他們又在亞洲把香料運回歐洲，控制了歐洲各國的香料市場。葡人把大量香料賣給西班牙，自然換來巨額的白銀。」（頁七）

學林鷗樂

葡人把大量白銀運亞

另一方面，由於東方的白銀價格比西方高，葡萄牙人把大量白銀運往亞洲。據老師指出，在十六世紀八十年代，每年運來遠東的白銀，高達三萬二千公斤。當時葡萄牙人抵達澳門後，就北上廣州，收購絲綢、生絲等物品，而中國商人亦趁此把麝香、水銀、硃砂、糖、樟腦、黃銅、茯苓、陶瓷等物品賣給葡人。

據悉，在一六零零年，每艘葡萄牙商船離開澳門時，船艙例必有生絲千擔、絲綢萬匹（按：五碼為一匹）、黃金三四擔。帶走的各款物品利潤很深，以生絲為例，廣州賣價是每擔八十兩白銀，但到了印度，可賣二百兩。

老師隨後在文內指出，葡萄牙由於在一六四一年被荷蘭打敗，失卻中葡航道之間的要塞馬六甲，葡人的商業利益自此大為縮減。

此外，老師在「中國與西班牙的交通與貿易」一文內指出，由於美洲白銀大量流入中國，致使國內白銀流量激增。明中葉以後，內地各大城市均可用白銀作貨幣，而政府在推行新賦稅法即「一條鞭法」時，實行以銀納稅。

由於這六篇文章是講座的記錄，現場講座之後的一問一答，亦記錄在內，而綜觀這六個講座的內容，實在有助學子理解明清兩代經濟史。

王業鍵敘述老師重要貢獻

以上四款書籍，均有不同版本印行。香港、台灣及內地大型書店以至網上應該可以買到。萬一找不着，各大圖書館肯定存有，尋索不難。至於論述全老師對經濟史學上的偉大貢獻，可參閱王業鍵

學長的「全漢昇在中國經濟史研究上的重要貢獻」一文。王學長在台灣修業時曾追隨全老師，是老師的得意門生，對經濟史研究，用功殊深。老師辭世時，他親撰一聯，敬表哀輓。聯云：

窮探南北運河糧食供輸 析唐宋國運盛衰 士林同輩北斗

精研中西海道絲綢貿易 察明清經濟變革 學壇共仰高山

短短一聯，庶幾概括老師一生研究範圍及學術成就，亦代表同門一眾弟子對老師的崇敬。王學長惜於一四年辭世。台灣後學陳慈玉為此從各地廣集經濟史文章，編成《承先啟後：王業鍵院士紀念論文集》，在一六年推出，藉申敬意。

學長廖伯源編《邦計貨殖》

另一方面，「新亞」廖伯源學長為紀念老師誕辰一百周年，特意在二零一三年廣徵各地鴻文，編成《邦計貨殖：中國經濟的結構與變遷——全漢昇先生百歲誕辰紀念論文集》。書內收集各地學者以至老師弟子未經發表的二十篇經濟史文章，藉敬先師。前述王業鍵學長的「全漢昇在中國經濟史研究上的重要貢獻」一文，亦收入此文集。除了論文，此文集亦有何漢威整編的「全漢昇先生事略」及「全漢昇先生著作目錄」、張偉保的「全漢昇先生年表」及楊永漢親撰「杖履追隨——憶全師漢昇院士」。

不過，最難得的，是文集內轉載了老師親撰而刊於一九九八年中央研究院《古今論衡》的「回首來時路」。老師在文內親自憶述，自民國二十四年大學畢業及進入中央研究院歷史語言研究所後，如何開展他的經濟史研究道路。此文連同前述的「年表」、「事略」及「著作目錄」，均有助瞭解老師其人其學。

學林鷗樂

此外，廖學長徵得學林名宿許倬雲俯允，轉載他那篇為慶祝全老師九十大壽而寫就的「門外漢讀全先生的研究」，並作為文集的代序，藉添文趣。此刻手執這本文集，對於廖學長當年辛勞編書，實表感激。可惜筆者整輯本文時，驚悉廖學長月前不幸辭世；當年與學長同窗之情，此刻盡涌心頭。

研究成果　廣惠學林

此外，當年在港深承老師教澤的，是學長宋敘五，而他的「重讀全師〈中古自然經濟〉敬作補充」一文，亦轉載於前述廖學長所編的《邦計貨殖》論文集內。宋學長惜於一六年故世。楊永漢等學者特意廣徵鴻文，編成《經濟史家宋敘五教授紀念論文集》，以表崇敬。

老師雖於二十一世紀初以九十高齡辭世，但他所存留的研究成果，仍然廣惠學林，而深得薪傳的一眾學子，對經濟史學續有貢獻。

再次感謝老師當年的冷冷一眼，促使筆者敬誠史學。

（「新亞」學者系列之三）

敬憶吾師全漢昇

廣博精深　嚴肅凝練

嚴耕望史學卓然大成

記得月前在本欄記載業師全漢昇時，提及上世紀八十年代初新亞研究所是著名學者薈萃之地。單就史學而言，除前文所述的全漢昇之外，還有孫國棟、牟潤孫、羅夢冊、嚴耕望等人，以及不時從台灣回港訓誨後學的錢穆，而這個強大的史家陣容，敢稱睥睨學林。

這幾位各領風騷、卓然成家的歷史學者，在筆者心中留下迥然有異的回憶。錢穆溫煦儒雅，即便沉默不語，亦教人崇敬幾分；牟潤孫平易近人，從沒架子；羅夢冊不愛說話而總帶着點點斯人獨憔悴之感；孫國棟瀟灑方正，有君子之風；嚴耕望則嚴肅凝練，我輩後學，每每見之生畏。

與錢穆師生關係親厚

嚴老師早年修業於武漢大學歷史系，後轉齊魯大學國學研究所；其後獲中央研究院史語所研究員之銜，並歷任多所大學或研究院教職，包括美國「哈佛」及「耶魯」、台灣「東吳」、香港「新亞」及「中大」。

當年「新亞」的規模，細小得斷非現今研究生所能想像。今天研究所上課，學生人數動輒幾十，多則過百；而人多的壞處，是師生之間難有深交。學生與校務處的關係，談不上親切溫厚。回想當年「新亞」，恆常進出校園的學生，每天頂多只有十幾二十人。整

學林鷗樂

個教務所，只有三職。教務長一職之外，有總幹事一職，而此職是由本所早前的畢業生趙潛先生擔任，另有一位老先生任職書記，負責日常文書，以及操作一台現今已經停用的中文打字機。

八十年代初，電子科技未興。記得那個年代，電腦在港極不普遍；當時美國所使用的電腦，是一台台把電腦室塞得滿滿的大機器，而所謂電腦卡，是一張大大的打孔卡。礙於電子科技尚待開發，我們這輩學子，如果要掌握教務資訊，只得回校詢問，蓋因除非是重要事務，否則一般不會油印通告，然後寄遞學生家裏。這種環境促使學生常回學校，即使當天沒課，只要有空，就會跑回農圃道，流連於教務處，探取資訊。

前述趙潛先生只要沒有因事外出，總會留在教務處。他固然是大師哥輩，可我們作為晚輩後學，斷不敢僭越無禮，直稱他「師兄」，而專稱他「趙先生」。不過，我們這撥調皮鬼，總要在背後喊他「總管爺」，或「趙總管」。他就是我們與所方溝通的最佳橋樑，一切教務信息及所內庶務，全由他傳達。例如，指派筆者擔任「祭唐師」（前往沙田某淨苑拜祭唐君毅老師）的贊禮等任務，全由他決定。簡言之，大家關係密切。

在所偶得嚴老師啟導

由於我們長時間蹲在教務處，嚴老師下課後經過教務處時，總會停下步來，與我們閒聊幾句，又或偶然興起，垂詢我輩的學習情況，並時加訓勉，振聾啟聵。例如，記得有一次，他對我們說，做學問工夫，必須先打好基礎，先求博，後求深。又例如，有一次他鄭重提醒我輩，不要信靠單一來源的資料，更切勿憑空立論，然後才往資料裏找有利於自己的證據。這種做法，十分危險。

嚴耕望史學卓然大成

除了教誨，只要你誠懇求問，他定必回答。如果你看罷他的論著，甚至非他撰寫的論著而存有任何疑問，想叩門請益，他絕對樂意提點。

嚴格來說，筆者在所期間，沒有正式上過老師的課，但從閒來的指導，以至長期拜讀他的論著，也算是幸蒙教澤。

老師早於齊魯大學國學研究所修習期間，得遇名師錢穆，旋即成為錢穆愛徒，此後事師親厚。他敬師尊師之情，史學界無人不知。論輩分，他雖然是錢穆的弟子輩，但由於他勤修苦學，因此著作等身，學術成就非凡，卓然成家。

著作等身　廣澤後輩

關於老師已予刊行而可傳後世的史學論著，大抵可以分成三大範疇。其一是制度史；其二是地理交通史；其三是治史方法論。

制度史方面，老師著有：

（一）《中國地方行政制度史（甲部）——秦漢地方行政制度》；

（二）《中國地方行政制度史（乙部）——《魏晉南北朝地方行政制度》。此書合共兩冊，上冊專論魏晉南朝地方行政制度，下冊專論北朝地方行政制度；

（三）《兩漢太守刺史表》；

（四）《唐僕尚丞郎表》（分上下兩冊印行）。

從上可見，老師的制度史論著，既有綜論各朝地方行政制度，亦有專研漢唐兩大朝代的重要官職。

學林蒭蕘

關於歷代地方行政史，據老師親述，他的本意是從秦漢一直寫下去，所以他把這套書名定為《中國地方行政制度史》，然後分部撰寫刊行。可惜個人精力畢竟有限，他只寫到六朝便不得不擱筆，餘下各朝，惟待有緣人續此使命。

其實，由他親撰的秦朝至六朝地方行政制度史，已為史學界立下大功，為學術界奠定楷模。須知上述兩部三冊的巨著，已長達一千三百多頁。

用功於地方行政制度史

大家可能奇怪，老師以個人有限精力研究行政制度史，何不主攻中央行政制度，而偏用功於地方行政制度？

關於這個問題，他早在《秦漢地方行政制度》的序言闡明。他有感於前輩史家慣於主治中央行政制度而忽略地方行政制度，於是奮發為文，專研地方，蓋因他認為地方制度與民生關係以至對社會禍福的影響，比中央更為直接重大。

此番言論，絲毫不差。回望最近幾十年，治行政或政治制度史者，固不乏人，但不是失於粗略，就是只論中央而鮮涉地方。賢如楊樹藩和張金鑑，亦復如是。

再者，自嚴老師之後，再無良才續貂，為唐宋明清地方行政史補遺，而此乃史學界另一憾事。只恐當今學林，難以覓得一位兼具史才史識的學者，甘於立下宏願、敢於耗費心力，下此水磨工夫。

老師在《秦漢地方行政制度》明言，鑑於「前期史志政書所載殊略」，於是「必賴博求」，因此必須在「正史、政書及地理書之外，子、集、金石、簡牘、類書、雜著等，諸凡當世或稍後有關之材料

嚴耕望史學卓然大成

無不旁搜掇拾，取供考訂。」由此可見，他在資料蒐集方面力求徹底，不囿一隅。他力求完備無缺的治學態度，足為後學典範。

心思縝密　鋪排有序

老師在鋪排此書時極具心思，而且次序分明。他首先探究秦漢郡縣制度淵源；隨而綜論統治政策與行政區劃；繼而先論郡府組織及相關官職和特種官署；再論郡府之下的縣廷組織，以至鄉官及郡縣學官；接着講述地方的監察制度以及官員的任遷途徑；甚至另章專述籍貫限制以及關於官員的任用雜錄。結論之後還加插「漢代地方行政組織系統圖」。以當時未有電腦制圖之法而言，此舉實在費勁。

此書的結構和鋪排，可說是有志治理地方行政制度史者的典範，殊足廣納。可惜，又是老話一句，學界根本無人有力可予補遺。

至於《魏晉南朝地方行政制度》一書，體裁大抵承前，亦是先談行政區劃，下分州郡縣及都督區，繼而專論都督與刺史、州府僚佐等職，然後郡府組織、縣府組織，最後三章則分述察舉及學官、任用雜考，以及官佐品班表。

《北朝地方行政制度》的體裁，亦是承前，只不過因應北朝情況，酌增「黨里鄉三長」、「北魏軍鎮」、「魏末北齊地方行臺」、「諸部護軍」、「領民酋長」等專章。

「病中消遣之作」

《兩漢太守刺史表》及《唐僕尚丞郎表》兩書，表面看來，只是二手資料的職官表，並非什麼考據或獨具創見之作。豈不知，這

學林鷗樂

105

種從原有史籍採擷而得的資料，經過編整表列後，就成為很有輔助功能的資料，方便有志研究當時行政制度的學者參考。

據老師親述，他四十年代在齊魯大學國學研究所修讀期間，一邊養病，一邊把先前集得的相關資料編成《兩漢太守刺史表》。他雖謙稱是「病中消遣之作」，但此作面世後確得當時史學界認可，並且成為日後學者研究漢史時的漢朝人物統計表。

在這個成功基礎上，他繼續鉤沉稽異，採擷唐朝史料，整編而成《唐僕尚丞郎表》一書。此書詳列唐代六部尚書、左右僕射、左右丞、侍郎，並兼列度支鹽運使，並就上述諸職予以輯考。當中的編整成果足可比擬前作《兩漢太守刺史表》，甚或過之。

強調地理有助研史

老師的另一偉大成就，是地理交通研究。在這方面，他留給後學的，主要有：

（一）《唐代交通圖考》，共十卷，並備多個專題附錄；
（二）《魏晉南北朝佛教地理稿》；
（三）《隋唐通濟渠考》。

綜觀上述三書，不是研究某代交通，就是專論某朝宗教地理，甚至專論某條運河，乍看來，學術意義似乎不大。豈不知，此乃史學界極為珍視之研究成果，蓋因可以從中得到關乎國家民生的啟示。

為此，老師在《唐代交通圖考》的序言首段，便明言交通史何其重要：「交通為空間發展之首要條件，蓋無論政令推行、政情溝通、軍事進退、經濟開發、物資流通，與夫文化宗教之傳播，民族感情之融和，國際關係之親睦，皆受交通暢阻之影響，故交通發展為一

切政治經濟文化發展之基礎、交通建設亦居諸般建設之首位。中國疆域遼闊，交通建設尤為要務……」

今天我們視基礎建設（infrastructure）為發展某國某地之要務，而此說堪堪是老師在上述序言所揭示者。

歷史地理是為學座標

另一方面，學史之人，必須暢曉地理，能夠熟習交通者，則屬更佳，蓋因脫離了地理，歷史學子根本難掌史料，而每地之山川河嶽、漁農特產、風土人情，皆為治史之核心資料。設若某人有志學史而不諳地理，只恐無論用功多深，亦屬徒勞。

推而廣之，但凡為學，而姑勿論學科為何，亦須講求史地兼擅。歷史與地理其實就是我們積累學識的十字座標。歷史是縱向，地理是橫向。我們每天所見所聞，所學所習，只要以此史地座標領受收集，倍覺易得，益見牢固。

試想，世界萬物千態，有哪一個知識點不是關乎歷史與地理？如果我們打從小孩時代就習慣以史地座標學習，相信學習歷程定必更為快捷暢達。順帶一提，筆者自少年時代就身體力行，更以此史地座標推動小兒學習，為他奠立進德修業的基礎。

回頭續說《唐代交通圖考》。此書所涉浩繁。單以第一卷「京都關內區」為例，他先綜談兩京館驛（按：兩京是指當時長安和洛陽），然後分篇專述長安、洛陽以及附近地區的驛道。尤難得者，是他屢以插圖作為輔助，方便讀者了然。

以他執筆寫書的年代，苦無電腦支援，要弄一圖表，已經殊不容易，何況是幾十幅插圖？老師的苦功，豈是今輩所謂歷史學者可冀及？

學林鷗樂

治史法則　詳加列述

老師在治史方面不單考據有力，論述精闢，更於後期總結了幾十年來的治史心得及諸般法則，寫成小書，供諸同寅，傳予後學。這種無私的分享，當然普澤我輩。

他先寫就《治史經驗談》（臺灣商務，一九八一），然後整合尚餘課題，再編成《治史答問》（臺灣商務，一九八五），而據老師自稱，後者可算是前者的續集。

這兩書內所臚列的條目，可謂條條精準，句句珠璣。例如他提醒我們既要專精，亦要博通；要看書，不要只抱個題目去翻材料；不要忽略反面證據；少說否定話；轉引史料必須檢查原書；研究歷史不要從哲學入手；治史要「無孔不入」、「有縫必彌」……他所言者，怎不是今天學子的當頭棒喝？

小題大做　大題大做　大題小做

他在《治史經驗談》第三章倡議，治史者「青年時代應做小問題，但要小題大做；中年時代，要做大問題，並且要大題大做；老年時代，應做大問題，但不得已可大題小做。」（頁七十八）

他這番話，自有其理。年輕時，精力充沛，但學力未逮，為免犯大錯，適宜找些小題目，然後全力大做特做，從而磨練研究技巧。

中年時代，見識日廣，學力漸增，就好應找些大題目，然後大做特做，從事大規模而深入的研究。

到了晚年，精力漸衰，只適宜找些大題目，量力而作，「只能小規模的做工作，寫札記式的論文，最為切當……最為輕鬆……

把一生數十年中對於各種問題的想法寫出來，留待將來研究者作參考……薪火相傳，成功不必在己！」（頁七十九至八十）

「成功不必在己」　足見大師胸襟

好一句「成功不必在己」，正正反映這位史家的定位，堪堪展現這位學者的胸襟！人生於世，為他人種下根苗，為後輩開闢路徑，不也是美事一樁？

老師更在《治史答問》第拾柒章「史學二陳」及第拾捌章「通貫的斷代史家——呂思勉」，以敬誠客觀態度，評論他的前輩陳寅恪、陳垣、呂思勉這三位史家為學治史的方法、經歷、成就，以及後輩應予學效的地方。

他在「史學二陳」一文指出，陳寅恪治學，不論是早期的佛學和邊疆外族史，中期的中古史，特別是兩晉南北朝史至隋唐史，或晚年寄寓深遠的所謂「心史」，例如《柳如是別傳》，均以考證解決問題，而陳寅恪的考證，側重於辯證，而不是述證。換言之，他「重在運用史料，作曲折委蛇的辯析，以達成自己所透視所理解的新結論。」老師因此推許，陳寅恪「往往分析入微，證成新解，故其文勝處往往光輝燦然，令人嘆不可及」，而且他「此種論文較深刻，亦較難寫。」（頁八十至八十六）

然而，另一方面，在老師看來，陳寅恪「往往不免有過分強調別解之病」，即是說，有時愛走偏鋒，而期收創新之功。有鑑於此，他叮囑後學，對於陳寅恪，「只當取其意境，不可一意追摩仿學。」（頁八十六）

學林鷗樂

對陳晚年治學　既欽佩又痛心

對於陳寅恪晚年的治學及論著，老師感慨萬千，既欽佩讚嘆，又惋惜痛心。他對陳寅恪，首先稱譽有加，「先生曠世奇才，……語文工具特強，東西學術基礎亦特別深厚，……」隨而感慨嘆息，「近年讀先生晚年巨著《柳如是別傳》，另有一番感觸。先生晚年感切時艱與自己估計錯誤之不幸，奮筆為此巨著，以抒憤激之情。我讀此書，除了對於先生在惡劣政治環境下困頓憤懣的心情深表哀悼之外，對於先生之奇才博學與強毅精神又有進一層的認識，與進一層的欽仰，但同時又更加感到極其可惜！」（頁八十一）

老師進而哀驚，「先生晚年失明……卻在助手誦讀的協助下，完成如此大規模的繁瑣考證論著，其精細邃密較之前此諸論著有過之無不及，……不能不令人嘆為奇迹，絕非任何並世學人所能做得到！而這種奇迹的表現，可以說是憑其曠世奇才與無比的強毅不屈的精神，因特別環境的激發而產生的……發奮為此巨著，以寄憫生悲死之情，事固可哀，亦極可驚！」（頁八十一至八十二）

他隨而質疑，「但……既發憤著書，何不上師史公轉悲憤為力量，選取一個重大題目，一抒長才，既瀉激憤之情，亦大有益於人群百世；……」（頁八十二）他甚至對於陳寅恪晚年撰詩自況「著述唯剩頌紅妝」以至自嘲「燃脂功狀可封侯」之舉，既感悲酸，亦覺惋惜，因而寫下七字痛心語——「真令人悲之惜之」。

《柳如是別傳》兩大弊處

老師說完「真令人悲之惜之」，隨即轉評《柳如是別傳》：「此書雖極見才學，但影響作用可能不會太大。」他繼而指出這本《別傳》的兩大弊處，也或可說兩大致命之處。其一，「文字太繁瑣……

應當採取以簡馭繁的方法來處理那些繁瑣考證，……讓一般讀者易於領會。」其二，「這部書……論題太小，又非關鍵性人物……我很惋惜先生這部大書除了表彰柳如是一人之外，除了發泄一己激憤之外，實無多大意義。」（頁八十一至八十二）

他對陳寅恪晚年的嘔心巨著《柳如是別傳》的評論，我們忝為後學，實感確切中肯。然而，豈不知陳寅恪以博獅之力，博細小之兔，原來外情可憫，內情堪悲。

悲嘆過後，從另一角度看，《柳如是別傳》對後學的最大貢獻，是陳寅恪為我們示範了怎樣才算考證仔細，治學嚴謹。

談完陳寅恪，老師在文章後半部轉談陳垣。他首先提述，陳垣自一九一七年發表《元也里可溫教考》後至《釋氏疑年錄》的二十年間，「著作涉及多方面：其一，各種宗教史，尤其西方諸宗教傳入中國史。其二，年代學、史諱學、校勘學、目錄學等，皆為歷史研究所必備的輔助學科，先生諸書多為有創建性的工具書籍。其三，多種著作與元史有關。」（頁八十四）

陳垣晚年　無以為繼

老師隨即指出，陳垣上述其一與其二的兩類著作，「都是一般學人所忽略的重要問題，故先生一經做出成績，即為學林所推重。」老師因此稱許陳垣，「這些地方，顯得先生常能適時尋空蹈隙，提出重要有意義的問題，用最大努力，搜集資料，寫成專書或論文，獲取學林的重視。」（頁八十四）

根據老師劃分，陳垣第二期亦即後期著作，應該包括由一九四零年《明季滇黔佛教考》開始，至四五年《通鑒胡注表微》的五部書，而老師認為那五部書「顯示先生學術著作達到最顛峰狀態」。

學林鴻爪

然而，老師十分可惜，陳垣在四五年推出前述《通鑑胡注表微》時，才不過六十五六歲，在研究及論述方面，應該大有可為，但隨後居然無以為繼。須知陳垣享壽九十二，在最後二十多年停產，老師認為他應該是礙於內地情勢，因此深感惋惜。

比較「兩陳」　客觀持平

　　老師在文末特意客觀比較「兩陳」，「就治學言，兩位先生都是當代歷史考證學巨擘……治學方法，蹊徑大同，差異也很大，但成就都很高。」（頁八十七）

　　然而，在老師看來，「兩陳」立身處世顯有高下之分。陳垣「自青年時代即熱心世務……唯其與世浮沉的性格，所以晚年不免為政治洪流所覆沒，在學術上不能再有所作為！」反觀，他「深愛寅恪先生純淨學術人的風格，而強毅獨立，不為名利誘，不為威武屈，……自稱平生固未嘗侮食自矜，曲學阿世，誠非虛語。」（頁八十七）

　　老師此番經過多年觀察而達至的客觀評論，學林後進，料難反駁。

呂思勉國學基礎極深厚

　　一如前述，老師在《治史答問》第拾捌章以「通貫的斷代史家——呂思勉」為題，與讀者分享他對這位史學前輩的看法。他首先解釋，何以稱對方為通貫的斷代史家：「……先生平生著述極為豐富，……國學基礎極深厚，五十歲以前的著作，屬於國學範疇居多，所以他的史學是建築在國學基礎上。」（頁九十一）

老師繼而強調，呂思勉的治史意趣一點也不保守，並舉出兩大原因說明：「第一，在一九二零年代，一般寫通史都用文言文，而先生第一部史學著作（按：即一九二二年刊行的《白話本國史》）就用白話文，可謂是中國第一部用語體文寫的通史。」除了文字突破，這部通史「內容豐富，而且着眼於社會的變遷，也有很多推翻傳統的意見，這在當時是非常新穎的。……一九三零年代中期我讀中學時，閱讀的人仍很多，也是我讀的第一部通史，相信這部書對於當時歷史教學必有相當大的影響。」（頁九十一）（按：即便今天，遇有後進誠心修讀國史，筆者定必介紹這本《白話本國史》及傅樂成的《中國通史》，堪作初階。）

呂思勉治史意趣並不保守的另一原因：「第二，……他治史相當注意社會經濟方面的發展，在通史及各斷代史中，這方面的篇幅相當多，……這在沒有政治色彩的前輩史家中是比較特別的。」（頁九十一至九十二）

此文下半部提出大家都有興趣知道的課題：以呂思勉的史學修養及成就，應當與錢穆、陳垣、陳寅恪合稱為「前輩四大史學家」，但為何「他在近代史學界的聲光顯然不及二陳及錢先生。」

老師於是根據自己多年觀察與研判，提出三個原因：「第一，近代史學風尚，偏向尖端發展，一方面擴大新領域，一方面追求新境界，……務欲以新材料取勝」，可是呂思勉絕不在此行列，而屬於「博瞻一途」。「第二，近代史學研究，特別重視新史料——包括不常被引用的舊史料。」然而，呂思勉「主要取材於正史，運用其他史料處甚少，更少新的史料。」（頁九十三）

埋頭枯守　默默耕耘　不求聞達

　　老師所提的第三個原因，關乎學術界的現實情況。呂思勉長駐上海光華大學；須知上海不是全國最重要的學術中心，而光華亦非上海最著名大學；北平才是學術中心，是多家名牌大學所在地。「前輩史學家能享大名，聲著海內者，亦莫不設教於北平諸著名大學。誠以聲氣相求，四方具瞻，而學生素質也較高，畢業後散布四方，高據講壇，為之宣揚，此亦諸大師聲名盛播之一因。」（頁九十三至九十四）

　　可是，呂思勉偏偏是位「埋頭枯守，默默耕耘，不求聞達的學人。」相信這才是人家覺得呂思勉學術修養乃至於聲名地位不及兩陳和錢穆的主因。

　　呂思勉雖然不是老師的師友，而論資排輩，實屬老師的祖師爺，但老師竟如對方，只管耕耘，不求聞達。舉例說，當年香港「中大」歷史系因牟潤孫老師退休而系內講座教授一職出缺，幾位在港好友鼓勵老師從台來港承乏，而他們甚至樂意舉薦。可是，老師認為講座教授一職的待遇，雖然確比台灣「中研院」優渥而因此可紓當時生活困境，但由於此職須兼行政而勢必窒礙自身研究工作，於是堅拒好意。無論好友如何勸進，亦不為所動，甘於澹薄。

老師何嘗不是另一位呂思勉

　　明乎此，大家就很易理解到老師在文章末端解釋，為何對這位素昧平生的前輩大師如此景仰崇敬：「我想像他一定是一位樸質恬淡，循規蹈矩，不揚露才學，不爭取名位的忠厚長者，無才子氣，無道學氣，也無領導社會的使命感，而是一位人生修養極深，冷靜、客觀、謹慎、有責任感的科學工作者。其治史，有理想，有計劃，

又有高度耐性，鍥而不捨的依照計劃，不怕辛苦，不嫌刻板的堅持工作，纔能有這些成就。」（頁九十五）

其實，回望老師一生，他那種不求聞達，澹薄自甘，不嫌刻板的治學精神，何嘗不是另一位呂思勉？何嘗不使人景仰崇敬？

老師在文內最後提到，年來學生前去大專中學教歷史時，常常請教他，應該參考什麼書？他總是回答，「首舉呂思勉的書，蓋其書既周贍，又踏實，且出處分明，易可檢核。」（頁九十六）

綜觀《治史答問》內「史學二陳」及「通貫的斷代史家──呂思勉」的文章內容，老師對呂思勉的評價，似乎比二陳更高。筆者忝為後學，自愧粗疏，但十分景從老師對上述三位前輩大師的評價。

與恩師錢穆關係親厚

至於錢穆與他的親厚師生關係，則另見於《錢穆賓四先生與我》。此書其實是老師兩篇文章的合編，而上篇是「錢穆賓四先生行誼述略」。這篇文章是老師按照錢穆自撰的文章「八十憶雙親」以及《師友雜憶》一書再補以自己所知的資料編寫而成。

不過，此書更重要的，當然是下篇即是他在七十多歲時所寫的「為學從師六十年」。文內由小學跟從馮溶生學習數學因而積極操練此門學問講起。原來他日後能夠以精細入微，不尚虛浮的作風研究諸般課題，都是他自小從數學訓練得來。

不過，文章核心當然在於恩師錢穆與他多年的親厚關係。錢穆曾向他說，做學問能否做出一流成績，不太關乎天資；主要是靠意志毅力，而他的名句是大抵在學術上成就大的人，都不是第一等天資，因為聰明人，總無毅力與傻氣。

學林鷗樂

這篇文章以至全書除了敘述兩師徒如何相處交流,還給了我們有關兩位大師治理學問以至操持品德的側寫。各位閱後,定必感受到那種古有今無的師生關係,根本難望在當今學府復見。

近年坊間慣把前述《治史經驗談》及《治史答問》與《錢穆賓四先生與我》編合為一,並且定名為《治史三書》。當然,三款齊買比較實惠。不過,《錢穆賓四先生與我》的單行本售價也很便宜,目下大概台幣 150 元。

《史學論文集》內有杜詩箋證

除上述大大小小的書籍外,上海古籍出版社徵得老師家屬及「中研院」轄下「史語所」同意,在零七年將老師幾十篇長短不一的文章,收錄於一套三冊的《嚴耕望史學論文集》內,而論文觸及的範圍,極為廣闊,既包含政治制度,亦涉及地理,更有諸如人口等人文地理課題。

此外,內地中華書局將老師十九篇文章收錄於一套兩冊的《嚴耕望史學論文選集》內,但所收文章,幾乎悉與前述上海古籍《嚴耕望史學論文集》所收者重疊,只有「杜工部和嚴武軍城早秋詩箋證」一文例外,而此篇箋證在題材上與整套《嚴耕望史學論文選集》內其他文章顯然有別,很值得在此簡介。

「杜工部和嚴武軍城早秋詩箋證」一文,初刊於一九七四年台灣中國文化學院(按:即今中國文化大學)《華岡學報》。老師要考證的,是杜甫寫於五十多歲時的一首七絕,題為《奉和嚴鄭公軍城早秋》。這是一首和應的七言絕詩,而「奉和」一詞,就是奉命和應的意思。

嚴耕望史學卓然大成

事緣杜甫那位因功獲授鄭國公的好友兼上司嚴武，在廣德二年七月率兵出征時，寫了一首詩《軍城早秋》：「昨夜秋風入漢關，朔雲邊月滿西山。更催飛將追驕虜，莫遣沙場匹馬還。」杜甫身為下屬兼受恩者，於是敬和一詩：「秋風嫋嫋動高旌，玉帳分弓射虜營。已收滴博雲間戍，欲奪蓬婆雪外城。」

老師在他的箋證末段，說明他寫這篇短文的原委。他有鑑於「此詩似甚易解，亦非佳作；但其實蘊藏甚深，詩的語言藝術亦甚高，一般只從詩句表面作解，殊難悉其底蘊；故特就其寫作之地理背景與歷史背景稍加申述，以明之。」

按照史地背景箋證

老師在箋證的初段引載此詩後，劈頭便說：「按此詩表面看來，甚易瞭解，然試問滴博、蓬婆在何處？雲間戍、雪外城何所指？嚴武何以要收滴博雲間戍？已收此戍，何以欲進一步奪取蓬婆雪外城？雲雪是否只是普通名詞，用以壯城戍之高寒？……」於是他按照史地背景箋證此詩。

文內廣引《全唐文》、《通典》、《舊唐書》、《新唐書》、《資治通鑑》、《通鑑紀事本末》，以至《元和志》、《一統志》、《蜀中廣記》等古史典籍，印證「蓬婆雪外城」是指蓬婆雪山（亦名蓬婆大雪山）外之平戎城（亦即安戎城），而「滴博雲間戍」是指滴博嶺附近的雲山，而杜詩的「雲間」，是借自雲山，實質以地名轉化為普通名詞。嚴武的軍事任務，正正是要恢復松州、維州等地區的控制權，藉此牽制吐蕃，從而減輕長安的西面壓力。因此，嚴武必須因應地理環境，計劃在收復位於維州的「滴博雲間戍」（即前文所指的滴博雲山）之後，進而奪取位於平戎地區的「蓬婆雪外城」

（即前文所指的蓬婆大雪山）之外的平戎城。老師因此指出，杜甫題詩申詠者，其實十分貼合當時的戰略。

老師雖然以此詩箋釋除詩內令人費解的地方，可惜時至今日，坊間注釋此詩時，不是仍存誤解，就是含糊其詞，輕輕帶過，因此必須再予申述，振聾啟瞶。此外，老師這篇文章確實彰顯了他的箋證功力，也就是他平常治史的功力。

此番以地名解釋杜詩的箋證工作，老師其後在他的《治史答問》內一篇題為「我對於唐詩史料的利用」的文章，亦有所憶述，並「自信此文（按：指「杜工部和嚴武軍城早秋詩箋證」一文）發千古之覆，想不為過。」（頁三十一）老師此言中肯理切，絕不為過。

《嚴耕望先生編年事輯》值得翻閱

順帶一提，上海古籍出版社十多年前將本文所述的巨著十款，據先前的台灣版本重新刊行，廣惠內地學子，而此舉當然功德不淺。自此內地學子可以自由無拘，閱讀老師的各式著作，甚至研究他的史論。

也因如此，內地後進林磊仰蒙台灣「中研院」轄下「史語所」及香港李啓文學長協助，根據老師著作、書信、文稿，編成《嚴耕望先生編年事輯》（中華書局，二零一五）。這本猶如年譜的事輯，內容翔實，報道切正，未見偏頗，可算是瞭解老師其人其學的門徑之一，值得翻閱。

另一方面，二零一三年八月，官德祥學弟在香港「北學南移國際學術研討會」上，以「我印象中的嚴耕望教授」為題，敘述他親領教澤的點點滴滴，並側寫老師治學精神及待人態度；當中特別憶

述老師撰寫《唐代交通圖考》時如何一人獨力成書的艱苦經歷，並以此勉勵後輩。此講稿已收入隨後彙集成書的《北學南移——港台文史哲淵源》（台北秀威資訊，二零一五）。這篇講稿，情真意切，侍教心迹，悠悠道出，確實值得一並閱讀。

強毅謹思　任運適性

老師雖於一九九六年十月因積勞過度而病逝台北，尚幸教學大半生，廣蔭後輩，桃李滿門，早如王壽南（後來成為台灣著名史學家，尤專唐史，著有《唐代的宦官》等書），近如前述李啓文及官德祥等，盡皆遍澤港台學林，實感欣慰。啓文學長更以下述輓辭悼念先師：

秦郎漢守開前路，

魏鎮唐承綴後篇。

體大思精傳地理，

經時緯域寫人文。

此刻，很想引述老師在《唐代交通圖考》的序言所說，藉勉後輩：「當代前輩學人晚年著述，往往寄寓心曲，有一『我』字存乎筆端。余撰此書，只為讀史治史者提供一磚一瓦之用，『今之學者為人』，不別寓任何心聲意識。如謂有『我』，不過強毅謹思之敬業精神與任運適性不假外求之生活情懷而已！」簡簡幾句，敘明老師治學精神及生活情懷，效如醍醐，啖之若醴。

拙文短短，失於疏漏，實難詳述老師其人其學，更難以暢論其論著；惟望此文聊作簡介，鼓勵新進鑑領前輩所留珍寶，亦誠以此文對老師的史學貢獻，深表崇敬。

（「新亞」學者系列之四）

錢穆親授　瀟灑爽朗
仰思所長孫國棟

上世紀八十年代初新亞研究所是史家薈萃之地，當中既有前文談及的全漢昇和嚴耕望，也有經史兼擅的牟潤孫，專治社會政治史的羅夢冊，不時來港登壇講學的錢穆，以及時任所長孫國棟。

孫國棟時任「新亞」所長

孫所長與「新亞」淵源極深。他在一九四四年毅然放下學業，跑去參軍，加入抗戰行列，在緬甸地區作戰。抗日勝利後，他返回校園，完成大學教育，之後擔任中小學教師及報刊編輯。五五年他考進「新亞」，隨後成為首屆碩士畢業生。在所期間，深得錢穆教誨，並先後得到牟潤孫、全漢昇、嚴耕望等學者教澤。畢業後，他接替錢穆在新亞書院教授通史。他隨後亦於七十年代初得到香港大學頒予博士學位。

八十年代初，他擔任「新亞」所長，領導院方在有限而甚至緊絀資源下為香港研究所程度的教育事業克盡厥職，盡心哺育一班年輕學子成為日後學術界及教育界的接棒人。筆者得列「新亞」門牆之時，正好是孫國棟擔任所長的年代。

一如前文所述，當年的「新亞」規模很小，學生人數不多，每日留校的學生人數，一般只有十數位，而我輩特別喜歡待在校務處，因此時常可在所內與孫所長及份屬他前輩的全漢昇、嚴耕望等教授

碰面，親聆教澤。由於筆者已於前文述及嚴耕望和全漢昇的外表以及向我輩提點的情況，因此不擬在此再贅。

瀟灑爽朗　愛導後輩

單以孫所長而言，他身形頗高，略為清瘦，貌甚俊朗，每次看到他穿上整齊西裝，結上領帶，挺有瀟灑爽朗之態。他雖然是廣東人，但由於所內有很多外省人，每次與人交談，總說國語，儘管他所說的國語，就是典型廣東人講得很白的那種國語。

以今天的高等教育機構而論，斷不可能有校長在校務處內與學生談天說地。當年的「新亞」，卻常常有此情景。孫所長總愛在校務處與學生傾談，而話題大多圍繞所內事務以及時事緒論。

嚴格來說，筆者在所期間沒有正式修讀孫所長親授的課程，而只是從日常交談及他先後刊行的論著拜領教益。

孫老師專於治史，而對於唐宋兩代，用功最深。根據筆者瞭解，他已予刊行的主要論著計有：《唐代中央重要文官遷轉途徑研究》（龍門書店，一九七八）、《唐宋史論叢》（初版）（龍門書店，一九八零）及（增訂版）（商務，二零零零）、《生命的足跡》（商務，二零零六）。

上述三書，明顯分屬三大類。前者是學術論著；中者是論文彙編；後者是雜文隨筆。

《唐代文官遷轉》是巨著

《唐代中央重要文官遷轉途徑研究》（以下簡稱《文官遷轉》）的緣起，可追溯至一九六二年秋天。蓋因自那年起，老師在新亞書

院開始講授隋唐史，亦因此之故，往後的研究工作比較偏重唐史。六八年八月，他乘着前赴英國倫敦及劍橋訪問研究之便，着手研究唐朝文官的遷轉。

引起這個研究動機，是他有感於「職官的遷轉，與吏治的優劣有密切關係，研究文官制度的，不該忽略，乃發心將唐代重要文官的遷轉作全盤的研究。」（見《文官遷轉》序）。

由於他發覺唐代的文官制度，特別是文官遷轉的情況，《唐書》、《新唐書》、《通典》、《唐會要》等舊史所述的過於疏略，甚至不著一字，於是決心先以《舊唐書》的列傳部分作為研究基礎，將列傳所載人物的官歷抽出，然後為每位人物制成官歷表，以便研究比較。結果，他從中制得一千二百多張官歷表，然後將當中所得資料與《新唐書》列傳部分、《文苑英華》及《全唐文》的碑銘等典籍互相校勘，以補《舊唐書》的疏漏訛誤。

老師就此等乾硬資料，分析中央各部各級文官，並且研究他們在初、中、晚唐的遷轉途徑、時間及任期，然後在書末總結唐代三百年間遷官情況的演變。

《文官遷轉》全書長達六百五十頁，單是官職遷轉的附表，就有三百多頁，而正文連註釋，則有三百一十多頁。由於此書制備之時，電腦尚待研發，書內所有圖表，均須人手繪制，幾百頁的圖表繪制，實在十分磨人。老師在這個範疇補其匱乏，對史學界貢獻不淺。

論著多涉唐宋兩代

老師的《唐宋史論叢》，望文生義，當然是他歷年所撰的唐宋史論文的匯萃。此書共收長短不一的論文共十一篇（初版只有九

篇），當中有七篇論唐。他畢生的論著，當然不止此數，但傳世的論叢，據知僅此一書。嚴格來說，以史學名家而言，僅此一輯論叢，確實稍感不足。不過，我們必須體諒，他花費了不少精力主理校政以及修訂歷史教科書，並且在九十年代轉為講論時事政治，較少時間研史論史。

《唐宋史論叢》之內，有三篇論文，即「從《夢遊錄》看唐代文人遷官的最優途徑」，「唐代中書舍人遷官途徑考釋——兼論唐代中央政府組織的變遷與職權的轉移」，及「唐代中央重要文官遷轉時間與任期的探討」，由於與先前論著《文官遷轉》相關，可視之為《文官遷轉》的延伸之作。

至於其餘論文，筆者認為「晚唐中央政府組織的變遷」及「唐代三省制之發展研究」兩文頗多見地，最宜後學捧讀。

分析晚唐中央政府組織變遷

先談前者。老師為了說明晚唐中央政府組織有何變遷，先在文章開首根據《唐六典》列述所有屬於中央政府範疇的組織名稱，並按照職能將之歸成五大類，計有：

（一）決策部門，即中書省及門下省；
（二）行政部門，即尚書省以及六部、九寺、三監、二內省；
（三）監察部門，即御史臺；
（四）防衛部門，即十六衛；
（五）太子僚屬，即東宮各官屬。

他繼而指出，對於第一類的決策部門，唐人稱為「樞機」；其餘部門，則合稱為「有司」，而當中以尚書省為總領。他並且補充，除上述外，還有一類叫作「學士」的編制。

「學士」雖然並未列入《唐六典》，但自初唐，已有學士這類職稱的人員，專門侍候皇帝，也即是常處君側侍從。及至中唐，學士職能益顯，地位日重。鑑於學士對中央政府的運作影響極大，可視之為第六類部門。（頁一八七）

老師進而說明，由上述六部組成的中央政府，在唐初顯露了什麼特點：

其一，此六類部門，雖然各司其職，但配合有致，「決無閒置的無業部門」；

其二，每類部門之下所有行政單位，均有很緊密的內部組織，而各級人員均有長官負責領導；

其三，每類部門之內的不同單位，均有嚴謹明確的分工，然後匯合起來，發揮指定職能。例如負責審查政令的門下省，其審查職能，有明確分工。省下的給事中，負責封駁；門下侍郎及侍中，則負責審議；至於諫諍之職，由諫官執行。如此方可構成一套完整的審查職能。

又例如負責任用全國文官的吏部，其敘用銓選的職能，由不同人負責肩擔。當中的銓選，由吏部尚書和侍郎負責；官員的考功，由考功郎中負責；審核勳封的職責，則由司封郎中及司勳郎中擔承。如此方可構成一套完整的人事任用職能。（頁一八八）

初唐特色　逐漸消失

老師繼而指出，這些特色，自初唐後，卻無以為繼，逐漸消失。

其一，安史之亂後，自肅宗至文宗數朝，不少部門喪失原有功能，淪為閒司，情況以行政部門最為嚴重。由於行政部門組織龐大，

程序迂緩，適應新環境的能力較弱，對於行政部門內負責提供非急需服務的單位，衝突最大，包括九寺及尚書省的工部。

此外，由於太子自憲宗以後已喪失固定地位，前文提及的太子僚屬已失卻功能，再無意義。

不過，相對於行政部門，決策部門即中書及門下兩省，雖然權力遭受宦官及翰林侵奪，但某程度上仍可維持政府核心的地位。至於監察部門，仍可發揮其彈劾權。

另一方面，屬於防衛職能的十六衛已被禁軍取代，但貼近皇帝而屬於侍從職能的學士，由於貼近皇帝，在動亂時代，往往取代了宰相職權。

其二，行政部門不單在某程度上喪失原有職能，部門之內長官與僚屬關係鬆脫。情況以中書門下兩省及御史臺最為嚴重。其中主因，是自肅宗後，中書令和侍中的職位，變成皇帝分封功臣的榮銜，以致中書門下兩省的實際領袖分別是中書侍郎和門下侍郎。代宗以後，情況更壞，中書侍郎與他的僚屬中書舍人居然分隔，影響政令傳達。

另一方面，中唐以後，御史大夫已無實權，而掌實權者，是御史中丞，致使兩職互不協調。

其三，原屬臨時性質的職位，變成常職，並且取代原有正職。根據唐制，「使」是一種臨時設置的職能，負責執行不屬於常規的特殊職務。當職務完成，「使」名便予以取消。

安史之亂後，為了彌補舊有官制的不足之處，朝廷不得不另設「使」職，負責重要職務。久而久之，本屬臨時性質的「使」，居然變成常設之職，例如度支使、鹽鐵使，自天寶之後，已成為重要常職。

其四，根據唐代編制，官可分為四大類，即職事官、散官、勳官和爵位。當中的職事官負責實務；散官則用作「敍品階，記資歷」。唐代的職事官雖然本來有品階，但仍須按規矩帶一個散官銜，以便敍明資歷及計算俸祿。

另外，當中的勳官是用以「賞戰功」，而爵位則用以「酬功勞」，但此等勳爵，均屬虛銜。屬於職事官的人員，如果立下戰功，可以加勳，而如有勞績，可加爵。

本來這套職官編制行之有效，可是「安史亂後，不少職事官既已職權墮落，重要事務不得不派『使』負責。但『使』不是正式的官，所以派『使』時多帶同原來的職事官，或加新職事官銜頭，於是不少職事官遂漸變為空銜而不任本司的事。原來用以敍品階的散官，又因肅、代、德三朝授受大濫，不為人所重，於是以職事官酬勳勞遂成普遍的現象，凡不負實際職務的中央職事官幾乎成為諸使敍位望的空資格，尤以尚書省的職事官為多。」（頁一八九）

晚唐中央政府組織嚴重萎縮

老師在此文後部指出，晚唐的中央政府組織已經嚴重萎縮，整體編制只及初唐的一小部分。例如初唐的兵部、刑部、工部、九寺、三監、秘書省、殿中省、十六衛等單位完全萎縮。

他亦在文末列敍中央政府各項重要職能，由何人擔當，以及該等人員憑藉什麼職稱擔當：

其一，宰相職務，以「同中書門下平章事」擔任，而宰相的職銜，可以逐級敍進。一般先由兵部或戶部侍郎開始，而最終進至「門下侍郎兼僕射同平章事。」

其二，文翰職務，由知制誥擔任；

其三，諫議職務，仍由原來的中書門下兩省諫官擔任；

其四，審查職務，仍由原來給事中擔任；

其五，銓選職務，多由吏部侍郎負責；

其六，貢舉職務，由中書舍人擔任；

其七，財政職務，主要由度支使及鹽鐵使充任；

其八，監察職務，仍由御史臺擔任；

其九，皇帝侍從職務，由翰林學士及翰林承旨學士擔任。由於此等並非正官，所以例由職事官充任，由員外郎充任翰林學士，然後逐級敘進，而最終進至兵部侍郎承旨學士；

其十，防衛職務，由宦官以「左右神策軍護軍中尉」的職銜擔任。（頁一九零至一九一）

老師敘列各項職務由誰負責之後，在文章末段總結：「初唐……中央政府的組織很嚴密，互有統屬。晚唐則由若干種職務集合而成政府，組織既鬆散，又各無所統屬，所以晚唐政府的組織實質上與初唐完全不同。這正是政府崩潰的前奏。」（頁一九一）

學子閱罷老師此文，當可初步掌握晚唐中央政制如何遠遜初唐，而這也是晚唐中央政務廢弛的側寫。

學林鷗樂

論述唐代三省制沿革得失

至於前述「唐代三省制之發展研究」一文，老師以一百頁篇幅論述唐代三省制的沿革得失。此外，他在文內力證，中書省雖然是三省之一，但權責（特別是初唐時的權責）遠低於尚書省。

他把這篇長文分成七章，依次是：引論；三省制之長成階段；三省制之挫折階段；三省制之完成及其轉變；三省制之破壞階段；三省制之轉型階段；結語。

他在第一章開端，首先談及三省制之精神，並於首段概括指出，自秦以後，中央政制，不出兩種形態：其一是漢朝體現的丞相制；其二是唐朝所實行的三省制。丞相制的特色，是以丞相作為政治領袖，君主處於政府之外而與丞相彼此制衡；三省制是把統治權一分為三，而由三省共同組成嚴密的行政中樞。君主則擔任這個中樞的領袖，而受三省節制。

文內繼而指出：「丞相制之破壞，由於君權與相權失卻平衡；三省制之破壞，由於三省制職權混亂，無以節制君主。」

決策非必上僚　執行非必下屬

他隨後說明三省制內的尚書、中書、門下制度，並非始於唐代，而大多源於魏晉。唐代沿用三省制時，卻有大幅調整；而當中有四大方面須予注意：

（一）授權中書舍人參議表章，輔助宰相判案，致使中書省正式成為制定政策的中央機構；

（二）授權給事中掌封駁（按：「封」，是指封還詔書而不行；「駁」，是指駁正詔書之所失），促使門下省建立自己的審議制度；

（三）於門下省設置散騎之職，又加置七八品的諫官負責諫諍。由侍中侍郎統領的門下省，自此可以行使諫議、拾遺、補闕、諍論等職權；

（四）加強尚書實權，使之確能負擔行政實責。再者，尚書省如果認為從門下省傳來的詔書在執行方面有不便之處，仍可把詔書封還。

他繼而指出：「三省之中，中書門下主決策，尚書主執行。依三省制之精神，決策非必上僚，執行非必下屬。」（頁九三）此語堪堪道出三省真正精神。

盛唐之後　三省漸壞

另一方面，老師在文內第二章界定，高祖、太宗、高宗是三省制之長成階段，及至太宗一朝，三省制充分體現「一種新觀念：君不以權威自居，臣亦不以君之私僕自況，君臣之間有一種對國家奉公負責的精神，於是君臣相與之意態亦自不同。」（頁一一四）

第三章界定則天、中宗、睿宗三朝為三省的挫折階段。在此期間，「政令不出於中書，審覆少自門下，尚書銓選不依規程。宰臣大多脂韋其間，諂媚取容。」（頁一三零）

第四章界定玄宗開元一朝是三省制之完成期。可惜到了天寶至順宗，三省制進入了破壞階段；第五章指出，君主與權臣蹂躪相權；第六章載明，由憲宗至昭宗十朝，是三省制之轉型階段。所謂轉型，其實當時三省制已經有別於初唐，例如制定命令的責任，中書省不再重於門下省，而若論位望，門下反高於中書。此外，翰林學士抬頭，相權亦因此受損，禁宮的中尉及樞密使，亦對相權帶來極大衝擊。

學林鷗樂

老師最後在文內第七章「結語」慨言：「三省制固有其缺點⋯⋯然貞觀君臣能集材並用，坐致太平，此由於精神未墜，法意（按：指制度背後的精神）尚存，君臣和衷共濟而彌補之也。」（頁一八五）

　　可惜盛唐之後，三省因政治再變化，上無明君，下缺賢臣，秕政屢生，三省制亦益漸崩壞。

　　此文可與前述「晚唐中央政府組織的變遷」一文，一并閱讀。至於當中各項論點，大家是否全然認同，則是另一話題了。

《生命的足跡》多有啟迪

　　至於老師的《生命的足跡》，則屬於他在耄耋之年以老儒生的心懷撰寫雜文隨筆的彙編。全書共收文章三十多篇，可分成三大綱領，其一：「生命的莊嚴」，內有「懷稼軒」、「追念錢賓四吾師」等文；其二：「文化生命的延續」，文章如「珍重珍重——我對新亞校歌的體會」和「春秋時代的文化精神」，均收入此類；其三：「生命的足跡與感受」，則收錄「師門雜憶」、「歲暮雜感」等文。

　　書內的文章，雖有類分，但貫穿全書的，是一位走至暮年的學者，以不同的切入點，勸告年輕一代珍惜生命，及早檢視人生，重定生命價值。

　　筆者個人覺得，當閱罷乃師錢穆《晚學盲言》及《雙溪獨語》，不妨繼而翻閱孫老師《生命的足跡》。

　　　　　　　　　　　　　　　　　（「新亞」學者系列之五）

仰思所長孫國棟

經史兼擅　沉默寡言
遙敬陳垣弟子牟潤孫

以「新亞」諸位老師而言，如果說孫所長瀟灑爽朗，喜愛侃侃而談；牟潤孫老師可說是堪成對照。記憶中，牟老師總是沉默寡言，每次碰面，只是稍為點頭微笑，並不會停下來垂詢我輩。不過，對筆者來說，最大的遺憾倒不是從沒機會趨前請益，而是從來無緣親領教澤。

筆者在所期間，由於沒有上過牟老師的課，因此對他認識不深，而他的學養，只憑他所發表的文章拜領。當然，同學之間交談時，總愛以各科的授課老師為題，談論其人其學。牟老師固然是我輩其中一個話題。

隨柯劭忞習經學

據筆者瞭解，牟老師祖籍山東，但在北京出生，因此可算是北京人。他出自燕京大學國學研究所，師承陳垣和顧頡剛。陳垣（字援庵）是史學名家，他的《史諱舉例》等書，我輩學子必讀。顧頡剛是大學問家，尤專疑古辨偽，著有《古史辨》，而牟老師深得兩位大師教澤。不過，兩師之中，他與援庵先生較為投緣，因此情誼特別深厚，而與顧頡剛較為疏離。另一方面，他自少年時代先後私淑梁啟超、陳寅恪、余嘉錫（哲嗣余遜亦是陳垣弟子，與牟老師有深厚的同窗之情）；他即使從來無法向上述三位前輩大師親執弟子禮，但深受啟迪，並奉之為治學楷模。

此外，他亦拜入柯劭忞（蓼園）門下。柯是前清進士，歷任翰林院編修、提學使及京師大學堂經科監督等職，是一位全才的國學大師，尤其精於經學。牟老師的經學訓練，就是得自柯劭忞。

據老師自述，他二十多歲拜入柯門之時，蓼園先生早屆耆耋，仰承教益之年月，其實甚短。即便如此，但我輩可憑老師學養得知，他其時必然奮厲苦幹，深得教澤，因此敢稱蓼園先生暮年得意門生。

事實上，牟老師那一輩倒有不少史學人才，但經史兼擅者，卻寥若晨星，而他公認是極為罕有的一位。現代台灣學者車行健在其著作《民國經學六家研究》（萬卷樓，二零二零）奉老師為民國六大經學家之一，與何定生及楊向奎同列為顧門（顧頡剛門下）三大經學家，並以專章「顧門中的勵耘弟子——牟潤孫經史之學的面向及其所反映的師承關係」，論述老師學經治史之路。

文章收入《注史齋叢稿》及《海遺叢稿》

教學之外，老師亦勤於著作。目前坊間可以買到的著作，有兩套。其一是《注史齋叢稿》（增訂本，分上下兩冊）（中華書局，一九八七初版；二零零九再版）；其二是《海遺叢稿》（分初編、二編兩冊）（中華書局，二零零九）。

《注史齋叢稿》本來是上世紀五十年代末「新亞」為牟老師出版的論文彙編，但當時只收錄十多篇論文；八七年中華書局發行增訂本，將另外散見於學報期刊的文章收於書內。此書上冊是經史專輯，下冊專載清史及清代學術兩大類。

一如前述，老師經史兼擅，因此他的經學論述，尤覺珍貴。我輩只消翻閱書內各篇經學文章，便可予管窺。

遙敬陳垣弟子牟潤孫

質疑經學界謬誤

老師在《注史齋叢稿》內「釋《論語》狂簡義」一文，質疑歷代經學界對「狂簡」一詞的詮釋。《論語》「公冶長篇」記載孔子所說：「吾黨之小子狂簡，斐然成章，不知所以裁之。」

據朱子解釋，「狂簡」是指孔子的學生「志大而略於事」。簡單來說，朱子是將「狂」和「簡」二字，並列為形容詞。「狂」字若然解作「志大」，姑且視之正確，但「簡」字如作「略於事」來解，又怎可以與下句「斐然成章」相連？更沒可能把之後的「不知所以裁之」連在一起！

牟老師經過反覆論證，力言不可輕從古人，即便賢如朱熹之輩，也要常持警覺。他隨即指出，此處的「簡」字，其實是書簡的意思，即是指刻在竹簡的文字。整句意思是我的學生狂妄，喜歡憑己意胡亂在竹簡上寫，而且寫得很大量（「斐然成章」），真不知道怎樣處理這類妄著簡牘之事（「不知所以裁之」）。

提醒學子「以經解經」

老師在書內另一篇文章「『民可使由之，不可使知之』釋義──孔子理想中的德化政治」，為孔子抱不平，蓋因有人不單止不同意孔子這番主張，甚至抨擊之為愚民政治。牟老師在文內首先指出，歷代大儒沒有好好解釋這兩句話語，以致引起很多缺乏學術根據的揣測；更甚者，有人基於誤解而恣意批評。

牟老師幾經論證，解釋孔子的論點，其實是只要為政者「躬行道德，使民由之（跟從他）就可以了，不必多講多說使民知之（明白他）」，只因老百姓（專指當時的老百姓）根本很難完全明白施政背後的大道理。

老師更在文內苦口婆心說：「註解古書要求之於訓詁，也要結合當時的歷史，才可以得到近於真的解釋，應是無疑問的事。但如果能在同一書中，找到相通的可以互證的篇章，所謂以經解經，用本書註本書，比用後人的解釋，似乎更堅強而有力。」以經解經本來就是很淺白的治學之道，但凡學子未進研究所之前，便應早有知曉。無奈當今學術界願意恪守者，似覺不多。

乾隆是貪污之首

另一方面，收錄於《注史齋叢稿增訂本》「下篇」的一篇題為「論乾隆時期的貪污」的文章，很值得細讀深思。這篇原載於《大公報在港復刊三十周年紀念文集》的文章，雖然只有短短十餘頁，但清楚勾畫乾隆時代的貪污情況，甚至憑藉可靠史料，明確指出乾隆是貪污之首。

乾隆一朝中葉後，全國貪腐成風。誠如內閣學士尹壯圖在奏折所言：「各督撫聲名狼藉，吏治廢弛。經過各省地方，體察官吏賢否，商民半皆蹙額興嘆。各省風氣，大抵皆然。」他早前已向乾隆進奏，外地的督撫高官，不得再以罰款作為犯錯的彌償，而應改為記過，或留予京內任職，不准外放。

可是貪污的最大利益者是乾隆，而他居然惺惺作態，文過飾非，說道：「督撫坐擁厚廉，以其尸位素餐，故議罰充公之用，令其自出己貲，稍贖罪戾，亦不過。偶爾行之，非定例也……為愛惜人材起見，偶有過誤，往往棄瑕錄用，量予從寬。即或議繳罰項，皆為地方工程公用。」

遙敬陳垣弟子牟潤孫

吏治敗壞　百官貪腐

乾隆這番話倒說得寬大漂亮。可惜實情是督撫的罰金，絕大部分送進內庫，即是皇帝私人錢包，而絕不是國庫。「留為公用」只是門面之詞。這種等同西方古代購買贖罪券的行為，雖然為乾隆帶來財富，但代價是吏治敗壞，百官貪腐。即使隨後大貪官和珅被新老闆嘉慶抄家，雖說大快人心，但國家已經如同一大爛攤，無復清廉良樸。

根據乾隆晚年的潛規則，某高官的下屬如果因罪被誅，該高官當然犯了「馭下不嚴」的錯誤，但只要證明自己並無涉罪，就可以向皇帝繳納罰款了事，而乾隆就不予追究。當然，如果該高官經查明而證實與下屬朋比為奸，又或因其他場合貪污犯罪，則不可進獻罰金了事，而要問罪。

老師在文內舉了乾隆五十八年閩浙總督伍拉納與浙江巡撫福崧之事為例。福崧因貪伏誅，而伍拉納奏稱乾隆，自認「福崧侵用鹽庫銀兩，未能查參。現已專折懇請治罪，但捫心當覺難安，仰懇聖恩，容奴力繳銀三萬兩，分年解送內務府交納，以昭炯戒。」乾隆當然賞收而不予追究。不過，到了乾隆六十年，伍拉納在閩浙總督任上，因貪污而遭抄家問斬。

和珅是乾隆白手套

老師更在文內指出，負責代替皇帝出面處理收納罰款的工作，概由和珅一人獨擔。換言之，這貪污惡藪的頭號人物是乾隆皇帝本人，和珅只不過是他的代理人（白手套），而酬勞是默許他大貪特貪。

學林鷗樂

閱罷老師此文，不禁深省：認真研讀歷史的學子，當必知道，中國自乾隆中葉已經秕政連綿，貪風四起，蠹蟲漫布，導致國弱民窮，禍患交加。我們自幼學習國史，只管指控列強深具狼子之心，肆意欺凌，強搶巧奪；豈不知，物先腐而後蟲生，本國腐敗倒是因，列強侵佔才是果！與其硬指對方奸邪貪毒，不如躬身自省，虛心承認自身問題。

唉，學史之人，必須忠於歷史，亦應慎防過度的民族主義，更要避免過激的民族情緒。己過不思不改，反指對方卑劣，豈是大國國民應有行為？

至於老師的《海遺叢稿》，基本上是根據先前的《海遺雜著》再予收錄其他文章的叢編。初編和二編合共收錄文章一百二十篇左右。雖然這批文章大多是刊於報章而各署不同筆名的雜文，但可歸為以下幾大類，計有：紅學雜俎、談文說史、海遺札記、海遺讀書記、序跋、學林話舊、北京憶往、自述等。此外，篇末附有弟子逯耀東、李學銘及陳萬雄憶念先師的文章。

敢於質疑　前輩論著

老師忠於學術，因此敢於質疑前輩的論著，甚或推翻專家的學說。他的《海遺叢稿》就收錄了不少詰問前賢的文章。例如他在書內的「香妃故事之謎」一文，指出前輩亦即清史專家孟森的文章「香妃考實」存有極大謬誤。蓋因「孟森全文皆是考證容妃歷史，卻題名作『香妃考實』，明顯地他認為容妃即香妃。文中皆稱容妃，惟敘至乾隆五十三年（一七八八）容妃死後的喪禮，突然改稱香妃，而所引《清會典》『事例』『喪禮門』『妃喪儀』的記載，原文卻仍是容妃，孟森的文章缺乏條理由此可見。」

此外，孟森認為容妃入京，應該在乾隆二十三年之前，而他所持的主要論據，是宮內的寶月樓建於乾隆二十三年。然而，孟森這個推論，亦受到老師質疑。他認為寶月樓初建時，並非用以安置容妃，以便她遠眺對面仿回族建築的「回子營」及回教禮拜堂。老師引述乾隆於二十九年所撰的《敕建回人禮拜寺碑記》佐證，說明寶月樓是建於乾隆二十三年，而「回子營」則始建於二十九年，足見寶月樓不是為容妃而建。老師甚至懷疑，容妃未必居於寶月樓，蓋因此樓貼近城邊，若然妃嬪居於此樓，根本不成體統。

老師因此指出：「從禮拜寺回子營之修建來看，說她入宮時間，在二十四年以後，而非如孟森所推斷在二十年，似乎合情理些。容妃受到弘曆十分的寵眷……，斷無如此受寵的女人入宮七年始封為嬪，經過九年之久才為她蓋禮拜寺回子營！」他更在文章尾部提出，香妃容妃，可能是兩個不同的人。

大家如有興趣，可翻閱此文，而孟森的「香妃考實」，則載於他的《明清史論著集刊》，可一并閱讀。另一方面，拙文「清史專家孟森」，亦收入本書後部，大家不妨翻看。

牟老師也是老戲迷

說起來，牟老師也是個老戲迷。《海遺叢稿》「初編」收錄了幾篇以戲曲為題的文章，即「論《李慧娘》劇本中之鬼神思想」、「包拯在京戲中的形象」、「『楊家將』的歷史意義」、「《五人義》與《五人墓碑記》」。從上述各篇題目可見，牟老師所寫的，斷不是劇評。他沒有評論某次演出的優劣，而是探索觀戲後從劇目延伸開來的考證或概念問題。

學林鷗樂

137

例如，他在「包拯」一文指出，「京戲中所表現的包拯形象，歸納起來，可分為三類。」其一，《探陰山》、《烏盆記》、《五花洞》。「這一類是他的司法權力超越人世間，而發展到可以管理幻想的天上神仙與地下鬼怪……表現了法律高度獨立性，縱使是神仙鬼怪也不能違反，更無論世上的人了。」其二，《打龍袍》、《鍘美案》「是侵犯皇帝與貴族的尊嚴，一百二十分值得稱讚……皇帝犯罪，既不能殺，也不能杖責監禁，所以打皇帝的龍袍，以表示象徵式的懲罰……表現了皇帝也要遵守法律的觀念，實在可圈可點。」

至於《鍘美案》最後一幕，「陳世美棄髮妻而另娶公主成為駙馬，包拯竟不顧太后公主為他求情，而將他鍘死。皇親國戚並無法律特權，與平民同等對待，這是何等的大快人心……《赤桑鎮》這一齣戲是包拯殺了他犯法的侄子，他嫂子斥責他，包拯堅持司法立場決不瞻顧親族之情……這也表示人民對司法公正強烈的要求。」

老師在文章末段總結，「在所有京戲中有關包拯的，都含有濃厚的鄉土氣味，反映廣大人民要求司法應當至公至正，沒有一個人可以在法律之上」，而這亦解釋了包公戲為何如此深受歡迎，蓋因這是民心的背向啊！

然而，往深一層想，為何人民如此渴求有包青天這類至公至正的清官為他們申張正義，敢於扳倒權貴？原因很淺白。歷朝歷代根本缺乏一套不偏不倚，持平公正而行之有效的司法制度。既然缺乏完善制度，人民只好祈求「超人」出現了。

悼念文章堪捧讀

但凡學者，總必以文章悼念先師亡友，牟老師當非例外。《海遺叢稿》「二編」收錄了幾篇悼念乃師陳垣、顧頡剛，前輩陳寅恪，以及亡友如交通史學家向達（著有《中外交通小史》及《中西交通史》）、方豪（著有《中西交通史》及《宋史》）、王德昭（著有《清代科舉制度研究》）等人的文章。讀者可從老師的悼文，一則鑑領諸位先輩前賢的側寫，亦可從中感受老師的風骨修養。

例如，一九七一年牟老師驚悉乃師陳垣於該年六月下旬在內地以九十二歲高齡逝世，於是奮筆寫就一篇題為「敬悼先師陳援庵先生」的文章，然後刊於本港某月報。他在文章初段提到，自己在民國十八年考入燕京大學國學研究所後，便開始追隨時任研究所所長兼輔仁大學校長陳垣，歷時十多載，因而結下親厚的師生情緣。

悼文內列舉陳垣偉大之處

他繼而在文內謙稱，自己「雖是啓耕書屋（按：陳垣北京興化寺街居所的雅稱）的弟子，實在是不肖之徒，學問疏漏……」只好在「哀痛之餘，謹舉出三點，以思念先師的偉大。」

第一，陳垣是晚清秀才，亦曾在民國政府擔任要職，官拜教育部次長，「已走上知識分子學而優則仕的傳統道路。四十餘歲後，竟翻弦改轍，視功名富貴如敝屣，回到作學問的路，成為一代史學大師，在現代從政人物中極難得，極少見。」

第二，陳垣在輔仁大學擔任校長時，有感於魏晉年間印度僧侶來華傳教，當必熟讀中文及我國文化，以便翻譯佛典，登壇論道，於是鼓勵信奉洋教的學生多些接觸國學，吸收本國文化思想。

學林鴻樂

139

牟老師在文內特別提到方豪的例子。他本來受教於天主教修道院，但仰慕陳垣大名，常以書信方式向對方請益。難得陳垣來者不拒，竟然樂意以函授方式教導方豪，成就了這位神職人員日後對中西交通史的貢獻。這種奇特的師生關係，方豪固然得益匪淺，陳垣亦自覺欣慰。

不囿門派　任人唯賢

另一方面，陳垣以不囿門派，任人唯賢而馳譽大學教育界。後來成為名家的鄧之誠、余嘉錫、張星烺等後輩，當年均仰蒙舉荐，而馮承鈞的譯作，亦曾得陳垣援助。陳垣一生，熱衷學術，無論著書立說，抑或行事為人，從不排斥西學，亦絕不貶抑國學，鼓勵兼容相濟。

因此，牟老師在該段文字結束時，寫了「先師是基督徒（按：陳垣是天主教徒，牟老師此處所指的基督徒，是包含天主教在內的廣義基督教徒），又是學西醫出身，洋化的淵源不可謂不深。他老人家對於儒學的尊崇，對古代經典的認識，豈是五四以來一般崇洋人物所可同日而語？這是先師的偉大之第二點。」

其三，陳垣治學，先從考據入手，早年研究中西交通史、元史和宗教史。「到撰寫《元西域人華化考》時，在文章中講元代西域人如何華化為全篇重心，在觀念上已遠遠超越一般治中西交通史者，決非只知西化東漸和考驗零星人名地名的文章可以比擬。另一點，所援引的材料全部是中國的……要寫出歐美漢學家和日本東洋史學家所寫不出的作品。」

主觀願望　奈何落空

老師藉着縷述陳垣的學術軌迹及成就,以至對整個史學界的貢獻,強調「由於先師的提倡和以身作則,中國史學將來定必走上明古知今,申明《春秋》大義的途徑,恢復史學本身有的傳統。」

牟老師寫這篇悼念文章時,是一九七一年,距今整整五十年。然而,回望這半世紀,中國史學的途徑,只嘆越走越暗,更加遠離「明古知今,申明《春秋》大義的途徑」。牟老師當年的主觀願望,絕對是落空了。

這個宏大願望雖然落空,但牟老師的個人願望,卻沒有落空。他在悼文末段說道:「我願化悲哀為力量,今後將以我有生之年,傳播先師的學說,以期無負於他老人家的教導。」他秉承師志、弘學導人的願望,的確在他有生之年達致了。

推許向達是「兩陳」之後第一史家

《海遺叢稿》「二編」亦收錄了老師悼念亡友向達(亦即向覺明)的文章。向達是二十世紀著名史家,尤專交通史及敦煌學。筆者於上世紀七十年代中亦即少年時代捧讀了他的《中外交通小史》及《中西交通史》,得益匪淺。據老師在悼文內憶述,「覺明學問淵博,為人也極誠懇爽直……在大英博物館閱讀敦煌卷子達一年之久。」

牟老師隨後直言,在當時幾位專研敦煌中西交通史的學者之中,「覺明無疑是應居首席。張星烺(按:即《中西交通史料匯編》的編者)廣博而精不及之,馮承均(按:著有《中國南洋交通史》,並譯有《鄭和下西洋》等書)譯多於著,其他更無人能與之並駕齊驅,而利用敦煌卷子研究唐代俗講問題,他的貢獻也很巨大。」

筆者忝為後學，對於牟老師這般評論三位交通史家，也想申言一二。論資歷與學養，半途出家的張星烺，顯有不及，何況留於後世者，只有前述的《匯編》而無論著，於三者之中實居末席。至於留學法國的馮承鈞，則與向達各擅勝場，貢獻殊深，特別是他充當了中外交通史的橋樑，將中西兩方學者的研究所得共冶一爐。

老師在悼文內憶述他與向達交往之二三事時，提到乃師陳垣十分欣賞向達才學，有意延聘他去輔仁大學任教；可是向達婉拒不就，而牟老師猜度，向達可能有鑑於其時張星烺亦任教於「輔大」，似乎不想與他共事，因此推卻了陳垣擢用之心意。

牟老師亦在悼文提及，向達的《唐代長安與西域文明》是一本文章匯編，而向達每當寫就一篇文章，就馬上傳給牟老師閱讀，讓他先睹為快，而牟老師每次捧讀，都稱許「學力之深邃，功夫之細密，我只有嘆服。」向達此書，亦深得當時的「兩陳」賞識。

自言愧對好友　愧負乃師

老師與向達叨在知交，但他在悼文內陳言，愧對好友，亦愧負乃師。原來老師初年，亦酷愛交通史，並立志編撰《徐光啟年譜》。陳垣得知此事，特別將手中相關資料交給他，而向達亦把他的資料告訴他。可惜，他始終未能寫成，致成憾事。

據老師描述，向達與很多學者一樣，都是擇善固執，堅守原則的硬骨頭，也因此曾向時任北平圖書館館長亦即他上師袁守和拍桌大罵，向中央研究院歷史語言研究所傅斯年發脾氣。老師在文末特意提及此二事，無非是要說明「以覺明這樣硬骨頭，他的受到迫害（按：指「文革」初期飽受迫害致死）為必然之事。」其實，管你是硬漢軟漢，那個時代，學者遭受迫害，根本就是常態。

老師在悼文末段給予向達最大的肯定：「覺明學問方面很廣，即以史學而論，二陳先生以外，應推為第一人，如此人才豈能再得！」

誠然，今天我們這輩，亦因向達的學問成果而深受惠澤。

（按：關於牟老師在悼文提到的師友即陳垣、向達、方豪、馮承鈞幾位學者，筆者隨後各有專文介紹，並載於此書。）

後學為老師編學術年譜

順帶一提，如果大家有意多些瞭解牟老師其人其學，可翻閱台灣學者丘為君領導兩位後學鄭欣挺、黃馥蓉合編的《牟潤孫先生學術年譜》（唐山出版社，二零一五）。書內記敘老師一生重要行事，並簡述各年各月的著作，為讀者建立重要架構，從而按圖索驥，依循軌跡，尋探牟師的學術成就。

此書更得牟門弟子而時任「新亞」教授的李學銘作序。他在序裏特別提出牟師「目錄版本之學，重視目錄學之用，講究著述體例，強調經史互通，實踐史源考尋，講求通史致用……」諸君如有雅興，翻閱牟著之後，必有同感。

另一方面，二零一三年八月李學銘學長在香港舉行的「北學南移」學術研討會上，以「牟潤孫先生與南來之學」為題，發表論文，指出老師把「援庵之學」和「蓼園之學」帶到南方，特別是香港，因此貢獻殊深。

筆者在此稍予補充，李學長此言，固然不差，「蓼園之學」若非經由老師在港弘揚，以當年我們這班學子而言，根本無法另憑他途承教。至於「援庵之學」南來，老師當然一如李學長所言，居功

學林鷗樂

至偉，但當年我們尚可直接從援庵先生已予刊行的論著拜領。明乎此，大家必須承認，老師對「援庵之學」和「蓼園之學」南來的助力，本質上確有差別。

此外，李學長亦在文內撮述老師的治史主張，即經史互通，通史致用，史不廢文，以及老師的治史方法，即目錄學的應用，史源的考尋，體例的歸納。當然，這些論述亦見於李學長為《牟潤孫先生學術年譜》所作的序文內。此文與研討會上其他文章已予收入《北學南移──港台文史哲溯源》一書（台北秀威，二零一五），亦載於他自己的論文集《讀史懷人存稿》（台北萬卷樓，二零一四），也可一并翻閱。

牟門弟子如台灣歷史學者兼文學作家逯耀東、出版社領導人陳萬雄、「中大」教師佘汝豐，及前述李學銘，都各有成就，秉承師志而續澤後輩。筆者當感欣慰。

（「新亞」學者系列之六）

遙敬陳垣弟子牟潤孫

學者作家繫一身
緬念業師王韶生

　　之前在本欄先後介紹了上世紀八十年代初在新亞研究所任教的幾位老師，計有：精通音律戲曲的汪經昌、敏學敢言的徐復觀、專研經濟史的全漢昇、治學敬誠的嚴耕望、瀟灑爽朗的孫國棟和博通經史的牟潤孫，藉此管窺這批敢稱一代大儒的風骨學養。本文承前而轉談另一位業師王韶生。

師生結緣　始於面試

　　話說老師與我這段師生緣，其實並非始於進所之後，而是進所之前的入學試。當年申請入學，固然要考試，而且還須分開筆試與面試兩關。按照規矩，筆試一關過了，才有機會進到面試這關。要是筆試不過關，就連面試的資格都沒有了。

　　記憶中，當年考筆試的，多達百幾人，但每年一般只收錄十來人。其後得知，准予入學者，多是「中大」、「台大」、「師大」畢業生。

　　記得面試時，考官有兩位，而其中一位就是王老師。他開始面試前，告訴我，以筆試成績而言，我考第三。聽後，當然深感欣喜！我這個一直主修西洋文學的「番書仔」，居然可以在諸位本科考生中位列「三甲」，簡直難以相信。

王老師隨後提出很多問題考較我。他最後問：「東坡詞有什麼特色」以及「好在哪裏」？我首先回答：東坡開拓了詞的格局。東坡之前，詞的格局很小，所提諸物，盡是小花、小樓、小物、小河、小水，甚至情也是小的；東坡詞的「大江東去⋯⋯」為詞開拓了大開大闔的格局；再者，他的詞無論是【水調歌頭】裏所表達的哲理以及所抒發的兄弟情、【江城子】裏所道出的憶念亡妻之情、【蝶戀花】上闋的「天涯何處無芳草」原來是為下闋鋪墊從而凸出「多情卻被無情惱」的苦況。凡斯種種，都是東坡詞所開拓的特色。

師生暢論東坡詞

最後，我還補充一點，就是東坡詞除了開拓，還有破格。試以【水龍吟】「似花還似非花」一詞為例。按照詞原定句格，下闋最後三句，應該是「五、四、四」句，即是「細看來不是；楊花點點，是離人淚」。

這種寫法固無不妥，但總嫌平淡無彩，意境不高。東坡偏偏不守成規，為了別出機杼而打破詞格，改為「三、四、六」句，即「細看來，不是楊花；點點是離人淚」。句格一經改動，詞意炯然有別，意境高了很多。所以說，「破格」是東坡詞一大特色。

老師聽後，輕輕點頭微笑。未知是否該題應答得體，才有幸得納「新亞」門牆，以致隨後仰承師澤？此刻回想，也深覺有趣。

當年「新亞」 另類教授

老師是廣東人，自號「懷冰」。他當「新亞」教授，與上述列位老師截然有別。首先，他雖然精通國學而且學貫中西，一邊教學，

一邊寫作，不時在報刊發表國學論著，但嚴格而言，與其說他是專治學問的儒者，倒不如說他是詩文兼擅的文學家，蓋因他在幾十年前的香港文壇確以詩文著稱。

其次，他當年雖說應聘於「新亞」，但由於同時受聘於珠海書院文史研究所，而且實際上常駐「珠海」，甚少移玉「新亞」講學。記得某年「新亞」開辦「韓柳文」一科，由王老師講授。

鑑於韓柳二人的散文對後世影響重大，筆者研習之心，當然極濃，但自愧粗疏魯鈍，難受啟化，有負師長，是故心有起伏。不過，由於當時盼慕情切，難以掩抑，於是懷着誠惶誠恐的心情，向所方的「總管爺」趙潛先生表明意向。難得趙先生滿口鼓勵，一臉支持，隨即為筆者註冊，修習此科。

「新亞」學生 「珠海」上課

不過，趙先生當時表明，王老師在「珠海」教務繁忙，無暇分身親臨「新亞」授課。為此，但凡修習該年由他講授「韓柳文」的學生，必須前去「珠海」校舍，在該處上課。當時的「珠海」，位於旺角亞皆老街火車橋側。

記得五、六十年前，香港除了「港大」和「中大」兩所認可大學外，亦有不少專上學院，例如「理工」、「浸會」、「樹仁」、「珠海」、「能仁」。前三所先後得到政府認可，而後兩所在上世紀八十年代初仍未得認可。

姑勿論這些學院是否已予認可，但當年培育學子的功勞，絕對不能抹煞。單就「珠海」而言，也是名師薈萃之地，而其文史研究所，更肩負學術傳承的重責。

每次上課　少於十分鐘

回想該年，前往「珠海」聆聽王老師教益的「新亞」學生，只有兩名，即筆者和另一位女同學，而那位同學要不是筆者大力推動，也不至於有興頭前去旺角上課。記得首次前去，礙於通信難以暢達，我們這兩個「外客」，好不容易才在校裏找到老師。

豈料師生初晤之時，他即向我們明言，礙於教務極端繁忙，根本沒有空餘課堂留給我們這兩個「新亞」來客，頂多只可在兩節之間的十分鐘時間向我們講學。

筆者聽後，當然大失所望。每次以「外客」身分尷尷尬尬前去上課，而授課時間雖說有十分鐘，但扣除老師來回往返的幾分鐘，實質只有六、七分鐘。試想，老師怎夠時間申論暢述，學生哪有工夫聽後問難？

不教韓柳　只教王文

當那顆渴求研習韓柳文的赤心正在急速下沉之際，老師進而言道：「其實韓柳文使乜我教吖。你哋自己讀都得啦。最多，有唔明，就嚟問我。家陣不如將一篇我啱啱為某機構寫咗嘅序文，畀你哋睇，等你哋學下點樣寫實用文章吖。」

聽罷老師此言，心頭簡直冒火十丈；暗忖：「你唔係吖嘛？我哋辛辛苦苦走到過嚟呢度，上唔到正規嘅課堂而淨係得幾分鐘上堂時間，都算喇。但係點解你居然可以响明明係韓柳文嘅課堂，唔教我哋韓愈同柳宗元又或者相關嘅散文，而偏偏自吹自擂，賣花讚花香，教自己嘅文章？唔通我哋呢堂唔係韓柳文，而係王文？」

只恨當時礙於師生有序，尊卑有別，不好即時發難，出言質疑。之後每次上課，只好聽他自講自話，暢論他的酬酢文章如何深得主會稱許。

老師啟迪　效如灌頂

不過，未幾筆者就從無知淺薄的深谷走出來，豁然開朗。老師說得很對，韓愈和柳宗元的文章，只要你有一定的文學根基，準可自習自學，甚至自行閱讀相關論析，而斷不會茫然若失。換言之，即便老師從不登壇親授，我們作為那一輩的研究生，絕不會有多少損失。

反而，我們與老師巧遇於「珠海」，有幸從他身上學懂實用文章的竅門，實在難得。必須明白，當時研究所的學制裏，絕不會講授實用文章，即酬酢、序跋之類的文章，更不會教導尺牘文學，即書信通告之類的文章。

在那些一代大儒的眼中，這些全屬小道末技、等而下之的文類，根本用不着在大學甚或研究所階段學習。然而，不得不承認，這些都是十分實際的日常文類，如果得遇能人實授，總勝於自我研探。

老師當年的啟迪，對筆者來說，確有醍醐灌頂的效用。舉例說，筆者從他所展示及講述的文章裏，鑑領到酬酢文章的門竅，使筆者其後擔任公職而為政府部門首長撰寫酬酢文章及日常書信時，易於掌握，達到情理兼備，體統不失。

學林鷗樂

以自己作品　親授散文之道

　　另一方面，王老師現身說法，以自己作品向我們親授散文之道。他促使筆者領會到，如果現代人真的有心學習甚至研究散文寫作，千萬不要仿效古人，由《易經》、《尚書》以至《左傳》學起，以免因古文能力不逮而陷入五里霧中，很快就失去學習興趣。

　　因此，最好是反其道而行，先學明清散文，特別是桐城派古文，然後返回唐宋，廣覽各家名篇；之後才翻閱《史記》、《左傳》、《戰國策》，最後才研讀詰屈聱牙的《尚書》。至於漢賦駢文，則是學習雕琢辭藻、對偶排比的文類。這種從淺入深的學習方法，比較切合文字根基欠佳的現代人。

　　除了講學，老師亦有若干書籍傳世，當中可以粗分為以下三大類：其一是雜文創作類，計有《甬齋隨筆》、《懷冰隨筆》、《懷冰室集》、《懷冰室續集》、《懷冰室集三編》及《當代人物評述》，而當中的《甬齋隨筆》已收錄於《懷冰隨筆》之內，屬於兩者並刊；其二詩詞創作。老師作為文學家，既寫散文，亦擅詩詞；其三是學術論著，計有《國學常識新編》、《唐宋詩體述略》、《王國維文學批評著述疏論》、《懷冰室經學論集》及《懷冰室文學論集》。上述書籍，以數量和種類而言，雖然不算很多，但也不至於太少。

性好自嘲　下筆幽默

　　若論時序，較早寫成的雜文，應該是收入《甬齋隨筆》內的文章。王老師性好自嘲，下筆幽默。甬齋的「甬」字，乍看來以為是與寧波的簡稱「甬」字有關；事實卻非如此。不過，至於是何含意，則任憑讀者推敲，亦恐無從猜破。

原來這是他自嘲之詞。據他自述，前半生雖然學過中西，但絕非學貫中西。用廣東話說，他是「半桶水」（即「半吊子」）。既然是半桶，就得把「桶」字減除一半，刪掉「木」字，只留下「甬」字。這就是甬齋的本意。

據老師親敘，他早年來港之後，卜居灣仔，與多年知交馮氏近鄰而居。馮氏為富家子弟，顯達之後，常邀老師過府暢飲，而每當酣醉之時，總必暢論昔日宦海商界的逸聞，並且託付老師執筆撮錄，翌日寫成雜文，登於專欄。

舉例而言，「何啟大狀師」一文記述何啟（按：往昔啟德機場的「啟」，就是紀念何啟）為民請命，懇求港英政府撤銷有關街上夜行者須打燈籠而燈籠須寫上某家商號或某宅姓氏的法規。港府考慮何啟陳情後，居然從善如流，俯允所請，撤銷此項擾民之法。

《懷冰隨筆》 另見文趣

同樣是雜文，王老師其後出版的文集《懷冰隨筆》，一如他在書序親述，則另有一番文趣。書內多記當代歷史人物，例如在「林文慶繙譯《離騷》」一文，記述林文慶其人其事。

清末民初期間，林文慶是新加坡著名華人醫生。他除了功在彼邦，亦為祖國出力，當過孫中山任職臨時大總統期間的機要秘書兼醫官；其後亦聽從孫中山建議，擔任好友陳嘉庚所創立的廈門大學的第二任校長。此外，老師在「伍連德懸壺星洲」一文，記述這位同樣是東南亞華僑醫生對彼邦以至祖國的醫學貢獻。

至於《當代人物評述》，王老師所收錄的，盡是有關當代偉人特別是學術名人的文章，包括林語堂、梁漱溟等人的論述。閱讀此

學林鷗樂

書以及《甬齋隨筆》和《懷冰隨筆》，的確有助重拾當年重要人物與事跡，而此等人與事，彷彿在步伐急速的時代漸漸湮沒，縱是學者士人，也未必銳意記存。王老師在這三本書所收錄的多篇文章，或可稍稍填補這方面的欠缺。

文人風骨　雅擅詩詞

老師除了撰寫雜文，更雅擅詩詞。單以存留於世的詞作而言，數量約有一百。正如前述，王老師樂作劉伶客，酒酣耳熱、傾壺酒醉的情況，當然見於詞作。試看他以「飲酒」為題的一闋【西江月】——「花下一觴獨進，天河欲曙星稀。陶然那識是耶非？頗憶無功小記。我愛竹林老阮，生平懵懂忘機。為君微醉語歔欷。自得酒中深味。」

一看到此闋詞第一句，就讓人想起李白《月下獨酌》的「花間一壺酒，獨酌無相親。」老師隨後自比阮籍，一切皆扮作懵懂，而所謂忘機，也只不過是文人失意，哀嘆救國無望，匡時無憑，才不得不走進「忘機」的狀態。至終，這一切只是醉後歔欷而已。另一方面，從此詞可見，人雖微醉，但仍忘不了自誇深懂酒道。這何嘗不是劉伶客的常見行為？

又試看老師有感於世事而調寄【浪淘沙】——「風雨打簾鈎，惟怕登樓。青山斷續半離愁。如此忙來忙不了。浩蕩千秋。人海正沉浮，恰比沙鷗。飽看後浪逐前漚。事大如天休管也，滿酌金甌。」老師在這闋詞的開首借用了古人登樓的意境。為何古人每每於登樓（如王粲登樓），登台（如陳子昂登幽州台），登高（如杜甫登高）而興嘆倍多，感懷特大？這是因為當我們離開地平線而登上高處，地面的人物及景致就顯得細小了，但當仰天而遙望穹蒼，由於站在

高地而有了地平線作為低的對照，極目所視的天空，益覺偌大廣闊。另一方面，王老師在詞中提到「恰比沙鷗」。這句詞是化自杜甫「飄飄何所似，天地一沙鷗」的詩句。

從詞意來看，這闋【浪淘沙】與其說是形似宋詞，倒不如說是實似元曲。全文充滿常見於元曲那種諸事莫問，萬事皆休的態度。在他眼裏，當下之事縱使重大如天，也用不着甚至輪不到他操心。面對千秋浮沉，他只得寄情金甌。有志之士無力扭轉世情，只覺滿腔唏噓無奈，溢於全詞。

文學論述　另有見地

老師的《懷冰室文學論集》及《懷冰室經學論集》各自收錄了他歷年在文學以及經學方面數十篇範圍廣闊的論文。

先就《文學論集》而言，其內的各篇文章，值得捧讀慎思者很多。例如他在「文心雕龍對於中國文論的影響」一文，提出一些有別於其他學者的看法。劉勰《文心雕龍》一書雖然篇章很多，共有十卷五十篇，但當中的「原道」、「徵聖」、「宗經」、「正緯」、「辨騷」五篇公認是全書的核心，而前三篇更是精要所在。關於第一篇「原道」，很多學者基於《周禮》曾言「儒以道得民」，於是認為「原道」當中的所謂「道」，是指聖賢的大道，而「原道」之後的「徵聖」、「宗經」，正好是合理的延伸。

然而，老師不以為然。他認為「原道」的道，不是聖賢的大道，而是自然之道。他引用韓非子的見解作為論據，「道者，萬物之所然也，萬理之所稽也。理者，成物之文也。道者，萬物之所以成也……聖人得之以成文章。」

學林鷗樂

153

其實，老師的說法，是附和現代專家劉永濟在其《文心雕龍校釋》所言者：「舍人（即劉勰）論文，首崇自然；所謂自然者，即道之異名。道無不被（即披），大而天地山川，小而禽魚草木，精而人紀物序，粗而花落鳥啼，皆自然之文也。」

如果從劉勰成書的觀念來看，老師與劉永濟的理解，似較恰當。其實，他的《文學論集》內，確有不少合理甚至精到的見解。

一己微力　弘揚經學

另一方面，老師在刊行於八十年代初的《經學論集》的自序憶述，童年時代就讀於鄉校時，已經粗解《尚書》和《左傳》的文義；及至大學期間，更先後仰承經學名家的治經之法；隨後對於漢唐注疏、宋人經說，則時有瀏覽。雖然如此，他謙稱，由於潛研未足，因此「無以成顯門名家之學」。

然而，鑑於清末民初已經出現「廢經讀經兩說，斷斷相爭不已，蓋六經三傳，束之高閣者久矣」，老師雖明自身粗疏，但仍振筆撰寫經學論文，並且明言「茲予所撰經學論文，明其體要，取其大義，務求平正通達，以引發國人讀經治經之心，俾有國家社會之責者，從而提倡之，鼓舞之，馨香以祝之者也。」老師推廣經學的苦心，於此昭明可見。

然而，回望過去幾十年，經學不但未見興於庠序，反而益發衰敗。我們這一班對經學常存熱忱的有心人，只得喟然浩嘆。

老師離世雖逾兩秩，但當年的教益，特別是實用文章的點撥，筆者深得惠澤，謹此再致感紉。

（「新亞」學者系列之七）

緬念業師王韶生

哲學大儒牟宗三
隨地吐痰視等閒

之前在本欄憶述上世紀八十年代初新亞研究所學生上課情況時，曾提及每科上課人數不多，一般只有幾名，不像現在動輒上百。例如，王韶生的韓柳文，只有學生兩名；汪經昌的戲曲，只有七、八名；徐復觀臨離世前在美孚寓所授課時，也只有五、六名。不過，諸位老師中，有兩位確屬例外。其一是錢穆，其二是牟宗三。

錢穆當時雖然長居台北，但由於心懸「新亞」，因此不時回港，返到「新亞」校園，與一眾學子會面。他每次登壇論學，總有過百學子趨前領教。當中很多都不是應屆研究生，而是已經畢業的學長，又或是慕名而至的校外朋友。錢穆當時已非「新亞」常任老師，難得不時回來訓勉後輩，各路英賢蜂擁而至的熱鬧場面，當然可以理解。

牟師開壇　聽講者眾

至於牟宗三，他是「新亞」的常任老師，每周都有課堂，而聽課人數，按理應與其他常任老師相仿。可是，他每次講課，雖不至於與錢穆看齊，但總有幾十人。

清楚記得，他每次開講之前，別說是課室內坐得滿滿的，即便是門口附近的地方，也站得密密麻麻；隨便點算，總有幾十人，當中固然有報了名修讀課程的應屆學生，也有早已畢業但專誠回校聽講的學長。

學林鷗樂

此外，也有一大批僧俗弟子，有些固然是牟宗三在外面所收的學生，也有慕名而來的同道人，而穿着袈裟的出家人，倒有不少。

大家可能納罕，為什麼牟宗三有這麼大的招聚能力，而其他老師的學生人數，總在十位以下？據筆者推敲，其他老師固然在學養上各領風騷，但全屬文史科目，而所內只有牟宗三專授哲學。

順帶指出，當時所內確有其他老師講授西洋哲學及思想分析，但前者不屬主流，而後者只是入門課，這兩科與牟宗三每年所開的各個科目，絕對不能相提並論。

再者，其時唐君毅已經離世，所以，如果要聽大師講授哲學，就非聽牟宗三不可。不過，即便唐君毅在世，由於他倆講學範疇不一，而且各擅勝場，唐師牟師總有自己一大撥聽眾。

「新亞」大門　來者不拒

另一方面，各位或許覺得奇怪，為什麼「新亞」大門，倒是來者不拒？其實，那個年代，大家絕不強調消費權益，也因此從不計較，只有付費學生才有資格進門聽課。「新亞」大門確實時常打開，你即便不是所內學生，要進來列席旁聽，校工絕對不會擋你去路，講課的老師也從來不理會你是不是外來人。

這也說明，牟宗三的課堂，為什麼總是塞滿了僧俗弟子。大家都靜心聽講，從不嘀咕：為什麼我們付了學費而你們這班沒有付費的外人居然走來沾我們的油水？試想，人來得越多，得蒙教澤的人就越多，傳承的功效就越大。這才是教育的最大意義。

但凡學生，總愛在老師背後給他們起「花名」。我們那一代的「新亞」學生，當然毫不例外。在老師跟前，我們當然畢恭畢敬，尊稱一聲「老師」，可是同學之間在背後談論老師時，總有別稱。

例如，我們談論唐君毅，就稱他「老唐」；談論牟宗三時，就喊他「老牟」。可是，說來奇怪，印象中，我們從來沒有把錢穆喊作「老錢」，也沒有把汪經昌、徐復觀、王韶生喊作老汪、老徐、老王。

其實，背後喊牟宗三作「老牟」，絕對是尊稱，絕無半點不敬之意。「老牟」與「老謀」一詞同音，因此語帶雙關。這裏的老謀深算，是心存褒義，稱頌他是哲學大師，深具思考謀算能力。

面露英氣　雙目有神

牟宗三個子不高，貌非英俊，但面目清癯，頗有英氣，而且雙眼有神。他愛穿成套的唐裝衫褲，又或一襲長衫；選色方面，不是白色，就是淺灰色或深色，再配上一雙黑布鞋，很有民初的感覺。令人印象深刻的，是他的笑容。他縱論經緯時，總是語帶笑容。

有很多老師愛在課堂上侃侃而談，甚至講話飛快，巴不得說話的速度追得上自己的思辨速度；牟宗三卻大不相同。他講話總是不徐不疾，甚至慢條斯理，偶爾沉吟半晌，然後才繼續講話。他與很多老師一樣，愛在課堂抽煙，彷彿嘴巴含着煙嘴，說話的靈感才飄然而至。那個年代，老師在課堂抽煙，根本司空見慣，絕無不妥之感。

隨地吐痰　若無其事

如果說到有什麼不妥之感，那應該是他在課堂上的另一種行為。記得某年他在所內開了一個佛學課程。一如他所開的其他課程，前來聽講的各界人士多得水泄不通。上課時間還沒到，大大的課室早已坐滿了人，遲到者只得擠在門外聽講。

某天老師在課堂中段，當呷過一口茶，抽了一口煙，繼續講解如何「明心見性」，突然見他面向右側，「咯吐」一聲，一把「飛劍」

穩快落地。班上同學似乎視而不見，絕對沒有面面相覷，也沒有聳肩示意。

只見老師若無其事，喉嚨清完，繼續講他的「明心見性」。可是，當時尚算年輕的我，整個愣住了。

雖說八十年代初，香港的公眾衛生意識不高，街上隨地吐痰簡直是等閒之事。不過，此等行為，僅限於販夫走卒；斯文君子，絕對束身自好，多所不齒。牟宗三貴為頂級知識分子，而且為人師表，聲譽昭隆，在課堂上隨地吐痰，怎堪為人表率？

貴為大師　竟可不必恪守規矩？

或許有人認為，身為大師，倒不必拘泥小節。然而，我總覺得，你既然是儒家子弟，揭櫫儒學，提倡「人人皆可為聖」，為什麼自己作為儒家中堅分子而不願恪守甚或懶得遵守這麼簡單的規矩？誠如英諺所云，If you don't practise what you preach, why preach? 中國人不是也很強調「正人先正己」嗎？難道你貴為宗師大儒，就認為可以在小節上得到豁免嗎？

牟宗三的行為，實在難以接納，蓋因我堅持，如果你連最低的行為標準也達不到，你的宏大學說，只不過是一大堆空言。

我們當然明白，那個年代，大家口袋裏根本沒有一包包紙巾。想吐痰而手無紙巾，情景確是狼狽。不過，我們大多帶備手帕，急需時可暫作盛痰之用，回家後清洗便可。又或情非得已，痰須吐地，事後也應馬上吩咐同學代報校工，前來抹抹地板，清除痰漬。

總不至痰吐在地而渾覺無事，繼續講學。此事竟然發生在新儒家大師身上，我深感憤慨。

強化「外王」 倡行「三統」

撇開此事不談，牟宗三的確是二十世紀哲學大師。以最扼要的說法，他的貢獻在於梳理宋明理學諸位大師的義理，使之上承孔孟，下開現代。

他另一功勞在於幾乎通盤檢視了歷代諸般思想（或可稱之為哲學）問題，並確切指出傳統的「內聖外王」，問題不在於「內聖」，而在於「外王」不夠強大。為此，他建議「三統」並行。

所謂「三統」，是指道統、學統、政統。道統是指以儒家為本的道德價值；學統是指廣納四方包括古希臘精神，強調學術獨立；政統是指肯定民主政體的發展。他贊成發展科學，但對於西方一味重視科技文明，而忽略精神文明，卻大不為然。

牟宗三更連同唐君毅、徐復觀等有心人，在不同的範疇一起弘揚儒家精神，以儒家作為建國匡民的根本，也即是現代人所說的核心價值。他們一致認為，復興儒家，才是解決中國問題的良策。

在牟宗三看來，孔子所提倡的儒家精神，本質上是一種「常道」，一種恆常而正常的生命之道，而歷代所有典籍，都是儒家精神的外在表現。

陸王康德 融為一體

要認識牟宗三的整套學說，或許先從兩處入手。其一是熟讀宋明理學裏陸（九淵）、王（守仁）的「心學」；其二是西方康德（Immanuel Kant 1724-1804）的學說。牟宗三對這位德國哲學家極為心儀，甚至把他的幾本巨大論著譯成中文。他把陸、王之學與康德學說融為一體，供己所用。

不過，他並非生吞活剝。他在認同康德的當兒，拒絕了對方有關「物自身」的看法，而看作是一種倫理與道德的實體。

牟宗三終其一生，演講不斷，論著無間，若要一一鈎沉，斷非這篇短文所能，更非個人學養所逮，只可在本欄粗略介紹他幾十年來所刊行的大大小小論著。

論著豐富　範疇廣闊

牟宗三著作等身，已予刊行而光是筆者手執者，就超過二十冊。為方便簡介，我們可以大概分之為幾大類。

其一，專論中國哲學而按縱向列舉的，計有：

（1）《歷史哲學》，由夏商周「平等與主體自由之三態」兼提及「黑格爾論東方」，至「東漢二百年：理性之內在表現時期」；

（2）《才性與玄理》，從「王充之性命論」至阮籍的樂論，嵇康的名理和裴頠的崇有論、一套三冊的《心體與性體》，書內暢論宋明儒學周、張等六子的諸般課題，並且由「正名：宋明儒學之定位」講起；

（3）至於《從陸象山到劉蕺山》一書，可視之為前述一套三冊的《心體與性體》的延續，詳論陸象山的「心即理」，陸朱之爭，王龍溪的致知義辯，以及劉蕺山的慎獨之學；

其二，專論佛家的著作，計有：

（1）《佛性與般若》，一般以上下兩冊印行。此書可以說是牟宗三離開儒家軌跡而另論南北朝至隋唐的佛家發展，從《大智度論》談到天台宗的義理和典籍；

（2）另有《圓善論》，此書從天台宗的圓教談到康德的圓善問題，而值得注意的地方，是書內末章刻意將道家之圓教與圓善以及儒家之圓教與圓善，與佛家之圓教與圓善並列齊觀。牟宗三的目的，明顯是要凸顯儒家最有成效。因此，他在書末寫下四句頌言：

「中西有聖哲，人極賴以立。

圓教種種說，尼父得其實。」

他寫了四句頌言，還似覺不足，於是進而歌詠：

「儒聖冥寂存天常，孟軻重開日月光。

周張明道皆弗違，朱子伊川反渺茫。

象山讀孟而自得，陽明新規亦通方。

四有四無方圓備，圓教有待龍溪揚。

一本同體是真圓，明道五峰不尋常。

德福一致渾圓事，何勞上帝作主張？

我今重宣最高善，稽首仲尼留憲章。」

其三，是以西方哲學家康德為本的《現象與物自身》。成書的緣起是上世紀七十年代初，他為主講知識論而將自己多年「所學知者」，經消化後而得到綜述（「系統的陳述」），乃發為文章，從康德所指的現象與物自身的分別，一直談到執相與無執相的對照；

其四，從儒家看諸般問題的論著，當中計有：

（1）《政道與治道》，書內從討論封建貴族政治與君主專制政治，到闡釋儒家的德化治道、道家的道化治道、法家的物化治道，一直講到道德判斷與歷史判斷；

（2）至於《道德的理想主義》，按照作者自己的說法，可與前述的《歷史哲學》和《政道與治道》合為一組，內載有關儒家學術、道德的理想主義、人文主義等課題的文章；

學林鷗樂

其五，從演講或課堂輯錄而編成篇幅較小的綜論，計有：

（1）《中國哲學的特質》——六十年代應香港大學校外課程部邀請，就其指定題目演講。而題目全部關乎儒家思想；合共十二講；每講一小時；由學生王煜筆錄；

（2）《中國哲學十九講》——一九七八年向「台大」哲學研究生綜述中國各朝哲學；經弟子胡以嫻等整理錄音，然後輯成講章；

（3）《中西哲學之會通十四講》——據老師自述，這是繼《十九講》的續講；其後由弟子林清臣筆錄整理。當中既有分論中、西哲學，亦有并論，也有幾篇專論康德；

（4）《周易哲學演講錄》——七十年代老師在「新亞」開授《周易》的課堂講章；前半共二十一講，專講《周易》；後半共九章，專講《繫辭傳》；

（5）《名家與荀子》——收錄了五十至六十年代就荀子、公孫龍子及惠施而先後發表的文章；

（6）《人文講習錄》——自一九五四年起，老師在台北成立的「人文友會」下連續兩年舉辦了五十多次聚會；每次講題不一，但範圍總是關乎人文學科，與會者前後累計百多人；其時常有參與而後來成為名家的學者包括勞思光、蔡仁厚、韋政通；

（7）《中國文化的省察》——八十年代初應《台灣聯合報》邀請，先後就中國文化不同課題演講。全書共收五個講題，而當中的「文化建設的道路」，則分上、下兩篇載錄。

講章雖短　但極可觀

上列演講集錄，範圍廣闊，議題繁多，很難在這篇拙文大幅綜

論。只想在此指出，這七款書所載錄的講章雖然較短，但可觀之處極多。在此酌選兩篇，聊予簡介。

《中國文化的省察》（台灣聯合報叢書，一九八三）內載一篇屬於八二年的講章，題為「漢宋知識分子之規格與現代知識分子立身處世之道」。他選這個講題，其實主要是回應梁漱溟早前評論毛澤東的一篇文章。他刻意論述東漢末年及北宋這兩個不同朝代文人以至現代文人的規格，藉此批評梁漱溟身為知識分子的言行。

他首先在演講中「申報利益」，明言梁漱溟作為前輩，確實有恩於他。事緣梁與牟的老師熊十力份屬知交，而且抗戰時期梁在「陪都」重慶開辦了勉仁書院，其間曾聘請熊擔任教職，並給予住宿，而牟當時正在投靠熊。換言之，梁確實在那段艱難日子有恩於牟。如果按照傳統禮教，梁既是長輩，又是恩人，牟委實不應「目無尊長」，「忘恩負義」，日後反過來抨擊梁。然而，牟認為梁儘管有恩於他，但在正義事理的大前提下，不可避而不評。由是觀之，這是私恩與公義的矛盾之爭。

評梁漱溟　想當教主

他評論「梁先生……也想作之君作之師，只是沒有君位而已。」這裏所說的「作之君」及「作之師」，是指梁儘管並無君位，卻想仿效當權者，作人民的君，作人民的師，祈求「君」、「師」合一。

牟師繼而引述一則實例，說明梁心存僭越，不願恪守「士」的本分而偏偏愛當教主。

話說某年，熊十力得知牟宗三擬返家鄉山東一行，於是囑咐牟順道前往鄒平拜訪梁漱溟，並且參觀梁在該地的鄉村建設。牟遵師命，既訪梁亦觀其建設。觀畢，梁問牟有何意見，牟直言：「梁先

生想以鄉村建設的方式解決中國政治問題，似乎不夠，做不到。」梁很詫異，說道：「你怎麼說不夠呢？你表面看的，不能代表我心中的理想。」牟則回應：「鄉村建設是你的事業，你以為代表你，才要我去參觀的，既然不能代表你，什麼能代表你呢？旁人無法作判斷。」這番回應，惹來梁一輪責備，罵牟不夠虛心。他倆那次見面，當然不歡而散。

鄉村建設　概念空泛

　　牟師在隨後的演講中批評梁的鄉村建設只是空泛概念，並未確切。他只是想把鄉村建設造成一個救國運動，而當很多年青人問他，參與這項運動，要具備什麼教育程度，他回答：「不要什麼程度，初中程度就可以，知識越多越壞。」

　　牟於是抨擊梁，他不要求參與的年青人有什麼高等才學，是因為他希望年青人都得聽他那一套，而那一套是什麼呢？牟直指，梁那一套就是要恢復自明太祖就開始傳下來的「說聖諭」。所謂「說聖諭」，就是在農閒時把農民聚集起來，由讀書人向他們講述「孝、弟、慈」的道理，期以移風易俗。梁的那一套，就是推行新一代的「說聖諭」。

　　牟於是狠批梁以「說聖諭」來搞鄉村建設。為存神髓，茲將當時演辭抄載如下：

　　「鄉下農民『日出而作，日入而息』，忙得很，每天回到家裡還得聽教訓，煩不煩。再說能教訓他們什麼？建設些什麼？關於農民的知識梁先生實不如一個農民。孔子說『吾不如老農，吾不如老圃。』不如農民，還要教訓農民，結果只是騷擾農民。

　　農、工、商的工作都有其特別的內容與知識。『士』，知識分子，對這些工作一竅不通，還要來教訓人，做教主，行嗎？鄉村中所要求

的建設是農業現代化，增加生產，使農民脫於貧困的狀態，這是需要人力、財力和專家知識的，梁先生那有這些？

沒有這些東西，『教主』有什麼用？

從前『士』為四民之首，為人尊重，是因為士能讀書做官，扶持教化，立人道之尊。不是要你到鄉下當教主。

就教主來說，梁先生那個教主並無多大的效果。梁先生為人極有性情，也有思考力，但就在想以到鄉下做『教主』的方式來解決中國的政治問題這一點上，遂使他的生命走不上正當的途徑。他接不上儒家內聖外王的弘規，他並把握不住中國歷史文化的大動脈。他對於國家現代化完全不能有了解，對於首先發自西方的自由民主那套完全不能欣賞。他亦不了解馬克斯主義⋯⋯他的生命在這個時代並未得到順適調暢的發展。他因著時代的歪曲⋯⋯自己亦形成一個扭曲的型態。其主要癥結是在知識不夠。」（頁六十八）

狠批尊長　不留情面

從上述講話可見，牟師把梁漱溟狠批至體無完膚。他不但罵對方不安於位，有士不做，竟然跑去農村搞文化建設而實質想滿足一己的教主欲望，更罵他不夠格，達不到內聖外王的儒家宏規。他甚至掌握不到他所處年代的動脈，而最要命的，是抨擊對方的失敗，是歸結於他知識不夠。罵知識分子知識不夠，根本是最大的羞辱。由此可見，牟師對於這位尊長，半分情面也不留。

牟師也真是的，他明放着是藉着「漢宋知識分子之規格與現時代知識分子立身處世之道」這個講題，而發表他對梁漱溟這位前輩的惡評。細究其實，是牟師絕不認同梁漱溟失態，失卻讀書人應有的氣節而甘於獻媚，明明受着當權者逼害，反而嘉言歌頌。

學林鷗樂

重新演述　「內聖外王」

另一方面，《人文講習錄》內載有「通向新外王的道路」（一）（二）（三）篇，是牟師以新外王為題，一連發表三次講話。

首先，他指出，以往講「內聖外王」，是指「外王」乃由「內聖」推衍出來。儒家的「正心」、「誠意」是內聖，而「修身、齊家、治國、平天下」，是「外王」。不過，時至今日，這種說法確實不足夠。他因此定立了一種叫作「新外王」的講法。他清楚指出，「外王」不是由「內聖」直接推出來的，而須經過一重轉折，一種過渡階段，而這種轉折主要靠科學、民主和良知。他因此說明：「科學雖與正心、誠意有關，以之為本，但不能直接推出科學來，王陽明講良知，並不能產生科學。」

牟師特別申明這一種轉折，實在困難。須知「這是一個很重要的關鍵，即一方面科學和民主與良知有關係，一方面科學和民主又有獨立性。若從做事上講良知，確可使事情做得好些，但對科學民主卻無直接關係。」

民主觀念　未進生命

他繼而指出，「五四運動」以來，人們對科學和民主，有兩種不同看法。其一，科學、民主是與中國對立的，因此必須打倒中國文化；其二，科學、民主實為中國所固有。他認為這兩種看法都不正確。中國人其實要把科學、民主與中國文化連接起來。

不過，要連接起來，根本極不容易。而須先「了解這一轉折，即科學、民主與良知有關，但科學、民主有獨立性。我國講科學、民主已有數十年，為什麼還不出來？其實理由很簡單，就民主言，

像憲法、權利、義務、自由、平等、選舉、被選舉等觀念，大家現在都知道為什麼生活上不習慣這一套呢？即這一套觀念尚未進到我們生命裡來。這些名詞，從表面上看很易了解，但欲其進到意識裡面來，在生命生根，這卻很難。」

內聖外王　真行得通？

由是觀之，中國人對於民主，只限於頭腦認知，並未真正走進自己的生命裏，以至在生命生根。然而，大家有沒有想過，民主走不進中國人生命，細究其實，是我們太慣於君民模式，以致嚴重仰仗人治，而人治與民主，本質上背道而馳。再者，所謂「內聖外王」，甚至是「新內聖外王」何嘗不是君民模式及人治思想的申衍？牟師所揭櫫的，是否真的行得通？

不過，無論如何，對於這個課題有興趣的文友，倒可翻閱上述三篇講章，從而瞭解牟師由「內聖外王」轉變至「新內聖外王」的思路歷程。

牟宗三的諸般論著，本由台灣幾家大書店印行，內地學子較難索閱；但最近十多年，慶有內地不同書店先後刊行。尤其難得者，是上述書籍，很多都得到牟門弟子如蔡仁厚等或牟學專家如羅義俊等親筆題序或親撰導言，為讀者與作者架起橋樑。

牟宗三論著豐富，範疇廣闊，義理精闢，而且弟子眾多，對中國現代哲學影響殊深。他絕對是二十世紀繼乃師熊十力之後，一位極為重要的哲學家。

（「新亞」學者系列之八）

學林蒭蕘

二十世紀文史名家系列

經世致用一儒生
務實文膽潘小磐

　　潘小磐老師享譽文壇，既有文才又通曉世務，是一位確能經世致用的儒生。他長期擔任某位銀行家的專用中文秘書，即是廣東話所說的「文膽」，負責日常尺牘往還、文書草擬、演辭撰作。優秀的「文膽」，行文必須拿捏準確，貼合實況，酌情而為。記得當年他來授課時，炯目有神、聲音嘹亮。他的教誨，學生受用無窮。

　　前文提及，上世紀八十年代初，筆者以新亞研究所學生身分，前去珠海書院文史研究所，修讀「珠海」教授但亦兼任「新亞」教授的王韶生老師所辦的「韓柳文」。然而，追隨王老師期間，莫說是半篇韓柳文沒教過，甚至連韓愈或柳宗元的半句分析也沒有。每次所聽所學的，盡是老師自己的墨寶，是他為某機構組織撰寫的序文或酬酢文章。

　　雖然半篇韓柳文都沒有在王老師的課堂上學過，但倒有失之東隅收之桑榆之感。由於沒有機會在研究所的其他科目或場合正式學習實用文類，王老師在原本是講授韓柳文的課堂上，改為教導實用文類，為我輩開啟這條門徑，委實得益不淺。

　　正如前文所說，王老師是教導筆者實用文類的第一人，促使筆者其後擔任公職而處理公文時得心應手。

學林鷗樂

享譽文壇　馳名黌舍

繼王老師之後，筆者另遇名師。儘管仰蒙教澤的時日不長，但匆匆的啟迪，便足使筆者隨後在公文寫作，特別是尺牘酬酢方面，受用無窮，稱心迅捷。那位老師就是當年享譽文壇，揚名學林的潘小磐。

首先說明，雖然潘老師馳名黌舍，弟子千百，受業者眾，但筆者並非在「新亞」、「珠海」或其他研究所拜入他的門下。師生相遇，不在任何學府，而在政府部門。

事緣當年筆者任職政府，主事翻譯及撰寫文書，當中既有回答市民查詢或投訴的覆函，亦有為部門首長草擬酬酢文件，包括演辭或禮儀文書。政府素知潘小磐深諳此道，足為良師，於是誠邀蒞署教導後進。難得老師不嫌束脩微薄，更不棄我輩低劣粗疏，居然首肯屈就，駕臨部門，登壇論說，主講尺牘，兼授酬酢文類。

筆者未蒙潘老師教澤之前，早已頗知其人，亦深慕其才。據先父自述，他早年讀書，曾受業於廣東前清進士兼翰林岑光樾，後又學藝於書畫詩文無一不精的陳荊鴻。因此，家裏閒談，偶或提及當時活躍於香港的飽學之士和文化名人。

處此環境，筆者對潘老師早前亦多所聽聞。就當時所知，他基本上是一位自學成才的讀書人，雅擅詩文，酷愛以文會友，酬詩和應。

自號「餘庵」　詩文傳世

老師是廣東順德人，自號「餘庵」，而他歷年作品，分別收錄於《餘庵詩草》、《餘庵詩餘》、《餘庵文存》等等。老師寫詩，

律絕皆善。茲引老師於某年亡妻生忌致祭一詩，與讀者共鑑。詩題：「五月十四日為亡妻生辰是日攜兒女上墳致祭風雨淒其惘然有作」，而詩云：

「風雨猶來一撫墳，

靈辰相祝詎忘君。

紙灰乍颺魂疑接，

黍酒徒澆世已分。

歲閱艱難堅在念，

天遺寂寞欲何云。

惘然立久雛兒共，

愁壓連峰漠漠雲。」

詩內「黍酒徒澆」四字，頗能道出鰥夫憶亡妻的無奈心情，蓋因陰陽阻隔「世已分」，而面對連綿山峰，雖有千愁萬緒，也難獨排自遣。

其實，除了此詩，老師尚有連篇佳作，可予鑑賞；只是礙於本文並不是以賞析潘詩為主，只得暫擱不贅。老師上述詩詞文集，坊間書店雖無銷售，但各大圖書館定有藏本。諸君如有雅興，可往圖書館借閱。

「文膽」一職　絕不易為

當然，老師最為人注目者，是長期擔任某華人銀行家的專用中文秘書，負責日常尺牘往還、文書草擬，而且每逢各式場合，為該銀行家撰寫演辭以及雅酬賀聯。用廣東話說，他是該銀行家的「文膽」，而此詞與內地所稱的「筆桿子」有幾分類同。

千萬不要以為，只要飽讀詩書，「文膽」一職就很容易擔當。做「文膽」固然講求文才，但只憑文才，根本絕不足夠。稱職的「文膽」，首先要通曉世務，必須通盤掌握老闆的身分地位，利益立場，所處境況，更要充分知悉受文者與老闆在社交上或利益上有何關係。須知一切行文，均視乎己方與對方的關係及場合，不可任意而為。

凡當「文膽」，切忌舞文弄墨，自炫文才。必須常常銘記，自己只是代人執筆的身分。無故炫露文采，只會引致老闆尷尬。須知「文膽」的所有大作，悉以老闆名義發送。假若某書函，演辭，或賀聯內有些文詞或典故居然連老闆也不明所指，而貿然送達對方，試想老闆心裏會舒服嗎？

其實，成功的「文膽」，必定深懂拿捏，酌情而為，行文用字，務須貼合情況，不揚不抑，恰到好處。所以，「文膽」之職，一般老儒學究，礙於世務未通，難以勝任，而很多通曉世務者，往往囿於學養有限而未足肩擔。

由此看來，要找一位才識兼備、經世致用的儒生擔任「文膽」之職，確實困難。當年的潘老師，堪堪是位經世致用的儒生，既有學識又務實。

炯目有神　凝練自若

清楚記得老師初蒞部門授課的情況。他個子不高，身形頗瘦，但炯目有神，聲音嘹亮，凝練自若，既無秀才酸氣，亦無驕矜之態。自我介紹時，隻字不提自己是某銀行巨子的「文膽」，更沒有吹噓自身的文學成就；反而向我們自白，他沒有上過大學。原因是當年考香港大學時，英文科默書的一卷不及格，導致全科不及格而未能考上。

不是經他這麼說，我們當時真不知道，他年輕時所處的年代，考香港大學，原來英文科須考默書。我們更明白到，他後來當然不是靠着一紙文憑，而是全憑真才實學，鋪就成功之路。

老師教導我輩行文，絕不迂腐古板，而是靈活乖巧。舉例說，九十年代初，政府推出服務承諾。部門收到市民的查詢、申請、投訴後，先須給予初步回覆，以示認收，然後必須在指定日期辦妥。如果情況特殊而導致某事未能如期辦妥，便須將情況詳實告知當事人。否則，市民可以向申訴專員投訴，指部門有怠慢失責之嫌。

巧用文字　避免尷尬

然而，上世紀八十年代初，政府還沒推出服務承諾。部門可能因人手不足而積壓文件，又或無意間將文件擱在一旁而沒有盡快處理，以致市民的一些書信查詢或投訴，隔了一段時間還未及回覆。譬如，今年六月收到市民來函，但到九月才有空回覆，總不能在一封註明是九月的覆函內第一句寫着「六月某日大函敬悉……」試想，事隔幾月才回答市民，情況多尷尬？

老師卻提議我們，遇有這種情況，可以改為寫上「頃接大函」。記得他當時說：「用個頃字吖嘛。一『頃』，可以『頃』幾個禮拜，甚至可以『頃』幾個月。唔好咁傻，走去寫明月份呀。」經他提點，筆者日後處理同類情況時，就會用「頃接」、「近接」，或者「早前接到」等字眼去免除尷尬。

記得有次某同事向老師請教，但凡政府書信，如屬往函，信末例必寫上「崇此奉達」；如屬覆函，則例必寫上「崇此奉覆」。究竟那個「崇」字，應作何解？

老師聽後，笑而回答：「這個字常見於舊式公文。首先，這個字像個『端』字，只是左邊缺了一個『立』字。『耑』字有兩解，其一與『端』相通，都是指物件的開始或尖端，在這情況下，讀作『端』；其二，與『端』完全無關而解作『專』，是古人在喜歡玩弄文字而故意借用他字的情況下產生出來的用法。所以，『耑此奉達』即是『專此奉達』。遇此情況，『耑』字應讀作『專』。」

「閣下」「台端」　有何分別

另一次有同學問，政府公文書信常用「閣下」和「台端」兩詞，究竟這兩個詞語從何而來？確實用法是什麼？嚴格來說，兩者有分別嗎？

老師隨即笑着回答，「閣下」和「台端」都是古代常見的用詞。我國古代宮廷，建有殿閣，故有某某閣大學士的官職，而習慣上，我們稱這些位高望重的某某閣大學士為「閣下」。及至現代，但凡高官，我們都可以稱之為「閣下」，例如香港總督，我們就稱他為「督憲閣下」或「某某某總督閣下」。必須記得，「閣下」一詞，不得用於等級不高的官員，更不可用於平民百姓。至於「台端」，古時大多用於地方政府的官員，例如「府台」、「藩台」。不過，由於民間也用「叔台」、「兄台」，「台端」一詞，可以作為平民百姓的尊稱。

列舉上述例子，無非是要說明，老師固然腹笥淵博，而最難忘的，是他每次不但對答如流，洋洋灑灑，充滿自信，而且總是笑容滿臉，絕對沒有因為我們淺薄而稍露鄙夷。他每次答問，我們總覺如沐春風。

解說柬帖　詳盡清晰

除了公文書信的格式和用詞，老師教導了我們很多關於酬酢禮儀的用語。單以柬帖為例，他就有很多詳盡的解說。有次，他在堂上以請柬作為教材。他首先指出，但凡請柬，特別是婚嫁喜帖，開頭例必寫上「謹占某月某日」。這個「占」字，大家慣見，但有沒有想過，此處作何解？

其實，「占」字是占卜的意思。自甲骨文時代，我們就有求神問卜以定吉凶的習慣。所以但凡婚嫁，人們定必以占卜選定吉日。以白話文表達，「謹占」是指「以恭敬態度占定」。他順帶提出，如果不用「謹占」，可用「謹定」，但不是「謹訂」。此外，「謹定」之後，不須用「於」字。

請柬之內，常見「假某某酒樓或酒店」一詞。「假」字當然是指假座。不過，必須記得，假座的用法，僅限於租用人家的地方；如果是指主人家的住處或所擁物業，就不可用「假座」。

此外，柬帖之末，必有「速玉」及「恕乏价催」兩詞。「速玉」是速移玉步的縮寫；「恕乏价催」的「价」字，不是「價」字的簡體字，而是僕人的意思。所以，古文裏有「貴价」、「敝价」之稱。「恕乏价催」是指，恕怪我沒有僕人催促你依時赴宴。

關於請柬，老師還指出一些極為重要的規矩。其一，柬帖應以誰人名義發出，方為得體？其二，遇有婚嫁，我們應該怎樣祝賀一對新人，才算恰宜？

學林鷗樂

發束之人　須為男性

首先，由於傳統上男尊女卑，但凡喜帖，須由男性發出。以婚嫁為例，新郎與新娘兩家，均須以父親名義發出。如果祖父在堂，可以在父親姓名上加「承嚴命」三字，以示父祖輩均健在。如果父親不在，可用伯父以至叔父名義，而當然喜帖前面不稱「小兒」，而改稱「小侄」。假如父親叔伯全不在堂，但母親仍在，則用兄長名義，而其姓名之前，須加上「承慈命」三字，以示父親叔伯全不在堂但母親仍在。又假如沒有兄長，則可用族伯族叔，即所謂遠房叔伯名義，至不濟可用姑表兄長名義；惟姨表兄長名義，則不可用。

總之，喜帖之內，不准用母親或其他女性的名義，否則惹人笑話，說你家是楊門女將，所有男丁全部死光。

記得當老師說完這一句，有位佻皮同學問：「如果連表哥都無個，而真係一個男丁都無呢？呢種情況，唔可以話無可能㗎嘛。」大家聽罷，還來不及偷笑，只聽到老師飛快回應：「咁，契都要契個返黎啦！」再次印證，老師的反應，總是既合情理，又快速無比。

賀男賀女　各有不同

第二，遇有嫁娶，賀男賀女，各有不同。賀男家，一概賀新郎父親；賀禮須具「某某新翁之喜」。如果是第二次娶媳婦，則賀「疊翁之喜」或「再翁之喜」。古時大家族男丁娶妻後，仍留於父居，所以賀禮例必致送父親。

賀女家嫁女，卻完全不同。由於古代女子結婚，例必離開娘家，所以叫作出嫁。既然出嫁而不再隸屬娘家，所有賀禮，歸新娘所有，而不歸父親。是故，賀女性出嫁，是賀她本人，而送禮時，須賀「某某添妝之喜」。這些妝奩就是女子出嫁後的私房錢。

老師除了盡情提點，悉力賜教，更提示我們熟讀《雪鴻軒尺牘》、《秋水軒尺牘》、《幼學故事瓊林》、《顏氏家訓》、《曾國藩家書》等讀本，並須翻閱《柬帖程式》之類的工具書。

每點每滴　常記於心

以上諸書，實該閱覽；可是，老師縱有苦心，但學生當中，又有多少個會認真鑑領，用心學習？最氣餒者，是環顧今天，真正深諳實用文類的人，少如麟角；暢曉酬酢文章者，更稀若晨星。

老師當年講授的每點每滴，不論之前筆者是否已經略有知曉，但總銘記於心，用於日常公務，並且積極授予下屬，傳給後輩。

此生冀以一己微力，稍報當年老師這位堪稱「經世致用一儒生」的啟導之恩。

（二十世紀文史名家系列之一）

學林鷗樂

長憶恩師「橋伯伯」
遙敬祖師爺 Kitto

上世紀七十年代中，筆者在香港浸會學院英文系修讀西洋文學，而當時英文系副系主任是 Bridges 老師。據瞭解，他與夫人之前在中文大學退休後，沒有隨即返回英國頤養天年，反而雙雙來到「浸會」任教。

在此必須稍花筆墨，講述七十年代香港專上教育的環境。那個年代，香港只有兩所大學，即香港大學和中文大學，而香港理工、浸會、樹仁等學院，尚未升格為大學；地位上只是香港政府認可專上學院。因此，論等級、學術地位、學校資源、校舍以及一切設施，幾所專上學院根本無法與兩所大學相比。基於上述因素，學院的師資亦頗有不及。試想，在一般正常情況下，哪有老師不願意應聘於兩所大學，而甘願屈就於專上學院？

退休教授　愛投「浸會」

然而，情況總有例外。單就「浸會」而言，例外情況倒是多不勝數。首先，很多尚未到達退休年齡而篤信基督教的外國講師，基於宗教信念毅然來港，專誠任教「浸會」，當中還包括校方與外國友好大學推行交換計劃之下的一些講師。

此外，本地亦有不少基督徒不欲進入大學任教，而甘願受聘於「浸會」，視專上教育為宗教事工。這兩大類老師的資歷，與一般大學教授無異，而教學的熱忱程度，甚或過之。

第三，當時的「浸會」正正是本地及外國退休教授的上佳落腳處。無他，「浸會」在求才若渴的情況下，當然年齡不拘，唯才是用。那些著名教授雖然已經從大學或研究所的教席正式退下來，但自覺活力仍在而不願老驥伏櫪，因此願意以一己的夕陽餘暉，續照校園。

滿頭銀髮　炯目有神

印象中，Bridges 夫人在「浸會」執教的時光比較短，丈夫則較長。清楚記得，一年級初見 Bridges 老師伉儷之時，只見他倆雖然年逾花甲，但滿頭銀髮，煞是奪目。Bridges 老師更覺炯目有神，儒雅之中卻頗帶威儀，微笑時固若春風輕拂；嚴肅時卻面如冰霜，叫人不寒而慄。我們這輩學生，對於這位慈威兼蓄的老師，總愛在背後喊他「橋伯伯」。

論學歷，他是蘇格蘭格拉斯哥大學文學碩士。或許有人質疑，為什麼他只是碩士而不是博士。不過，必須明白，他年輕時的英國學制，博士根本極不普遍。很多有名學者，當年莫說是博士頭銜，恐怕連碩士頭銜也沒有。他們多數是大學畢業後就留在學府擔任研究員，然後慢慢成為院士。「橋伯伯」與英國絕大多數士子一樣，雖無博士之銜，卻有廣博之才。

另一方面，「橋伯伯」擁有 OBE（Officer of the British Empire）勳銜，比一般社會賢達獲封的 MBE（Member of the British Empire），還要高一級。不過，他從沒有提及他的勳銜是因戰功抑或社會功績而獲授。當然，有沒有勳銜，他一樣得到我們敬重。

學林鷗樂

「橋伯伯」為筆者打造古典根基

筆者修業期間，仰蒙「橋伯伯」──

（1）先授歐洲古典文學，包括古希臘荷馬（Homer）史詩 *The Iliad* 和 *The Odyssey*，古希臘三大悲劇家即 Aeschylus，Sophocles 和 Euripides 的劇作，三大哲學家即蘇格拉底、柏拉圖和亞里士多德的論著，羅馬維吉爾（Vergil，或作 Virgil）的史詩 *The Aeneid* 等等；

（2）繼授古代及中世紀英國文學，例如古英文史詩 *Beowulf*，屬於亞瑟王系列的 *Sir Gawain and the Green Knight*，中世紀著名詩人喬叟（Chaucer）的 *The Canterbury Tales* 和 *Troilus and Criseyde* 等等；

（3）後授歐洲中世紀、文藝復興以至現代初期的文學，包括《羅蘭之歌》（*The Song of Roland*），但丁（Dante）一套三本的《神曲》（*The Divine Comedy*）及《新生命》（*La Vita Nuova*），Machiavelli 的 *The Prince*，Erasmus 的 *The Praise of Folly*，Voltaire（伏爾泰）的 *Candide* 等等。

從上可見，筆者西洋古典文學的根基，全由學養殊深的「橋伯伯」打造。及後領得獎學金負笈美國深造而順心應手，也是仰仗「橋伯伯」多年調教之功。

經綸滿腹　從不炫耀

「橋伯伯」固然經綸滿腹，但從不顯露，更不炫耀，反而益見深藏。他教學時，往往點到即止，不會口若懸河。不過，如果你向他提問，他會加深解說，你要是再予追問，他必回答更詳。很多時候，總覺得他的學問像個無底洞。

不過，按照他的作風，他不是每問必答。如果他認為你言不及義，問得無聊，甚或跡近瞎問，他當必直斥其非。或許是這個緣故，

班上同學絕少提問；只有筆者本着求學熱誠，經常問難，甚至下課後跑到他的辦公室，敲門討教。每次求問，都強烈感受到他學問淵博，腹笥深厚。例如，有一次筆者拿着英國現代小說家及戲劇家 J B Priestley 寫於一九六零年的論著 *Literature and Western Man* 求教於他。當時筆者只想問他，那本書寫得好嗎，值得讀嗎？怎料到他居然以超過一刻鐘的時間縷述其人其作。筆者所得的，竟然遠超所想。

習作考卷　批改用心

「橋伯伯」另一功德，彰顯於批改習作及考卷。一般老師只管在學生功課或考卷上打些剔號及叉號，然後寫幾句評語；比較認真的老師會在你的錯處補上幾個字，聊作提示。「橋伯伯」卻更用心，他不單一一指出學生在內容上的錯處，甚至所有造詞遣句，行文沙石以至文法錯誤，都以紅筆寫於卷上。

筆者在英文系裏長考第一，加上中小學就讀英文學校，是個不折不扣的「番書仔」，英文自覺寫得不太丟人。可是，每次拿回經「橋伯伯」批改的功課或考卷，只見滿紙紅色，狀如血河，實覺汗顏。

然而，他的紅筆斧正，沒有打垮筆者提升英文寫作能力的決心，反而虛心檢討老師所指的粗疏地方，並且銳意鑽研高級書籍，例如著名典籍及學術論著，學習人家行文的精到之處。

古希臘專家 Kitto 是「橋伯伯」老師

一如前述，英文系的古希臘悲劇課程，由「橋伯伯」講授。深深記得，他在介紹參考書時，提到權威學者 Kitto，並且帶着微笑向我們提述，他年輕時在蘇格蘭格拉斯哥大學修讀古典文學，而 Kitto 是他有幸親領教澤的古希臘悲劇老師。

這位享譽國際學術界的專家，全名是 Humphrey Davy Findley Kitto（一八九七至一九八二），簡稱 H D F Kitto，或 Humphrey Kitto，甚至只稱 Kitto。他先後在劍橋和布里斯托（Bristol）大學讀書。上世紀二十年代至四十年代中，他在格拉斯哥大學任教，主講古希臘悲劇。二次大戰尚未結束，他回到母校布里斯托大學教學，直至退休。

不過，他退休後並沒有真的退下來，反而走到他年輕時長期居停考察的希臘，在雅典延續薪火，教授古希臘悲劇。

著作不太多　但精闢獨到

Kitto 一生已予刊行的著作不算太多，計有：

（一）三十年代初寫就的 *In the Mountains of Greece*。此書敘述他早年遠赴希臘實地考察時的見聞和成果；

（二）三十年代末的 *Greek Tragedy: A Literary Study*，或簡稱 *Greek Tragedy*。此書初由 Methuen & Co. 在一九三九年刊行，及至六六年交由 University Paperback 印行，後在八六年改由 Routledge 印行。筆者手執的是 University Paperback 版本。此書綜論古希臘悲劇的緣起及發展，並逐一分析三大悲劇家即 Aeschylus，Sophocles 及 Euripides 的特色；

（三）五十年代初印行的小書 *The Greeks*。此書初由 Pelican（塘鵝）文庫後由 Penguin（企鵝）文庫刊行。書內廣泛介紹希臘的各方面；

（四）繼 *Greek Tragedy* 之後，他在五十年代中推出 *Form and Meaning in Drama: A Study of Six Greek Plays and of Hamlet*。此書初由 Methuen & Co. 在五六年刊行，後於六零年改由 University Paperback 印行。筆者手執的是 University Paperback 版本；

（五）*Poiesis: Structure and Thought*，初刊於一九六六年，由加州大學出版社印行。書內抨擊時人以現代思維詮釋古希臘文學，並以古希臘悲劇家 Aeschylus，Sophocles，詩人 Pindar，史學家 Thuycidides，哲學家柏拉圖，甚至英國莎士比亞的作品為例，以助說明；

（六）某年在紐卡素英皇學院演講後，有出版社把三篇講稿合訂為一本只有七十多頁的小書，取名 *Sophocles, Dramatist and Philosopher*；

除論著外，他還執筆翻譯 Sophocles 的其中三齣悲劇，即 *Antigone, Oedipus, Electra*。此譯本初由 Oxford University Press 在六二年刊行，後於九四年編入 Oxford World's Classics 系列；由 Edith Hall 教授編輯，注釋並撰寫引言。

Kitto 為後學制定研究體系

觀乎上述論著，Kitto 畢生似乎只攻古希臘，尤專悲劇，但這絕非表示，其他門類，他不甚了了。他那輩學者，盡是一專多能。再者，他對學術界最大的貢獻，並不是與後輩分享他廣闊的知識，而是奠立研究古希臘悲劇的模式。

在他之前，當然有不少士人學者閱讀，研究以至論述古希臘悲劇，但總覺片面星散而缺乏系統；Kitto 敢稱是二十世紀首位學者為古希臘悲劇制定完整的研究體系，俾使同道後學有所遵循。

細看他在 *Greek Tragedy* 全書的鋪排。除以專章分述三位悲劇家的特色，即第四章 The Dramatic Art of Aeschylus，第六章 The Philosophy of Sophocles，第七章 The Dramatic Art of Sophocles，第九章 The Technique of the Euripidean Tragedy，他更把三位悲劇家分成三個時期。

學林鷗樂

183

把三悲劇家分成三個時期

如果按出生年齡計，Aeschylus（公元前五二五左右至四五六左右）出生最早，Sophocles 次之（公元前四九七左右至四零五左右），Euripides 最晚（公元前四八零至四零六）。雖然 Aeschylus 是老大哥，Euripides 是小弟弟，但彼此相距不遠。Sophocles 與 Euripides 幾乎同期，而且是競爭對手，而 Sophocles 初出道時，Aeschylus 還在創作。

不過，Kitto 將這三位相距不遠的悲劇家按照風格和特色分成三個時期，計為：着重情感表達的古老悲劇，探究人生哲理的中期悲劇，善用技巧的新悲劇，而這三者依次由 Aeschylus，Sophocles，Euripides 代表。

他這種劃分法，後代學者未必全部景從，而或另有看法，但無論如何，他把三人分成三個時代，確有他的灼見。此書初成之後，他不但成為古希臘悲劇權威，更是二十世紀研究此門學問的鼻祖。他之於古希臘悲劇，猶如 G S Kirk 之於荷馬史詩。

三悲劇家　風格各異

對於整體的古希臘悲劇以至個別悲劇家的風格與貢獻，歷代留有各種說法，各種領受。不過，如果以最簡單籠統的說法，Aeschylus 在於將台上的演員人數增至兩名。由兩名演員分別扮演劇裏不同角色，當然勝於只有一名演員。Aeschylus 看重人情與法理的衝突，以及地上的人與天上諸神的關係，特別是把人類行為與上天懲罰緊緊相繫。

Sophocles 的成就在於踵接 Aeschylus，將台上的演員人數增至三名。此舉既增台上人物之間的互動，亦順勢減輕合唱隊的部分功能，

蓋因合唱隊過往除了敘述故事，交代情節，亦須與演員互動。嗣後，劇情上的矛盾衝突，多由演員擔當。Sophocles 素重鋪演人物因命運不可扭轉而苦受播弄。

Euripides 則善於為角色增加立體感，着重心理描寫。他尤其喜愛為女性特別是為境遇多蹇的女性發聲。

三位悲劇家現存的劇作數目，加起來只有三十多部。Aeschylus 有七部，而當中有一個是三部曲，也是現存劇作中唯一能夠保留下來的三部曲。Sophocles 也有七部，而 Euripides 則有十八、九部。

以上劇作，極大程度上取材自荷馬史詩內的故事。其實，古希臘悲劇的最大特色，不在於創作新穎的情節，而是在觀眾都熟透的同一個故事裏，劇作家如何通過人物，表達自己特有的主旨。

Form and Meaning in Drama 說明悲劇形式

Kitto 的 *Form and Meaning in Drama: A Study of Six Greek Plays and of Hamlet*，在某種意義來說，是前作 *Greek Tragedy* 的延續。書內除以長短不一的篇章分析六齣悲劇，即 Aeschylus 的 *Agamemnon, Choephoroi* 及 *Eumenides*, Sophocles 的 *Antigone, Ajax* 及 *Philoctetes*，另有兩篇分別以 *Greek and Elizabethan Tragedy*（「希臘與伊莉莎白時代的悲劇」）和 *Religious Drama and Its Interpretation*（「宗教戲劇及其詮釋」）為題的文章，最後更有一篇近百頁的長文，探討莎翁悲劇 *Hamlet*（《王子復仇記》）。

他把莎翁悲劇《王子復仇記》放在此書尾部，實非偶然。首先，他在之前兩章已經講論希臘悲劇與英國伊莉莎白時代悲劇之間的脈絡及相近之處。其次，他認為《王子復仇記》與希臘悲劇有共通點。

學林鷗樂

他在這篇長文第三部分 Hamlet and the Oedipus 指出，《王子復仇記》的開場，與 Sophocles 的 Oedipus 相仿。Oedipus 的開場是 Thebes 這個城邦國正處於困境，而原因是國內有人做了兩件天理不容的壞事，即是弒父娶母；《王子復仇記》的開場是兵士與 Horatio 也在討論兩件天理不容的壞事，即是 Claudius 涉嫌弒兄娶嫂。Kitto 據此進一步指出，此等壞事超越了俗世悲劇的範疇，而涉及 Nature（自然）與 Heaven（上天）的範疇，情況與 Oedipus 相同，蓋因 Oedipus 縱使似覺無辜，但他的行為確實觸怒 Nature 及 Heaven。

如果說 Kitto 的 Greek Tragedy 的功能是為方便後學而將希臘悲劇劃分為三個時期，並且制定完整的研究體系，那麼他的 Form and Meaning in Drama，則以若干劇作為例，說明悲劇的形式，並將古希臘悲劇與英國悲劇掛鈎。有鑑於此，Kitto 上述兩書，可分先後閱讀。

另一方面，Kitto 的 The Greeks，是由英國 Pelican（塘鵝）文庫在五十年代初出版。這本充滿見地的小書有十二章。除首章「引言」外，依次是：

The Formation of the Greek People「希臘人民的組成」、
The Country「希臘作為國家」、
Homer「荷馬」、
The Polis「希臘城邦」、
Classical Greece: The Early Period「古典希臘：初期」、
Classical Greece: The Fifth Century「古典希臘：公元前五世紀」、
The Greeks at War「戰爭中的希臘人」、
The Decline of the Polis「城邦的沒落」、
The Greek Mind「希臘思維」、
Myth and Religion「神話與宗教」及
最後一章 Life and Character「生命與性格」。

希臘人講求「事須完整」

書內每一章當然各有文趣，但最值得後人注意的，是 Kitto 在「希臘思維」（The Greek Mind）一章指出，希臘人講求「事須完整」（wholeness of things）。他在此章開端言明，A sense of the wholeness of things is perhaps the most typical feature of the Greek mind.（事須完整的觀念，也許是希臘思維裏最典型的特色。）

由於語文是某民族的文化結晶，Kitto 在此章隨後部分枚舉一些希臘文字，闡明希臘人事事須求完整的思維。例如 kalos 一字，解作美麗，但用法廣泛，既可指人美麗，也可指城邦，海港甚至兵器美麗；又例如 pleonexia 一字，既指巧取豪奪，兼并侵吞的行為，但同時用於智慧及道德層面。這是因為此舉屬於 a defiance of the laws of the universe（違反天理）。

希臘人重視 Reason（事理）

必須明白，此處所指，並非希臘人崇尚完美，而是追求每事須有其完整概念。也因如此，希臘人講究 Reason。

如果將 Reason 譯作「理性」，當然不算錯，但如果將之譯成「事理」，即每事有其道理，則更貼切。由是觀之，受過教育的希臘人，為了珍視事理並且堅持「事須完整」，他們絕不容忍輕忽含混的態度。

因此，古希臘人除了帶給後世那種體現於城邦國的民主（Democracy），堅持「事理」也是留給後世的另一遺產。

古希臘人崇尚中庸

另一方面，Kitto 在書內末章「生命與性格」（Life and Character）提出，古希臘人視中庸（The Mean）為美德。不過，他強調，古希臘人崇尚中庸之道，並非他們在日常生活經常可以取乎中道；反之，就是因為他們在生活中經常走上極端，失乎中庸，因此才這麼堅持中庸。

Kitto 在本章末段寫道：The Doctrine of the Mean is characteristically Greek...he valued the Mean so highly because he was prone to the extremes（從個性來說，這種中庸之道是希臘人所有⋯⋯他如此高度珍視此道，皆因他經常走上兩極）（頁二五二）。Kitto 這句話，極之精闢，清楚道出古希臘人的特質，有助我輩瞭解古希臘，因而得益不淺。

寫這類綜論古希臘文化的小書，當然並非始於 Kitto。他的前輩 Edith Hamilton 所寫的 *The Greek Way*，早在三十年代已經面世。此外，Kitto 的文友 C M Bowra 的 *The Greek Experience*，也在幾年後即一九五七年出版。

上述三書，雖然同類，但所涉層面，各有不同。扼要而言，Hamilton 那一本，較易理解；Kitto 次之。無論如何，這三本小書很值得看，也是筆者年輕時為求增益而須讀的書。

格拉斯哥舊書店　經歷難忘

Kitto 的 *The Greeks* 目下在網上固然可以隨時購得，即便英國以至加拿大各地二手書店，也容易買到。提起這本小書，筆者倒有一次難忘的小經歷。

話說某年暢遊格拉斯哥時，隨意走進一家兩層舊書店，在店內二樓看到一本 *The Greeks*，當然極有親切感。隨後在店內繼續尋芳獵豔時，忽然看見另一位顧客走進來，並詢問店主可有 Kitto 的 *The Greeks*。正當店主一臉茫然，記不起書在何方，筆者自告奮勇，引領那位顧客走到 *The Greeks* 的安放之處。店主和顧客固然連聲道謝，而筆者那時除了權充義務店員，把祖師爺的名著交與有緣人，成就一樁美好買賣之外，還趁機向店主和顧客自報家門：Kitto 是我祖師爺。我老師年輕時，就是 Kitto 在此處大學的門生。當時臉上愉悅之色，至今未忘。此刻回想，仍覺莞爾不禁。

　　Kitto 之後，主治古希臘悲劇的學者，可謂專才輩出，多如浪疊。有些是秉承前賢而續有開拓；有些則傾向從文化研究的角度開展新的探索路徑。當中的窮通得失，由於不在本文範圍，暫且不議。

希臘悲劇　香港少演

　　最後只想指出，古希臘悲劇雖然是西洋戲劇的鼻祖，地位重要，但香港戲劇界歷來不甚熱衷。記憶中，只上演 *Oedipus*，*Antigone*，*Medea* 等數齣而已。箇中原因，當然很多。記得遠在毛俊輝掌管香港話劇團的年月，筆者已經向他陳言，應該酌量增加古希臘悲劇的演出。可惜，筆者的建議，至終未見實行。

　　祖師爺 Kitto 和恩師「橋伯伯」雖已離世，但筆者很想再致謝忱，感激後者親身教導，前者則以書籍論述，引領當年的無知少年，走進廣闊無垠的希臘悲劇世界。

（二十世紀文史名家系列之二）

學林鷗樂

各族本同根 齊心創新天

民族史學者徐松石

幾十年前「認識」徐松石，是通過兩個方面。其一，是讀過他的《基督教與中國文化》以及偶爾看過他一些散見於學報的文章；其二，是在某教會聽過他講道，而當崇拜完畢，只是握握手，依禮寒暄一兩句。然而，筆者從沒聽過他的課，也從沒有坐下來向他討教請益。

滬江大學 修社會教育

這位在一九零零年廣西容縣出生的歷史學者兼虔誠基督教徒，早年來過香港讀書。不過，據知他在一五年轉赴上海，起先入讀滬江大學預科，然後進入該大學主修社會教育系。

滬江大學對徐松石來說，不光是一所附設預科的大學，給與他預科及大學教育，更是一個帶領他決志信主從而促使他終其一生委身侍奉上主的地方。再推前一步說，沒有「滬江」的歲月，他說不定沒有心志撰寫並在六十年代初開始印行的《基督教與中國文化》。

據悉，徐松石在一九二二年大學畢業後沒有馬上升學，走進研究所繼續進修，而是在社會謀職幹活。他先在上海的美華浸信會印書局擔當編輯部主任，而那段期間，除了領導編輯部印行教會學校的課本及翻譯教師師範學校的用書，更參與成立中國首家基督教文社。

田納西大學　歷史碩士

經過五年的編輯工作，徐松石離開「浸會」印書局，轉往由教會營辦的上海崇德女子中學，擔任校長一職。他在這個崗位敬誠其事二十五年，而在這四分之一世紀裏，曾以休假方式，乘隙遠赴美國，在田納西大學修讀歷史，並取得碩士學位。這是他正式修史並獲得認可資歷的憑證，也是他終生研究歷史的學術基礎。

另一方面，由二十年代中至四十年代初，徐松石多次走進國內西南地區，實地調查，也就是內地慣稱的田間調查，瞭解當地人民的種族和淵源問題。在那段期間，他先後去過廣西、貴州、雲南各省的少數民族地區考察研究，透過實地調查及採訪，積累大量民族史的實證和材料，寫成《粵江流域人民史》，匯報當中的調查所得。此書在一九三八年刊行，而日本學者未幾便將之譯成日文，書名定作《南支那民族史》。

四五十年代　埋首著作

繼《粵江流域人民史》，徐松石在一九四五年寫成《傣族僮族粵族考》，而此書可視為《粵江流域人民史》的姊妹作，兩書實可等量齊觀。《傣族僮族粵族考》於四六年出版，翌年隨即獲得民國政府教育部授予學術著作獎。

如果說，上述兩書只不過是徐松石啼聲初試，那麼他自五二年離任上海崇德女子中學校長一職以至在五七年來港定居之前的五年期間，才算是廣開學術著作道路。在閉關著書的五個寒暑，他先後寫就四本論著，即《東南亞民族的中國血緣》、《台灣土著考》、《嶺南銅鼓研究》及《日韓通古斯民族的淵源》。

徐松石在五七年來港後一直到七五年即時年七十五正式退休的十多年，是他在學術研究及教會侍奉這兩大方面的重要階段。他一方面在基督教裏擔任要職，包括神學院教授、教會主任牧師、出版社負責人，並不時前去東南亞講道宣教。為着弘揚宗教，廣傳福音，他為教會撰寫不少小書小冊，而他最受基督教以至學術界注意的《基督教與中國文化》，就是這個階段的論著，而此書是在六十年代初出版。

六七十年代　兩大貢獻

這段期間，徐松石在學術方面有兩大貢獻；其一，應邀出任當時新辦的東南亞研究所導師一職，並兼任該所轄下歷史研究室主任；其二，修訂先前論著，然後刊行，例如把先前寫就的《嶺南銅鼓研究》修訂，並改稱為《百粵雄風，嶺南銅鼓》，然後刊行。此外，為了配合東南亞研究所的教育，他在該所創辦的《東南亞學報》內一連七期發表題材不一的論文，例如「匈奴蒙古民族考」、「東南亞民族語言的特點」；另於該所的《通訊》發表《伏羲盤古考》等文章。

徐松石雖然以七十五高齡移居美國三藩市，但並非頤養天年，而仍然忠心侍主、熱衷教會牧養，經常前往美加各地講道；另一方面，他基於早年在美國修習歷史時已經對印第安民族興趣濃厚，於是在「退休」期間，透過考察及文獻，深入研究印第安民族史，特別是華人與印第安人的族裔關係，然後以中英文寫成《華人發現美洲考》，並於八十年代初分上中下三集在港出版。其間，他亦寫了一本名叫《禹跡華蹤美洲懷古》的小書。

連同這本晚年大型著作《華人發現美洲考》，徐松石有七八本巨著以及篇幅較短的若干論文傳世。鑑於他的論著在早期是分開

民族史學者徐松石

刊行，廣東人民出版社在八十年代中特意把當中的《粵江流域人民史》、《傣族僮族粵族考》、《東南亞民族的中國血緣》、從《日韓通古斯民族的淵源》蛻變而成的《日本民族的淵源》，以及《百粵雄風，嶺南銅鼓》五個單行本匯編為一，改稱《徐松石民族學研究著作五種》，並邀得作者提筆作序。

此外，徐松石在九十年代中以九十五歲高齡，動筆增刪《華人發現美洲考》，刪除這本晚年巨著的英文部分，並修訂當中一章，另外添補一章，務求內容更趨完備。此書經修訂後，改稱《華人發現美洲概論》。

著作盡入《民族學文集》

二零零四年下半年，亦即徐松石逝世九周年，原任廣西壯族自治區副主席兼廣西社會科學院研究員張聲震，由於忝屬徐松石生前的魚雁之交，決定策動由他領導的《壯學叢書》編委會，託請廣西師範大學把徐松石畢生論著匯編成集。除了收錄廣東人民出版社早前推出的《徐松石民族學研究著作五種》之外，另收《華人發現美洲概論》、《禹跡華蹤美洲懷古》以及在東南亞研究所期間為《東南亞學報》及該研究所的《通訊》撰寫的多篇論文而為方便計將之合稱《徐松石民族史研究論文》，編成《徐松石民族學文集》上、下兩冊。此文集於零五年推出。至此，徐松石畢生的民族史論著，盡歸入這套厚達一千二百頁的文集，方便學子檢索翻閱，對學術界來說，確實是功德一場。

此刻，筆者捧着兩巨冊的《徐松石民族學文集》以及華人基督教與學術界同樣注視的《基督教與中國文化》，不斷思索，應該怎樣呈示這位學者，以及評述他的論著？

學林鷗樂

論證華夏民族與眾多外族本屬一家

首先，我們必須注意以下幾方面。第一，徐松石是一位專攻歷史的學者；除了《基督教與中國文化》涉及以儒釋道思想為主的文化課題以及一些絕少的短篇文章外，所著者，盡屬歷史範疇；第二，所著者不光是盡屬歷史範疇，而且全屬民族史；其三，不但是民族史，而且全部涉及中華民族，當中既有中國境內特別是西南地區內的少數民族史，又有表面與華夏民族全無關連而經他論述確有關連的外族，包括鄰近的日韓，以及遠至東南亞的馬來西亞，甚至遠在美洲的印第安族；第四，無論是哪個經他研究而認為與華夏民族有關連的部族，他絕無半分民族優越，高踞自傲的姿態。反之，他通過論證，無非是要說明，華夏民族與眾多外族本屬一家，因此各族理應和平共處，共濟共榮。

必須明白，徐松石的遠祖是由廣東蕉嶺遷居廣西容縣的客家人。因此，他對於各族融和，體會殊深。誠如他在《徐松石民族學研究著作五種》的序言所說：「中國同胞的團結性無比堅強……中國同胞本來是一體的。我愛中華民族，我愛五族同胞，我愛漢族內許多較小的部族，我也深愛海外具有中國血緣的許多群眾。希望我們真能團結一致，通力合作，為全世界的人類圖謀幸福。中華幸甚。蒼生幸甚。天國幸甚。」

由此可見，徐松石畢生的目標是渴望中華民族以至各個與中華民族有關的族群，放下成見，不分彼此，共謀幸福。為此，他透過個人的努力，以一己的歷史研究所得，證明彼此實屬一家。

採用地名研究考證法

縱覽他的論著，無論是哪一本，無論是哪一個族群，他總是在

臚列諸般實證之後，確立彼此在血緣上實有淵源。他的論證方法，着實不少。單以《粵江流域人民史》而論，他主體上採用了「地名研究考證法」及文詞語音的考究。例如，「僮古」一詞，是來自古代政區地名；又例如廣東地區內中山的那州、恩平的那吉墟、陽江的那岳、吳川的那羅等地的「那」字，實乃僮語的音譯，其實是「田」的意思。他憑此推論，苗、傜（今稱瑤）、僮（今稱壯）實乃中國的三個古部族。他甚至推論，當中的僮族在堯舜禹三代之前，是居於長江中下游及西南各省的土著，而且在今日看來，是最純種的漢人。

徐松石在《日本民族的淵源》一書內推論日本和中華民族的血緣關係時指出，日本神代史初段的取材，實與中國的古亞細亞族和中國境內的通古斯族有關，而日本神代史後段，與浙閩地區的播遷有關。他因此推論，「大和民族的崛起，又顯然有關於距今二千餘年，浙閩地方越族人民的移徙。」他雖然不反對徐福帶着童男童女渡海而在東瀛諸島繁殖的說法，但此舉「在比較上，不是怎樣重要的事情了」。

縱與外族有血緣關係又如何？

礙於篇幅，對於徐松石的諸般推論，本文不能一一列舉。他的考證方法以及求證態度，當然毋庸置疑，而應該推崇認可。不過，目下一輩學者倒可運用現代尖端科技，反覆論證徐松石早年的研究所得，當中能夠確立者，應予確立；存疑者或錯漏者，應該提出，以惠後學。但不知當今學術界誰人有此心志？

每次捧讀徐松石論著，總不期然暗忖，縱使經他極力鋪陳證據，說明華人確與不少外族具有血緣關係，但那又如何？難道彼此因遠

學林鷗樂

有血緣而必然互愛互諒，情如家人？人家早已劃地立國了，而國與國交往，只本乎利，豈會本乎情？何況，即便親若兄弟，也會因利忘情，乃至同室操戈。徐松石這片「各族共和，共締大同」的苦心，未免不切實際。

評論基督教與儒釋道

　　另一方面，一如上文所指，徐松石的《基督教與中國文化》是一本基督教及學術界均予注視的論著。此書雖云「中國文化」，但所涉範疇，僅限於傳統的儒釋道。所以，與其說是中國文化的緒論，倒不如說是儒釋道的專論，特別是儒家和佛家的專論，皆因書內觸及道家或道教的篇幅很少。在全書的二十三章共四百頁內，只有第二十章共十五頁談及「基督教與道教」，以及在第四章「人生的了解」內以五頁的篇幅談及「道家所了解的人生」。

　　面對這本書，我們必須明白，作者執筆撰寫此書，終極目的是弘揚基督教，藉此廣傳福音，因此重點在於中國傳統思想如何與基督教的教義對應。儘管如此，此書的閱讀對象，除了基督徒或慕道者，一般沒有宗教偏向的學子也可一看。

不必刻意比較基督教與儒釋道

　　誠然，徐松石在書內第二章以「基督教的優越」作為標題，對那些擁護中國傳統思想而視之為中華民族核心價值的讀者來說，確屬刺眼。不過，他在該章主體上是要指出，中國文化是一種廣義的人助主義；西方是廣義的實利主義；然而，儒家是一種實利主義，而基督教是一種神助主義。他進而在第三章闡釋基督教的絕對性，例如基督教絕對不容許其他宗教的神。

不過，徐松石似乎沒有精簡點出，基督教是一神論，而且認定本教的神，就是創造宇宙萬物的真神，因此根本沒有兼容的餘地；反觀儒釋道並沒有解決創造問題，因此三者可以兼容互補。明乎此，大家其實不必刻意把基督教與儒釋道比較對照。

徐松石在書內點明，關於宇宙和人生的瞭解，儒家「以知識和倫常情感為最大基礎，所以是倫理和哲學」；道家是「老子以知識為最大基礎，而後世道徒卻把老子人而神之，所以是由哲學附會而成宗教」；佛家是「釋迦以知識為最大基礎，而後世佛徒卻把釋迦高舉為神，所以也是由哲學附會而成宗教」；基督教是「以神的啟示和人的信仰為最大基礎，所以是為最純粹的宗教」。

基督教可補儒家

徐松石雖然在書內第二、三章標明基督教的優越和絕對本質，但並沒有抨擊儒家。他提述儒術的精微，例如大學之道和中庸之道，而儒家的長處，在於天人合一，以至忠恕和合、仁義和合、知行和合、靈身和合、人我和合，以及注重人道和倫常道理。不過，他進一步提出，基督教可以在宗教上和道德上發揮補儒的功能，例如，在儒家的「報本」、「崇德」和「追孝」三大方面，基督教可以把這三方面的終極對象提升至上帝。又例如，他認為「儒教的人道非有基督教不能成全」。當然，徐松石的「報本」、「崇德」和「追孝」理念，是以絕對真神為基礎，對於不探究絕對真神的儒家，根本無從搭腔。

對於沒有興趣探索基督教的讀者來說，徐松石的《基督教與中國文化》或可聊備一格，既不必全盤附和，也無須徹底駁斥。讀者如果有心拿儒釋道與基督教互參，可能覺得徐松石在書內的言論頗

為牽強。畢竟一神論的基督教，與從不解決創造問題的儒釋道，本質上明顯有別，又怎可以互參互證呢？

最後，只想指出，對於學術界而言，徐松石值得敬仰的成就，應該在於他辛勤大半生的民族史研究。

（二十世紀文史名家系列之三）

學養極豐 用功殊深
敬緬「羅公」羅忼烈

年前在本欄憶述業師汪經昌時，提及上世紀七、八十年代，在香港教授戲曲而名實兼備的老師，只有兩位，其一是業師亦即戲曲大師吳梅入室弟子汪經昌，另一是時任香港大學中文系教授羅忼烈，亦即當時大家尊稱的「羅公」。

七、八十年代雖然有幸兩度仰蒙汪師訓誨，先於香港浸會學院敬聆聲韻訓詁，後於新亞研究所鑑領戲曲，可惜從沒福分立雪羅門，仰承羅公教澤，近沾大師風範，而僅憑拜讀羅公大作，借領教益。

年輕時求問無緣，實乃憾事一樁。此刻執筆緬念這位學者，極感惶恐。須知羅門弟子千百，才德兼備者眾，而我深愧粗疏，豈有本事越俎記敘此位深得學界景仰的名師？

羅公畢生著作不少

羅公除教學外，畢生著作不少。單就我自七十年代開始拜讀又或此刻依然手執的書籍而論，大抵可分為以下幾大類：

其一，韻文縱論，包括《詩詞曲論文集》、《詞曲論稿》（初版）（香港中華書局，一九七七）、《兩小山齋論文集》（初版）（按：羅公喜愛晏小山即晏幾道和張小山即張可久，故稱其書齋為兩小山齋）（北京中華書局，一九八二）；

其二，詞學綜論如《詞學雜俎》及詞家專論，包括《柳永六題》、

《話柳永》、《清真居士詞事》、《清真詞說》；

其三，曲學論著，包括《曲學抉微》、《曲學疏證》、《北小令文字譜》（香港齡記書店，一九六二）；

其四，國學雜談，包括《文史閑譚》、《兩小山齋雜著》、《羅忼烈雜著集》（羅公在二零零七年把多篇已予刊行而當中大都載於前述《文史閑譚》的文章及未曾發表的文章收入此集，合共六十多篇）；

其五，詞曲箋註，計有《周邦彥清真集箋》、《周美成蘭陵王詞小箋》、《元曲三百首箋》（香港龍門書店初版，一九六七；一山書屋再版，一九七九）；

其六，文學輯存，例如《周邦彥詩文輯存》、《清真居士總評》及與他人合編的《中國歷代賦選・先秦兩漢卷》；

其七，韻文創作，主要見於《兩小山齋樂府》。

另一方面，他為備課而撰寫的講稿，則收藏於香港中央圖書館內。讀者如有興趣，倒可前去檢索。

中央圖書館　設羅氏特藏

順帶一提，二零一零年香港中央圖書館在其「圖書館特藏系列」之下，關有《羅忼烈文庫目錄》，內列羅公畢生所藏書籍及期刊目錄，以及各類著作名錄，更有信札、剪報、學生論文等雜類藏品，而此文庫的緣起，是羅公響應中央圖書館的文獻徵集行動，將畢生珍藏的書籍悉數慨贈對方，冀以永留。圖書館收納後，特意開立「羅忼烈文庫」，並將所有藏品編成《羅忼烈文庫目錄》。

從上可見，羅公著作不少，要在本文一一縷述，絕無可能。只

得在此酌選《元曲三百首箋》、《詞曲論稿》、《兩小山齋論文集》和《文史閑譚》四書內一些文章，稍予介紹。如此酌選，實有用意，希望藉此管窺羅公在文史各方面特別是韻文即詩詞曲，以及散文、語文、掌故的心得及成就。

箋註元曲　補前人不足

先談《元曲三百首箋》。必須指出，由羅公教學的年代，以至今天，在學術圈研究詩詞的學者以及在大學教詩詞的教授，大不乏人，但擅教元代戲曲者，特別是用心鑽研元朝散曲而有見地者，恐怕一個也沒有。

誠如羅公在《元曲三百首箋》的「再版說明」所述，此書的「編寫動機，是因為現代研究元人戲曲的學風一般偏重雜劇，忽視了當時文學地位凌駕雜劇之上的散曲，發展不很均衡⋯⋯」他寫這段文字，是上世紀七十年代末，距今四十多年。然而，今天的情況，比他所指的當年情況，更加惡劣。這邊廂，講授戲曲者只管專注明清傳奇，因而把重點放在崑曲，又或以音樂學研究粵劇；那邊廂中文系裏極少人樂意或懂得教授元曲，即便有人教，亦只不過把元曲當作詩詞般去教，完全摸不着元曲的精要。正因如此，羅公的《元曲三百首箋》確須廣傳。

此外，他在「再版說明」指出，「早年專注散曲的選本，如盧冀野（按：即盧前，吳梅弟子。本書前文已有介紹）《元曲別裁集》⋯⋯只按宮調選錄曲文二百八十多首，此外什麼也沒附加。」由此可知，羅公編寫此書，志在補漏填缺。

《元曲三百首箋》有不少值得注意的地方。首先，大家或許奇怪，元曲數量眾多，為何羅公只輯選三百首箋註？其實，羅公是踵

學林鷗樂

接任中敏（按：詞曲名家，也是吳梅弟子）依照「詩三百」的理念而輯錄《元曲三百首》。羅公由於覺得前人「太過樸素，不便於參考……對讀者幫助不大」，於是另有選註。其次，此書只收小令散曲，其餘不收。其三，除收錄散曲三百多首，此書尚有「凡例」、「敘論」及載於附錄的「曲調說明」。其四，在每位曲家的曲選之前，立一傳記，稍述事跡，而有關資料，大多採自《元史》、《錄鬼簿》、《錄鬼簿續編》及《元詩選》。

別以為這本《元曲三百首箋》只是一本從六十六位曲家選輯三百一十一首曲作而附有箋註的元曲集，當中只不過簡述曲詞或用典的出處，因此意義不大，無甚足觀。豈不知單是當中的「凡例」、「敘論」和「曲調說明」，就極有學習之處。

先介紹「凡例」。此書凡例，雖不算多，只有十則，但當中幾則，除有定例功能外，還有點題之效。比如，「例一」就劈頭說明，「元賢散曲，家數至多，其氣真樸放恣，其辭清新俊逸，而琢句造語，皆有出處，與唐詩宋詞，鼎足並峙。在昔或以其傷雅，而今乃見其率真。金元之世，作者往往興到筆隨，旋作旋歌，旋歌旋棄，不甚愛惜，蓋初不欲倚此自重也。以是篇章陵夷，姓字淵沉。其有專集，或附庸詩文詞集後者……」

羅公無非是要憑藉這則凡例，說明元曲的特色及曲家的態度。元代喜愛依曲填詞者很多，但他們沒有認真對待散曲，只認為是嬉戲之作，詞填罷，曲唱完，就算數。即便曲意真摯放浪，又縱使曲辭清新俊逸，甚至句句有出處，字字有典故，文學價值本該毫不遜於詩詞，但總覺得典雅不足，因此從不視之為珍寶；縱願結曲成集，也只敢附於詩集詞集之後，斷不敢獨立成集。羅公此說，除了道出曲家難予鈎沉的原因，更說明元曲的文學地位，不能與詩詞相提並論。

筆者很想在此補充，在各類韻文之中，詩由於是齊言句，格律最為嚴明，所以張力大於詞曲，堪居韻文之首。按照文學傳統，詞為詩餘，曲為詞餘，是有其理。須知詩詞曲的排法，除了按照歷史演化，其實亦標明地位輕重。

以「敘論」講述元曲演變

羅公亦在另外兩則「凡例」說明，「元人散曲用調，向有一定：小令專用者約五十。小令套曲得兼用者約六十餘，帶過曲習用者三十餘……元曲用韻，平上去通協，然何處當用某聲之韻，有定者多，可寬者少。北曲無入，入聲之字，或作平讀，或作上去讀。茲編（按：指此書，即《元曲三百首箋》）於協韻處加圓點於下，不協韻處則加圓圈，以資識別。」此兩則凡例所言者，雖屬曲學淺談，但只怕現今習曲者未必暢曉。

羅公在《元曲三百首箋》「凡例」之後，寫了一篇題為「元曲三百首箋敘論」的解說文章，以各代曲家為綱，講述元曲的演變及個別曲家的風格特色。例如，文內提述：「變宋詞為散曲，始於遺山（按：即元好問。他自號遺山）……自遺山遠跡風騷，近紹蘇（東坡）辛（棄疾），情兼雅怨，詞尚俊潔……曲至東籬（按：即馬致遠），雄勁卓厲，寄慨無端，而後曲境愈高，藩籬始擴，似詞中東坡，詩中老杜……元人專一小令者多矣，篇什最富，表率一代，必推小山（按：即張小山，也就是張可久）。曲至小山，然後宏東籬之緒，淨綺羅香澤之習，極蘊藉風雅之致……」

羅公這篇文章的另一特色，是多引前人評論，而較少己說。縱觀全文，屬於他的評論，僅有三兩成。他的用心，是要後學多些直接認識前人的看法。

學林鷗樂

203

《元曲三百首箋》確惠後學

羅公在《元曲三百首箋》末端設一附錄，名曰「曲調說明」，而該等說明，其實是從舊作《北小令文字譜》抄錄過來。這個按照筆畫列述的「曲調說明」，雖然只有十頁，但該等說明，亦恐怕現今習曲者未必知曉。例如，他在【天淨沙】之下說明：「亦作【天淨紗】，又名【塞上秋】，越調曲。句法：六六六四六，共五句五韻。首三句宜對，亦有只首二句對者。第三句末兩字宜去上，上平次之，去平屬下着矣。」大家或可將熟悉的馬致遠【天淨沙】之「秋思」即「枯藤老樹昏鴉，小橋流水人家……」聊予印證。

筆者認為，羅公的《元曲三百首箋》與業師汪經昌的《曲學例釋》等書，實收提綱挈領之效，現代學曲者不可不讀。

解釋為何荊公詞作不多

《元曲三百首箋》之後，羅公在一九七七年推出《詞曲論稿》。這本論文集載有十篇長短不一的文章，頭四篇關乎詞，後六篇關乎曲，而全書厚達四百頁。由於上文已經提及羅公箋注元曲，現在不如轉到他的詞論。為此，我酌選書內第一篇文章即「王安石詞雜論」，稍予介紹。

羅公在文章初段交代王荊公的背景後，隨即指出，荊公詞作不多，附於《臨川集》的詞作，只有區區十八首；儘管後人努力搜集，也只合得二十多首。他進而解釋，為何荊公詞作遠遠少於詩作：「依荊公看，詞是消閑的玩藝，對政治活動幫不了忙，執宰日理萬機，也無暇填詞，況且荊公的私生活又是出名嚴肅的。他變法失敗後，心灰意冷，老去填詞，不過是打發桑榆晚景罷了，所以作品不多。」（頁七）

羅公此說，固然正確，但這絕不是荊公詞作不多的唯一原因。要理解這個課題，須由宋代文學講起。

「宋詩說理」　「以文入詩」

　　詩至宋代，風氣遽然大變，既捨晚唐綺麗委靡之風，亦缺盛唐凝練華美之筆；反而開拓了「宋詩說理」及「以文入詩」這兩條一而二又是二而一的道路。

　　簡單來說，宋代文人不再像唐代文人，視詩為抒情工具，而視之為說理工具，因而落得「宋詩說理」的評論。不過，必須注意，宋詩所說的理，斷非宋明理學的理，而是世道常理。

　　大家可能奇怪，難道宋代文人沒有情感須予抒發嗎？他們固然有情須抒，但不是以詩抒情，而是轉為以詞抒情。

　　此外，宋代文人由於喜愛以詩說理，而為了方便說理，於是以散文入詩，以致本該凝練而講求意象的詩，到了宋代就變成既鬆散又少求意象因而淡如開水的散文詩，以致落得「以文入詩」的評論。我們很難從他們的詩作找到恰似唐詩那般濃縮工整而意象豐富的詩句。

　　何況，王安石性好爭拗，極愛說理，不喜抒情。他的詞，大都是晚年所寫，而他的詩作遠遠多於詞作。他那兩首廣傳後世的「明妃曲」，不就是以詩說理的最佳明證嗎？難道他那「拗相公」的稱號是浪得的嗎？明乎此，荊公詞作不多的原因，就很易理解了。

認為荊公詞是詞史轉捩點

　　羅公在文章首段即以「一洗五代舊習，足為蘇辛前驅」為題，

力讚荊公「就是以掃蕩綺羅香澤詞風的革命姿態出現，大力破壞晚唐五代二百餘年來一脈相承的積習，替宋詞開闢新天地。……雖是寥寥二十幾首，已足顯出他『一洗五代舊習』的精神。」（頁一及頁七）

他進而稱讚荊公詞，「像生馬駒不受羈束，自由地奔馳；像疾風迅雷，驚醒了當時詞人的綺夢。然而，他抒情的詞，是那麼高亢健朗；懷古的詞，是那麼感慨蒼涼；詠物詞，是那麼貼切生動；寫景是那麼清新自然；寫生活情趣是那麼恬靜自得；說理談禪是那麼契合透徹；……」（頁七）

他隨後逐一引述荊公詞，由最著名的【桂枝香】之「金陵懷古」即「登臨送目，正故國晚秋，天氣初肅……」，至【千秋歲引】即「別館寒砧，孤城畫角，一派秋聲入寥廓……」，【清平樂】即「雲垂平野，掩映竹籬茅舍……」，【浪淘沙】即「伊呂兩衰翁，歷遍窮通，一為釣叟一耕傭……」，【生查子】即「雨打江南樹，一夜花開無數……」，【雨霖鈴】即「孜孜矻矻，向無明裏，強作窠窟……」，以至四首【望江南】之「歸依三寶贊」，例如「歸依眾，梵行四威儀……」，兩首【漁家傲】，例如「燈火已收三月半，山南山北花繚亂……」，以至一些和詞（按：即是和應對方而填的詞，性質與「和詩」相同）及集句詞。

另一方面，羅公在此文後部立論，認為「荊公是北宋詞壇破舊立新的第一人，也是詞史上重要的轉捩點。」

然而，有人或許對這種說法另有看法，認為荊公詞作不多，頂多只有二十幾首，怎可配稱破舊立新的第一人？更不至成為詞史上重要的轉捩點。

羅公當然隨後在文內有所解釋：「一般人都把這種貢獻（按：

指前述的破舊立新）歸功於東坡。或因荊公詞太少……規模不及東坡大，流傳也不及東坡廣；所以認真注意的人不多。而且長期以來，無論政治、學術或文學都在反動的封建思想與儒家的道統控制之下，把荊公看作叛徒。……所以捧東坡而埋沒荊公，並不是意外事。……東坡詞……能夠具體表現革新精神的只是豪放一路的作品，……不及荊公徹底。」（頁二十七）

旨在力排眾議　惜難站得住腳

羅公此番言論，顯然力排眾議，但恐怕有些讀者未必苟同。首先，既然荊公詞太少，即使前人多番搜羅，也只不過集得二十幾首。試問區區此數，何足成為「詞史上重要的轉捩點」？再說，但凡轉捩點，必須具備轉變隨後風氣或走向的能力。請問，宋詞到了荊公之後，難道詞風明顯因荊公詞而大變？

必須說明，按照嚴謹準則，荊公詞常常不協律，即是字詞與音樂不諧協，而這個問題，早已為人詬病。不過，羅公卻在文內迴護荊公，辯稱荊公詞「不為應歌而作，自不必以律害辭」。羅公此說，似有偏袒之嫌。須知詞乃倚聲之作，如果詞作不諧協，則等同詩作不遵格律，又或曲不依譜。當然。偶一為之，尚可從寬，但經常如此，就難以辯解，更難以稱為上品了。

再者，平情而論，綜觀荊公詞，雖說時覺清新，但未必句句佳構，字字可喜。如果硬要論定荊公詞「一洗五代舊習」，那只不過是他把宋詩特色帶到宋詞裏。然而，他此舉究竟是功還是過，還須細說端詳。

一如上文所指，宋代文人把詩轉型，以詩說理，並且以文入詩，弄至詩的可觀程度大為削減。幸虧他們在詞的領域大放異彩，才不

至送掉韻文抒情的色彩。怎料王荊公卻偏偏以宋詩入詞。與其說荊公詞是「詞史上重要的轉捩點」，倒不如說是宋詞的破壞者。尚幸荊公詞牽動不大，宋代詞人極少跟風，因而對主體宋詞產生不了什麼具體影響，否則宋詞就落得與宋詩一樣，無甚足觀矣。

荊公以詩文傳世　而不是詞

至於羅公在文內指出，「長期以來，無論政治、學術或文學都在反動的封建思想與儒家的道統控制之下，把荊公看作叛徒」，此說雖然屬實，但不一定自然跳至「所以捧東坡而埋沒荊公，並不是意外事」這個結論。君不見，荊公詩與荊公文不是廣傳後世而深得歷代頌揚嗎？何以荊公詞偏偏被埋沒？由此可見，此說實須商榷。

再者，試以同屬北宋的柳永為例。他的詞，市井坊眾，幾乎人人會唱。其風行程度，確實不言而喻。不過，大家未必知曉，此君原來考過功名，中過榜，可是皇帝不喜歡他。雖然明明中榜，皇帝卻偏偏把他下榜除名，還嘲諷他，既然填詞填得那麼好，何必來求功名？乾脆去填詞好了。柳永雖然被皇帝排斥而仕途斷絕，但對他的詞名，既無損於當時，亦不減於後世。柳永此例，不就是推翻了荊公詞因政治而遭埋沒的說法？

由是觀之，羅公此說，根本無法在詞史裏找到證據。何況縱觀荊公文學成就，主要在文，其次在詩，根本絕不在詞。羅公此番旨在力排眾議的言論，看來難以站得住腳。

既然羅公在此文提及，東坡詞的革新精神不及荊公詞徹底，我們何不翻閱羅公載於《兩小山齋論文集》內一篇題為「東坡詞雜說」的文章，看看他如何評定東坡詞？

東坡詞最富革新精神　影響最大

　　首先報告，此論文集共收十篇關乎詩詞曲而篇幅不一的文章，當中與詞有關的佔半，而「東坡詞雜說」見於第二篇。羅公在文章首段指出，「蘇東坡是卓越的古代文豪，有多方面的成就，……他成就最高的是文學。……他最富革新精神、影響最大和最顯著的，是東坡詞，不是『蘇文』或『蘇詩』。」（頁三十二）

　　他繼而在文內質疑歷代對於東坡詞風格的說法：「一提起東坡詞，我們就想到『豪放』、『豪放派領袖』等由來已久的說法，但東坡是不是以『豪放』為旗幟來改革詞壇風氣？『豪放』是不是東坡詞最好的特色？是有待商量的。」（頁三十五）

　　為此，他隨後指出，東坡詞「作風有豪放的，有粗獷的、有超曠的、有清麗的、有韶秀的，甚至有略帶脂粉氣的。『豪放』祇是一端，不是全體。」（頁三十七至三十八）此外，他在文內特別解釋，東坡雖然比不上柳永、周邦彥這麼精通音律，但「如果不是對詞樂有相當認識，怎麼能夠按照歌曲的節拍音律配上歌詞？」（頁四十三）

　　他進而闡釋，「對於詞，東坡的興趣也是多方面的：有『檃括體』……『回文體』……『集句體』……『嵌字體』。……這類『雜體詞』，北宋人極少染指，由於東坡製作很多，南宋非常普遍，影響遠及清代詞人。」（頁四十三至四十四）

　　他最後在文末總結：「由本文所述各種迹象看來，東坡雖然不是以詞名家，但對詞的認真態度，似乎不在詩古文之下。」（頁四十四）

學林鷗樂

兩文立論　自相矛盾

羅公在文章首段的一番話，即「蘇東坡……成就最高的是文學。……他最富革新精神、影響最大和最顯著的，是東坡詞，不是蘇文或蘇詩」，當然無人反駁。

不過，縱觀此文，頗有商榷之處。既然東坡詞「最富革新精神、影響最大和最顯著」，而且「作風有豪放的，有粗獷的、有超曠的、有清麗的、有韶秀的，甚至有略帶脂粉氣的。『豪放』祇是一端，不是全體」，為什麼他在前述「王安石詞雜論」一文內，竟然為了揚王貶蘇而硬說「東坡詞……能夠具體表現革新精神的只是豪放一路的作品，……不及荊公徹底」呢？

君不見，羅公「東坡詞雜說」一文，本身不就是確立了東坡詞不論在種類、風格，以至對後世影響等方面，根本遠勝他人嗎？何以「王安石詞雜論」與「東坡詞雜說」兩文的立論，非但無法前後呼應，反而自相矛盾？真令人難以適從。

「東坡詞雜說」　前後有矛盾

再者，他在「東坡詞雜說」文末總結，「東坡雖然不是以詞名家，但對詞的認真態度，似乎不在詩古文之下。」他明明在文章開端評定，「蘇東坡最富革新精神、影響最大和最顯著的，是東坡詞，不是蘇文或蘇詩」，何以居然在文章末段評定，「東坡雖然不是以詞名家，但對詞的認真態度，似乎不在詩古文之下」，以致前後明顯矛盾呢？如此申論，確令後學費解。

為此，筆者不憚煩厭，謹此申明，荊公詩文兼擅，光照後世，惟荊公詞則遠有不及，遑論與東坡詞爭鋒。此外，粗通文學的讀者

應該早就知曉，東坡的韻文成就，是詞遠優於詩，因而詞與散文，並著於世。

另一方面，羅公並沒有在「東坡詞雜說」一文指出東坡詞對北宋詞以至隨後歷代詞有兩大貢獻，即開拓及破格。前者是指，東坡把之前詞人慣用的纖小物象開拓成大開大闔的物象；後者是指，他絕不墨守詞格，反之敢於為達致最佳效果而打破詞格。關於東坡詞功在開拓及破格的說法，由於筆者在之前「王韶生」一文已予述明，茲不贅。

《文史閑譚》 文趣較大

至於《文史閑譚》一書，由於文趣較大，比較適合與一般讀者共參。書內收集他多年來應期刊雜誌邀約而作的文章，範疇不一，從文字學至詩詞曲，例如「俗字淺說」、「怪字瑣談」、「淺談杜甫題畫詩」、「周邦彥何以自號清真」，以至考證，例如「史可法〈復多爾袞〉書作者考」，以及閒話，例如「閑話關帝」（之一至之三）、「中國古代的足球和馬球」。題材儘管不一，但篇篇流麗清新，捧讀再三，益覺雋永，絕無迂腐之感。

試以書內「史可法〈復多爾袞〉書作者考」一文為例。羅公推翻近人羅振常認為「擬復書者，或以為自具，或以為詞臣，或以為何亮公，不知孰是」的說法，而提出各種例證，力指書函是由當時擔任史可法幕僚的王綱所擬。羅公的論證，很有說服力。何況，熟識歷史的學者當必知曉，有明一代，以至隨後的清代，按照官場規矩，文書例由幕僚代擬，然後交由發函人（以此例子而言，當然是指史可法）酌裁，箇中容或有所增刪潤飾，但大體上一定是出自操刀人手筆。

順帶一提，史可法「復多爾袞書」絕對是一篇值得再三朗讀甚至背誦的好文章。這封復函，固然方寸不失，極有體面，甚至正道盡彰，節義全顯，委實是一篇「如何說不」的上佳範文。大家如有興趣，倒可由多爾袞的「致史可法書」讀起。兩信連讀，更見脈絡。

關羽爵號　歷代存誤解

至於《文史閑譚》內的「閑話關帝」（之一至之三）（按：此文亦收入後來刊行的《羅忼烈雜著集》），羅公以三篇期刊慣有的篇幅，提述歷代人如何看待關羽，從平平無奇的一員將領，到升至百姓敬仰甚至膜拜的地位。他更指出歷代對於「漢壽亭侯」這個爵號的誤解。一般人都以為「漢壽亭侯」是指漢朝的壽亭侯。豈不知當時根本沒有壽亭侯的封爵。其實，這個封爵是指關羽得到一個「亭侯」亦即爵位等級最低的封爵（可參閱《後漢書》「百官志」），而封地是在一個叫做漢壽的地方，而漢壽位於湖南。此等亭侯封號，大多屬於虛銜，受封者與封地並無實際關係，既無權力，又無義務。可惜，羅公雖然力求振聾啟瞶，但盲從舊說者仍然很多。

羅公在文內講述關羽被神化的過程時提及，「清代尊崇關羽又比宋元明更積極……由於清廷的大力鼓吹全國各地都有關帝廟」，但稍覺他並沒用明顯字眼，指出關羽受清朝高捧的真正政治原因，是鑑於當時百姓極為崇拜南宋時代對抗金兵的岳飛，而滿洲人恰恰是金的後裔。試想，清朝怎可容忍老百姓大剌剌地膜拜我祖先金國的仇人？

然而，老百姓不比讀書人，對付一小撮的讀書人，大興文字獄確實管用，但對付老百姓，總不成大量殺害，而且崇拜岳飛已是深入民間的信仰，很難以武力鏟除。於是，就想到「以漢制漢」，在

民間力捧關羽，目的是轉移老百姓的膜拜對象。這種免動刀槍、避用名刑的移風易俗伎倆，確屬高明。

「俗字瑣談」　立論特別

《文史閑譚》內載有兩篇講及日常語文的文章，即「俗字瑣談」和「怪字瑣談」。（按：此兩文亦收入後來刊行的《羅忼烈雜著集》。）

單以「俗字瑣談」而論，羅公以輕鬆筆觸提出俗字在日常寫作所帶來的問題。他在文章首段即敘明，「一個字除正確的寫法——正字以外，往往有不同的寫法——俗字。」他隨即舉例，指出「埶」是正字，而「蓺」和「藝」是唐朝才有的俗字。俗字相繼出現後，就容易造成正俗難分，無所適從的情況，徒添寫作煩惱。

羅公有鑑於此，居然提出：「從應用立場說，文字沒有必要分別正俗，一般人所謂標準字，……根本是正俗糅雜，無從分別的。」他甚至進而批評，「正字以外又有俗字，徒然增加了識字的負擔。」他因此在段末慨嘆：「實在多此一舉。」

羅公身為學界翹楚，儒林名家，不但不堅持人人要寫正字，讀正音，甚至竟然批評正俗之分，「實在多此一舉」，足見他敢於衝破藩籬，不囿成規。其實，焉知道，昨天的俗，竟成今天的正，而今天的正，可能變成明天的俗；又或，昨天的正，可能變成今天的俗？須知文字是活的，是歷代人民因生活需要而賦予文字不同的意義及用法。就以羅公在文內所引述的「埶」為例，今天如果你在作文本上寫「埶」或「蓺」，準給老師打一個大交叉，並肯定對你說，「藝」才是正字。遇到這種情況，誰是誰非，誰涇誰渭，如何爭辯得了？

再者，從銅版宋體字演變至現代電腦字體，很多字都起了或多

學林鷗樂

或少的變化。何況因正體字與簡體字分歧而引起的爭論，根本從不止息。難怪羅公在文末總結：「俗字的成因相當複雜，流行既久，是不能撥亂反正的；從通俗應用來說，也沒有撥亂反正的必要。」他這番話，未知文字工作者或教師是否同意？

另一方面，羅公在《文史閑譚》內的「怪字瑣談」一文，提到一些有趣的怪字。當中一些例如「歪」、「甭」，自北宋沿用至今而居然不受取締。雖說怪字的出生固然屬於無中生有，但往深一層想，這一類字何嘗不是因需要而生？正耶，怪耶，真須壁壘分明？未知文字工作者或教師又如何定奪？

不管看法如何，總之，此文若與前述「俗字瑣談」並讀，肯定文趣倍增。

最後必須指出，羅公雖已仙逝，但留下很多好書好文，只要你翻開一閱，定覺文趣盎然。何況，現今博學如羅公者，簡直寥若晨星。

（二十世紀文史名家系列之四）

敬緬「羅公」羅忼烈

幼讀古文　根基扎實

　　羅忼烈（一九一八至二零零九）生於廣西合浦。他的出生地位於北部灣臨海的北海市附近。其時雖然已屬民國初年，但他幼受舊式教育，府中禮聘西賓專門教導。後來才轉入正規小學讀三年級，而在整個小學以至初中，所學的盡是文言文，絕無半篇白話文。

　　幼年浸淫古文，為他打下牢固的國學根基，促使他日後研究多門課題時得心應手。他先學文言文，根基穩固後，才寫白話文。故此，他以文言文駕馭白話文，下筆時便倍感輕省，用字精煉簡約。

　　一九三六年羅忼烈考進中山大學中文系。一名來自廣西小鎮的少年，居然考上了中山大學，實屬難得。在校幾年，深得詹安泰教澤。可知詹氏是當時著名學者，尤善詩詞。羅忼烈深得教益，並專研詩詞，在校內贏得「詞人」雅號。他在中山大學中文系所學習的，盡是古典文學，當中半科新文學都沒有。

　　據他親述，他在中文系畢業後，在校內當過助教，而沒有前往任何學府修讀碩士之類的課程，及至抗戰勝利後，轉往廣州培正中學任教。回望羅公教學生涯，由前述母校擔任助教，至四十年代廣州「培正」、五十年代香港「培正」，六十年代師範學院，再至香港大學，以至八十年代初在「港大」退休後轉到香港中文大學教育學院及澳門東亞大學任職客座教授止，在各學府任教時，授課科目眾多，而學生數目，敢稱盈千累萬。此外，他一邊教學，一邊埋首著作，甚至自八十年代退休後，仍然筆耕，續享硯田之樂。

　　或許有人認為，他連研究所也沒讀過，為什麼日後可以在大學當教授，在學術界享有盛名？

學林蹓躂

首先，那個年代有學問的人，別說是沒進過研究所，即便是大學也可能沒正式讀過。賢若錢穆，根本連大學也沒進過，但學養殊深，不單貴為一代大儒，著作等身，更足為典範。其實，只要你根基扎實，畢生努力不懈，科科鑽研，門門考究，事事涉獵，處處積累，早晚可以練到一專多能，甚或多專多能。

　　我雖無緣聽過羅公的課，無從在課堂得到印證，但從他早已刊行的著作，絕對可以稱之：學問廣博，普澤後學。

林天蔚授唐宋史

概念混淆　論據矛盾

　　記得年前在本欄嘗言，年輕時有幸得列新亞研究所門牆，仰承全漢昇等諸位著名史家教澤。由於我出身「新亞」，沒有機會親聆當年香港大學文史名家如羅忼烈、林天蔚的訓誨。

　　羅忼烈和林天蔚倒有幾處相同。兩位都是廣東人，在省內受大學教育。羅是中山大學高材生；林則畢業於勷勤大學文理學院。不過，論輩分，羅比林高一輩。兩位來港後均在培正中學任教，並先後經羅香林引薦，轉往香港大學續執教鞭；其間更奮筆著作，寫就無數文稿，並輯集成書。然而，兩者的學術範疇迥然有別。大體上，羅主治文學，尤精詩詞曲；林則專攻歷史，尤擅唐宋史。

　　關於羅忼烈的學術成就，月前已於本欄記述；本文轉為簡介林天蔚。林自早年撰寫《宋代香藥貿易史稿》而深受注意後，終其一生著作不絕。本文礙於篇幅，只可選擇其中最重要亦即筆者手執的三本著作而稍予介紹，即《隋唐史新論》、《宋史試析》、《宋代史事質疑》。

《隋唐史新論》是講義匯編

　　《隋唐史新論》初刊於上世紀七十年代。此書實為六十年代林著《隋唐史新編》的增訂本。前作刊行十年後，林天蔚鑑於多年課堂上師生討論屢有所得，加上該書排版時存有手民之誤，於是悉心

修改增訂，再予刊行。為免與前作混淆，特意改稱為《隋唐史新論》。從本質上看，《隋唐史新論》其實是課堂所用講義經整理後的匯編。

首先指出，林天蔚在前作《隋唐史新編》內以「規模宏遠」、「民族協和」、「制度優美」三詞勾畫隋唐特色。及至後作《隋唐史新論》面世，林把「規模宏遠」一詞改為「亞洲盟主」；其餘兩詞，則予保留。據林親述，「亞洲盟主」一詞，所涉範圍較小，應該比「規模宏遠」一詞更為貼當。

這番改動，對作者而言，當然有其理據。不過，從學術角度來看，以「亞洲」這個名詞套於隋唐時代，似覺未及妥當，蓋因我國那時，並無「亞洲」的概念。身為學者，概念詞語，不宜用得輕率。

林在新作「自序」內說明，《隋唐史新編》一書，述多論少；《隋唐史新論》則論多述少，而這正是前作與後作的最大差別。後作長達四百多頁，共分八章，依次是「隋唐史參考資料及各國之隋唐史研究」、「隋唐史之特點」、「隋唐時代對亞洲之影響」、「隋唐之民族戰爭與民族問題之處理」、「隋唐制度之檢討」、「安史之亂後百五十年始亡之檢討」、「創造性的文化」及「隋唐之幾個轉捩點」。

從書內章目可見，《隋唐史新論》的編排和設計十分特別。首先，第一章居然是「隋唐史參考資料及各國之隋唐史研究」。大家可能奇怪，書內正題還沒開始，為什麼把參考資料寫在前頭？根據一般做法，參考資料應該放在書末，斷不會放在前頭。

不過，必須明白，此書本質上是課堂講義，老師在正式開講前，先把相關資料介紹並予評論，也算得上是情理之常。此外，第一章所涵蓋的資料，既有相關正史及歷代史論類書，甚至實物資料，包括敦煌遺物和有關碑刻，亦有現代的第二手資料，即現代史家的各

式論著;而無論是哪一種資料,林天蔚必附有評議,短則數言,長則數頁。這種做法與西方學術界所採用的 critical bibliography 相仿。

另一方面,本章增設「各國之隋唐史研究」一節,並分「日本派」、「歐陸派」及「英美派」論述。讀者可視此為截至六七十年代各國漢學家的隋唐研究成果。

由於此書並不是一般二手斷代史,用不着恪守編撰斷代史的常規;反而可以隨意取捨,遇有須予申論或評定者,方才置評。所以書內各章之間,既無自然延伸,亦無必然關連。讀者翻閱此書時,實須明瞭此點,絕不可按斷代史視之。

「亞洲」一詞未及確切

林天蔚在書內提出很多觀察所得,但當中有些不但須予商榷,甚或惹人質疑。例如,第三章標題定為「隋唐時代對亞洲之影響」,但章內前後三節所涵蓋者,只是朝鮮、日本及僅以海路為限的阿拉伯。如此看來,算不上是全面的亞洲,如以「亞洲」一詞概之,似乎未及確切。身為學者,教導後輩,概念豈可輕率如斯?若以「隋唐時代對朝日阿拉伯之影響」為章目,則較感恰宜。

另一方面,林天蔚在書內第四章轉談「隋唐之民族戰爭與民族問題之處理」時,以大約十頁的篇幅,討論三個與對外戰爭有關的問題,依次是「府兵與對外戰果之關係」、「馬政與對外關係」及「兵器」。

單就第一項即府兵的議題上,他在段首引述《新唐書》卷五十「兵志」的記載:「蓋唐有天下二百餘年,而兵之大勢三變。其始盛時有府兵⋯⋯」,然後反對此說,指出「事實上,唐初不以府兵

而盛，因為：（1）府兵以地方性之防禦為主，並非用作攻擊。據岑仲勉《隋唐史》第廿一節……府兵之主要任務為宿衛。可知其不以戰爭為主。」他隨後分別引述《舊唐書》、《資治通鑑》、《新唐書》說明第（2）及第（3）點，即「對外戰爭多數要另外募兵」及「唐軍雜有胡兵，尤其於作戰勝利之役，多有番兵……可知唐國勢之盛，未必全是府兵之力量」。（頁一五七至一五八）

引述《唐書》 錯捉用神

上述三點，乍看來雖然合理，但明顯有可議之處。首先，《新唐書》「兵志」說「其始盛時有府兵」，是指「唐朝開始興盛時有府兵制」，而不是指「唐朝初年以府兵而盛」，所以林天蔚提出「唐初不以府兵而盛……可知唐國勢之盛，未必全是府兵之力量」的說法，未免錯捉了用神，曲解原文。賢如林天蔚，讀史解史，豈可如斯輕忽？

此外，府兵制沿自北朝，下開隋朝初唐，其間雖然屢有變更，但始終以「兵農合一」為本，功能上則以宿衛為主。由於這是府兵制的基要，習史者無不知曉。林天蔚即使認為需要提出「府兵以地方性之防禦為主」的說法，但亦應逕引正史，即如他隨後提出第（2）及第（3）點時引用正史。何必特別引述二十世紀岑仲勉在其《隋唐史》的說法。豈不知這不過是尋常史實，倒不是什麼真知灼見？

林天蔚在第五章「隋唐制度之檢討」內第一節談到「三省制度之檢討」時指出：「唐代之三省制，『有宰相之職，而無宰相之權，有宰相之權，未必有宰相之責』，此種矛盾現象，有人統一稱之為『合議制』（按：他是引自曾繁康《中國政治制度史》），此合議制之精神是防止權力集中，故唐代雖有奸相，而少權相，李林甫、楊國

忠雖權傾一時，但龍顏震怒，立刻去職，甚至身首異處，但另一方面，合議制易引起的毛病是意見分歧，據《通鑑》卷二四六，開成三年：『文宗時，每議政之際，是非蜂起，上不能決也。』因此，引起朋黨之禍，據薩孟武之《中國社會政治史》第八章：『宰相為要實行自己的主張，不能不結集朋黨，於是朋黨之禍就發生了！』……不過合議制之毛病多發生在中晚唐時，其時政風已大不如初唐，故影響亦殊。」（頁二七三至二七四）

概念混淆　立論矛盾

上述評論，可議之處很多。

首先，粗通歷史的學子當必知曉，相權一則是君權的輔助，二則是君權的制衡。相權既可一人獨攬，亦可由二三人肩擔，甚至可以由一個小組或幾個機構攤分，而只要發揮到輔助及制衡功能便可。即便出現「有宰相之職，而無宰相之權，有宰相之權，未必有宰相之責」的情況，也屬正常，根本絕無不妥。扼要而言，唐朝三省制度，就是皇權與相權彼此輔助與制衡的有效體現。

再者，三省並立、相權攤分後，就必然會有合議的場合。必須明白，但凡制定政策，就必有利弊兩面。議政者不可能立場相同，看法劃一；因此合議時出現爭論，一如引文所指，「每議政之際，是非蜂起」，實屬情理之常。我們斷不可以因出現爭論就說合議制度以至三省制度欠善。

其三，至於文宗一朝，遇到合議有爭論時而皇帝「不能決也」，這種情況根本與合議這種做法無關，而是關乎所議之事，究竟是繁是簡；如果事態繁複，一時之間難以決斷，也屬自然。再說，皇帝一時間拿不到主意，極可能是皇帝本身的魄力問題；何況唐文宗能

學林鷗樂

力平庸，而且年輕早死，遇到合議而難以決斷，那極可能是人的問題，不是制度問題。

其四，林天蔚在上述引文指出「李林甫、楊國忠雖權傾一時，但龍顏震怒，立刻去職，甚至身首異處」。查李林甫病死後才因楊國忠構陷而遭抄家，但非身首異處；楊國忠被殺，斷非唐玄宗本意，而是格於形勢，完全與龍顏震怒無關。林天蔚這句脫離史實的信口之言，我輩怎能接納？須知但凡學者講史，又或黌舍授課，斷不可如此輕忽，以致難脫濫竽之嫌。

其五，他進而引述薩孟武的說法，「宰相為要實行自己的主張，不能不結集朋黨，於是朋黨之禍就發生了」。表面看來，這句結論沒有不妥。唐代宰相結黨，以致朝臣互相傾軋，固屬事實，但朋黨結集，代表政見與利益立場的分壘，根本就是政治必然產物。唐宋設相，黨爭屢起；明初廢相，但其後黨社之爭仍見激烈。由此可見，宰相並非朋黨之禍的主因。

其六，林天蔚在上述引文的最後一句言道：「不過合議制之毛病多發生在中晚唐時，其時政風已大不如初唐，故影響亦殊。」這句評論無疑是全盤推翻自己先前在該段所說的一切。合議制的毛病，不是出於制度本身，而是君皇魄力、政局不靖、外在制度崩壞等因素所致。林天蔚這段不按史實，前後矛盾，明顯輕率的言論，確惹學子質疑。豈不知概念如斯混淆，立論這般矛盾，乃學者大忌。

《宋史試析》是專文匯編

林天蔚除著有《隋唐史新論》，亦同於七十年代中刊行《宋史試析》。這本小書並無序言，從目錄看，應是不同課題的文章匯編。全書分為政治、經濟、民族三章；每章各有兩三節，而每節為一特

定議題。由於節與節之間並無關連，相信是林天蔚把一些寫於不同年代但範疇相若的文章結集而成。

他在第一章第一節「女主、科舉、隱士對北宋積弱的分析」內，力證女主擅專、科舉制度和士子追求理學都是導致北宋積弱的原因。文內所指的女主，就是真宗時劉皇后、仁宗時曹皇后、英宗時高皇后和神宗時向皇后四位。她們先後以不同手段干預、把持甚或擅專朝政。她們墨守祖宗舊規，處處阻撓新政推行，因而加速北宋滅亡。

文內亦指出，由於科舉制度重文輕武，傾重進士科，而考試內容未能切合時代需要，達不到選拔人才的目的，反而變成北宋積弱的原因。

另一方面，林在文內指出：「宋代之隱士、書院、理學三者相生相長，造成一種消極的社會風氣，亦是北宋積弱原因之一。」（頁二十六）上述三個方面的說法，固然真確，但林在文章開端已予說明，北宋積弱，主因在於國策與制度，即強幹弱枝和重文輕武，而女主、科舉、隱士只不過是次要原因。何況，國運不昌，外族欺侮，與隱士、科舉，根本存在一定程度的因果關係。

八十年代中，林著《宋代史事質疑》初刊於台灣。一如《宋史試析》，此書亦無序言，實質是課題不同但全屬考證質疑的文章匯編。全書共收文章七篇，但彼此毫不關連。七篇論文當中，五篇涉及政治，計為：「君權重、相權多，是否矛盾？」、「為王安石辨誣」、「北宋黨爭與《實錄》纂修之關係」、「義理與時勢之爭」、「南宋時強幹弱枝政策是否動搖？」；另一討論「公用錢」、「公使錢」、「公使庫」的錢庫問題；餘一舉證否定上世紀六十年代在寶安縣赤灣所發現的宋帝陵是真的皇陵。

力證南宋該和不該戰

單就「義理與時勢之爭」一文而言，林天蔚鑑於歷代以來史家對南宋與金該戰該和的問題各有說法而難有定論，於是在這篇長達四十多頁的文章中，力證主戰者的言論，只不過是義理之言，根本脫離實際。他們按照正義和道理，主觀認為南宋應該抗戰到底。不過，如果以務實態度審時度勢，就必然發覺，南宋根本絕對沒有能力抵禦金兵。換言之，主戰者純粹基於民族情緒而罔顧局勢。

林天蔚因此認為，既然主戰絕不可能，主和就是唯一的出路。文內博引史籍，證明南宋該和而不該戰。

林天蔚一方面力證該和是務實之舉，但另一方面慨嘆南宋沒有善用和議後的偷安期間，仿效當年越王句踐「十年生聚，十年教訓」，培養足夠力量抗衡金兵。為此，他在文末的「結論」直抒：「昔人認為宋之亡，亡在秦檜之和議，我獨謂：宋之亡，亡在不思發憤，苟且偷安而已。」

然而，林所指的「不思發憤，苟且偷安」，只不過是態度而已。究竟是什麼原因導致這種態度，實在必須再予深究。

在此越俎補充，南宋縱使有十多年罷兵議和的時間，無奈礙於國力、財力、兵力、人才、將才和士氣，以及缺乏明君賢相和優良制度，哪有條件反客為主？苟且偷安，等待滅亡的道路，根本無從逆轉。難怪宋史專家鄧廣銘慨言，南宋是一本痛史。

然而，細究其實，北宋的開國，已經注定這是一本痛史。趙家為求長擁政權而不惜實施「強榦弱枝」，以致甘受外族屈辱。

此刻回望這段歷史，不痛才怪呢？

（二十世紀文史名家系列之五）

林天蔚授唐宋史

宋史專家鄧廣銘
論著頗多 桃李廣茂

上世紀六、七十年代，我們這一輩在香港接受教育的學子，儘管熱衷國學，心繫中華，但限於資訊難通，書籍難索，每每遙望神州，仰慕英賢，急欲憑藉論著而向多位學術魁楚恭領教益，亦頗難如願。至於親附驥尾，敬聆教誨，就更沒指望。

猶記得當年常聽師長提述，內地文史界有「雙鄧」，足為海外學人敬重。其一是曾任報刊主筆而兼善詩文的鄧拓。他雖然在六十年代政治動盪期間離世，但留下的《燕山夜話》等著作，足以代表他那種堅毅不滅的精神。另一位是史學名家鄧廣銘。

任何有志國史的學子，總不至沒有聽過鄧廣銘的名字，而有意主治宋史的後學，更不會沒看過他的宋史論著。他學問固然廣博，但終其一生，確以專研宋史為本，亦因此成為二十世紀享譽遐邇的宋史專家。

畢生寫就「四傳二譜」

鄧廣銘畢生著作頗多。單以關乎宋朝而現今可於坊間買到的印行本，就有《陳龍川傳》、《辛棄疾傳》、《辛稼軒年譜》、《北宋政治改革家王安石》、《岳飛傳》、《韓世忠年譜》，而上述六本書，史學界多稱之為「四傳二譜」。當中的《辛棄疾傳》與《辛稼軒年譜》，目下習慣合於一冊刊行。關於辛棄疾，他亦有一本《稼軒詞編年箋註》。

此外，他把四十多五十篇文章，集成《鄧廣銘治史叢稿》一書，刊行於世。書內除有少量關於遼、金的文章，其餘盡與宋史有關。

另一方面，他身故後十年，亦即二零零八年，某出版社得到他千金鄧小南協助，將他的論文編輯成集，稱為《宋史十講》，然後以單行本出版，而書內所收文章，不是見於前述《治史叢稿》，便是其他著作的摘錄。不過，鄧小南與劉隱霞合編的《鄧廣銘學術文化隨筆》，則載有關乎「品書」、「憶往」、「文化」的文章。至於他與別人合著合編的各種書籍，因本文篇幅有限，不擬開列。

上述的「四傳二譜」，如果按照歷史先後，應該依次是王安石、韓世忠、岳飛、辛棄疾、陳龍川（即陳亮）。然而，如果根據鄧廣銘研究上述歷史人物的時序來說，則應該是陳龍川、辛棄疾、韓世忠、岳飛、王安石。由於本文是尋探鄧廣銘的研究軌跡，而不是引述鄧著去講論宋史，因此我會依循他的研究次序，簡介他其中幾本論著。

最早巨著　《陳龍川傳》

《陳龍川傳》是鄧廣銘最早的大型著作。據悉，這本著作是他早年在北京大學時的碩士論文，而審閱論文的導師是胡適。全文約有十六萬字，而編成單行本後，全書約有二百頁。

大家如果翻開此書的二零零七年新版時，自必赫然發覺幾十年前書稿初成時鄧廣銘所寫的「自序」，不單仍然載於新版內，而當年在序末所署的「中華民國三十二年八月寫於重慶南岸海棠溪」，居然仍予保留。

另一方面，不管你對宋史是否有興趣，更不論你是否認識陳龍川，但當你看到鄧廣銘在「自序」劈頭第一句所寫的，肯定深有所感：

「翻開南宋的歷史，呈現在我們眼前的，是一幅屈辱到令人氣短的圖畫。」

這一句話，我不單深表贊同，甚至想把原文的「南宋」改為「宋朝」或「兩宋」，更會把「氣短」一詞，改為「氣憤」。北宋開國，毫無勢頭，極不恢宏，而其「強榦弱枝」、「重文輕武」的惡果，一直延至南宋覆滅。中華民族史裏，東晉已經夠不濟的了，但相比之下，猶勝南宋三幾分，起碼東晉的對外態度肯定沒有南宋這麼屈辱。

以人論人，陳龍川算不上是什麼偉人，更算不上是中華士子的典範。他只不過是一位力主抗金的狀元，曾先後與辛棄疾及朱熹聚面討論，但為什麼鄧廣銘要選他作為研究對象呢？

必須明白，鄧廣銘生長於民族多舛、國家不靖的年代，而此書的寫作期正值抗日戰爭。他作為有識之士，深諳歷史流變，當然滿有感懷，於是以陳龍川作為士子悲嘆政事而忿然上書痛陳時弊的典範。論性格，陳龍川絕非圓通之輩；論成就，陳龍川並無偉業可誇，而他居然被鄧廣銘看成南宋典範，足見南宋政局有多敗壞，士人有多不濟。其實，鄧廣銘亦表明，他寫此書是希望向他所處的時代發出警惕的信息。

開啟傳記寫作新方法

《陳龍川傳》的寫作特色，與一般史書迥然有異。據鄧廣銘親述：「這傳記的正文部分，我是完全採用的純然敘述的體裁，不羼雜些許考證或議論的成分在內。」他的「純然敘述」（講故事）風格，的確有別於主流的傳記，也成為他日後寫其他傳記的濫觴。不過，

學林鷗樂

必須明白，他在書內一樣是引經據典，而他所記述的，盡皆有所考證而絕非胡謅。

自三十年代中開始，鄧廣銘花了好幾年時間廣蒐辛棄疾的文史資料；並且隨後寫成《辛稼軒年譜》、《辛稼軒交遊考》、《稼軒詩文鈔存》、《稼軒詞編年箋註》。到了五十年代，鄧廣銘在這基礎上，寫就《辛棄疾傳》。至於一九三九年已經寫就而在四七年首次印行的《辛稼軒年譜》，隨後經歷過多番小型訂正，到了九十年代的最終增訂版，則與《辛棄疾傳》合印。另一方面，《稼軒詞編年箋註》，自五六年初版後，在九一年推出第三增訂版。

為何着力研究辛棄疾

大家可能納罕，鄧廣銘為何這麼着力研究辛棄疾？據他在《辛棄疾傳》「後記」親說：「辛棄疾是一個具有多方面才智的英雄人物，文才武略兼而有之，儘管在他投歸南宋之後的四十多年之內一直受着南宋統治集團中某些當權人物的排擠和擯斥，使他不能大得其用，即使在被用之時也不得展其長才，然而，凡是他仕宦所到之地，總都在積極從事一些興利除弊的措施，總都有一些傑出的表現……」。一言蔽之，辛棄疾是秕政中的小小清流。

另一方面，鄧廣銘有鑑於本身並非主治文學，因此在處理《稼軒詞編年箋註》時，敦請詞學專家夏承燾協助，廣察雅言，甚至在此書第三版的「題記」，大力推崇葉嘉瑩對稼軒詞的詮釋，認為葉氏的見解可「補拙著的一大缺陷，以提高和加深對稼軒作品的領悟。」鄧廣銘對人家學問成就深表尊敬，亦間接展現了他在為學方面那種宛如清風朗月的胸襟。

撰寫《王安石》　波折重重

如果說辛棄疾是鄧廣銘用功最深亦因此著作最多的宋朝人物，王安石應該是他最嘔心瀝血甚至波折重重的研究對象，蓋因自五十年代初首次寫就一本題為《王安石》的小冊子，至九十年代他處於垂暮之年的四、五十年之間，他數易其稿，屢有增刪。

一九五一年鄧廣銘在奮厲研究宋史的路途上，有感於王安石強硬而革新的變法主張，特別是他所提出的「天變不足畏，祖宗不足法，流俗之言不足恤」的豪情壯語（按：其實，嚴格來說，這三句話似乎不應該是王安石自說自話，而是司馬光、范鎮等政敵率先形容王安石本人），他深受感動，在鑽研王安石的變法始末及相關的窮通得失後，寫了一小冊子，名為《王安石》，而書內就以王安石上述三句話作為基調。

一九七二年中國經歷了一次外交大突破。時任日本首相的田中角榮率團訪華。毛澤東主席在中南海接見田中首相時，引述了王安石上述三句話的其中兩句，作為應景之語；田中一反戰後歷任首相的反華態度，毅然向華伸出友誼之手，頗有「祖宗不足法」的強態；他不顧美蘇反對，斷然修訂日本的外交策略，亦頗有「流俗之言不足恤」的決心。

由於主席在外交會晤上提述這一番話，人民出版社隨即差派人員會晤鄧廣銘，要求他盡速把五十年代寫就的《王安石》小冊子修改刊行。鄧廣銘認為這小冊子需要大幅增修，才可以編合成書，刊行於世；於是商定以一年時間完成增訂。

一年後，鄧廣銘履行承諾，把增訂稿送達出版社，而出版社按照當時慣例，先將此書稿印刷百多本，作為試行本，然後交予相關大學團體及學術研究機關討論。詎料當時由於社風不靖、批鬥屢起，

鄧廣銘的增訂本受到強烈抨擊，認為欠缺「時代氣息」。鄧廣銘儘管不敢苟同，甚至認為此番真是「流俗之言不足恤」，但格於時勢，不得不低頭就範，忍負過去一年的心血，而順應「時宜」，又將書稿大幅修正。一九七五年，那個「富有社會氣息」的書稿，終於准予出版。

兜兜轉轉　恰似夢一場

然而，當「四人幫」粉碎後，出版社為求撥亂反正，要求鄧廣銘再易其稿，而所有刪削的內容，堪堪是當年須貼合「時代氣息」而增訂的。對鄧廣銘來說，這種兜兜轉轉，豈僅只是夢一場？

至於鄧廣銘數易其稿一事，海內外學術界當然各有看法。對此，鄧廣銘大體上是抱開放寬廣的態度，有過則改，而這種「過則勿憚改」的治學宗旨，促使他縱處垂暮之年，仍以堅毅不拔的精神，動手更易這份陪伴了他半生的書稿。

最令我輩後學敬佩的，是鄧廣銘親自在一九九七年版《北宋政治改革家王安石》一書的「序言」，以輕淡的筆觸，縷述此書數易其稿的背景，當中既無狠批謾罵，亦無哀戚怨艾，用筆總是不徐不疾，不卑不亢，充分展現史家的胸襟涵養，亦彰顯了「顛沛必於是」的儒者風範。

就上述一九九七年出版的《王安石》而言，全書連「序言」及「附誌」共有三百頁左右。正文共分九章，由首章，「當國執政以前的王安石」至末章「王安石的暮年和身後」。至於大家最關注的「天變不足畏」等豪語，則於第二章「宋神宗起用王安石。王安石變法革新」第三節「王安石變法革新的精神支柱——『三不足』精神」內有所闡釋。

大家在翻閱此節時，煩請注意此節（亦即此章）末段鄧廣銘對「三不足」精神的評價：「王安石的『三不足』精神，儘管在他當政時沒有得到較大程度的實現，但它畢竟是發揚了我國思想家們的唯物主義的觀點，在我國的思想史上也增添了一筆具有永恆光輝和現實意義的精神財富。」（頁一零九）

為岳飛求公允　正確評價

另一方面，鄧廣銘有鑑於歷代關乎岳飛傳記的作品，不是虛誇，便是誣枉，因此早於抗日戰爭期間便寫就《岳飛》一書。其後在五十年代有所修訂，到了「四人幫」粉碎後，他大幅修訂此書。據他估計，書中改寫之處，超過九成。不過，無論書中內容有何改動，但主旨並無更易。他在書中自序曾言：「對於民族敗類秦檜、趙構之流，我是要盡情加以鞭撻的……我的願望是：通過這本書，能把岳飛生活的時代輪廓勾畫出來，把他一生所建立的事功，他的形象和丰采、思想和情操，都能如實地、真切地描繪、表述出來，並對這一彪炳史冊的歷史人物作出正確的和公允的評價。」

鄧廣銘基於上述信念，盡力蒐集各方史料，以接近四十萬字敘述岳飛在不同階段的忠烈表現以及所受到的壓迫及陷害。不過，在他全心力證秦檜及其集團如何聯同趙高宗壓抑賢臣而最終殺害岳飛的當兒，那邊廂著名史家呂思勉卻在他的《白話本國史》大唱反調，力言秦檜並非一般人所認為的如斯奸險，而是格於敵我形勢才主張和議。呂思勉提出諸般例證，說明世人礙於盲目的民族情緒而失卻合理判斷。

學林鷗樂

231

治史者須摒除主觀

對於鄧、呂各走極端的研判，我沒法在這篇短文翔實置評。不過，關於岳飛急欲直搗黃龍的決定，倒想提出兩個極為實際的問題。

其一，打一兩場勝仗，並不一定等於在漫長的戰爭中得到最終勝利。試想，岳家軍以外的部隊如何與之配合？漫長的補給線問題又是否得到穩妥的解決？豈不知，長期戰爭的關鍵在於補給線？

其二，擁兵自重而皇命有所不受，絕對是皇帝（特別是宋朝皇帝）的大忌。岳飛在忠勇殺敵之餘是否過於衝動而思慮得未夠通盤呢？這些問題，是治史者在摒除主觀民族情緒後須予冷靜考慮的。

順帶一提，鄧廣銘在「再論岳飛的【滿江紅】詞不是偽作」一文（現載於《鄧廣銘治史叢稿》）引述多則間接史料，例如岳飛自幼多讀詩書，並且在不同場合留有詩作，力證【滿江紅】確是岳飛所作。他如此立論，是要推翻詞學名家夏承燾的論據。可惜，綜觀全文，鄧都無法拿出一項直截了當的證據。

歷代質疑此詞並非真作，主要是因為岳飛根本缺乏一本自編詞集，故此面對單一詞作時，除非找到直接證據，否則須予存疑。這是應有的治學態度，而歷代屬於此類的文學懸案，根本很多，鄧縱使刻意為文，但似乎無法釋除眾人疑問，甚至惹來批評，謂其立論出於自身民族情緒而失於偏頗，未及確切。

敢於認錯　勇於糾正

至於前述的《鄧廣銘治史叢稿》，是鄧廣銘歷年文章的自選集。書內盡屬宋、遼、金史的文章，計有四十五篇。除剛才提及有關岳

飛【滿江紅】的文章，筆者認為當中另有兩篇值得共商。其一是「略談宋學」。

提出這篇文章，並不是其內有什麼獨特見解，而是他在文內展現了學者風範，敢於認錯，勇於糾正。他在文內首段就說明，要改正自己之前所犯的錯誤。事緣他為翦伯贊所主編的《中國史綱要》撰寫「宋遼金史」的部分時，在「兩宋的哲學思想」一節的開端說道：「支配兩宋三百多年的哲學思想，是理學。兩宋理學是佛教哲學和道家思想滲透到儒家哲學以後出現的一個新儒家學派。」他在「略談宋學」承認這幾句「是完全說錯了的，是亟應加以糾正的。」他於是自我糾正，「把理學家們稱作一個新儒家學派，並沒有什麼不可以的，但是，出現在理學家們以前和以後或與理學家們同時，而却都不屬於理學家流派的一些宋代學者，也同樣可以稱作新儒家學派，這樣就容易把他們混同起來了。」

從這段引文可見，鄧廣銘所犯的，是邏輯學的界分錯誤。能夠以今天的我，推翻昨天的我，其實是學者應有態度。欣見鄧廣銘確實具有學者風範。

他在文內稍後部分提出「宋學又是儒釋道三家的學說，經過長時期的互相交流……的一個產物。他們從佛道兩家所攝取的，籠統說來是偏重在義理方面和心理方面……而對儒家的主張一直堅守不變的，則是那經世致用的原則。理學家則是專講求修養身心性命之學的那一部分人。他們甚至把經世致用的原理原則也都棄置不問了。」由於這個課題歷代已有大量申述，於此不贅。

學林鷗樂

掃除歷代對拐子馬的誤解

《叢稿》內另一篇估計大家均感興趣的文章，是「拐子馬的諸問題的考釋」。鄧廣銘先在文內追溯拐子馬從何時開始，以及由誰開始把拐子馬說成是「三人為聯，貫以韋索」，繼而援引史籍例如《續通鑑長篇》及《武經總要》，指出此說的謬誤之處；到最後印證拐子馬只是指左右翼騎兵，並說明「拐子馬」一詞，不是引用自金兵，而是北宋初期漢人指稱兩翼騎兵。

查當時有「東西拐子馬」與「無地拐子馬」兩種騎兵。前者指有固定列陣方位的騎兵；後者則指沒有固定列陣方位的騎兵。鄧廣銘此文實在有助掃除歷代以來對於拐子馬的誤解。

猶記得上世紀七十至八十年代，我們這輩在港修習宋史時，除了正史之外，只靠林天蔚的《宋史試析》、方豪的《宋史》以及原來份屬鄧廣銘「北大」師兄的黎傑所著的《宋史》，作為主要參考書，而鄧廣銘的幾本有關宋史的專書，稍補學術界的不足。

另一方面，他教學多年，當然桃李廣茂，而當中承接老師所走的宋史道路，也有不少，例如李裕民，一邊教書，一邊著作。

對我這個生於香港的學子來說，鄧廣銘的學術成就以至學者風範，實堪景仰。謹以此文向這位歷史名家遙表崇敬。

（二十世紀文史名家系列之六）

宋史專家鄧廣銘

234

傅斯年「誘」鄧廣銘治宋史

鄧廣銘（一九零七至一九九八）生於山東省內不算富庶的臨邑縣。二十年代後期，他先在輔仁大學讀了一年英文系，然後轉入北京大學史學系。當時的文史名家如陳垣、孟森、顧頡剛、錢穆、胡適、傅斯年等均在「北大」專任或兼任教授。當中傅、胡、錢三人對他影響較深，而鄧的其中一位同學全漢昇，就是我在新亞研究所期間的歷史老師。雖然我一生無從跟隨鄧廣銘，但師承上他原來是我的師叔伯。

鄧在「北大」期間，曾有一年多時間與陳寅恪毗鄰而居，亦因此之故，做了陳的助教。不過，回望鄧的治史軌跡及風格，卻沒有明顯的陳寅恪影子。如果問誰最造就鄧走上治理宋史之路，那應該是傅斯年。

據云「北大」在避退昆明期間，傅斯年以公款墊付鄧買一套《宋會要輯稿》的書款。如果不是這套書「誘使」鄧對宋史產生濃烈興趣，我們未必在二十世紀得到一位傑出的宋史專家。

學林鷗樂

既是史家 又是神父

方豪專治中西交通史

日前在本欄淺談宋史專家鄧廣銘時，提及上世紀七十年代中我輩就讀高中及預科時所用的宋史參考書，計有：份屬鄧廣銘北京大學師兄黎傑的《宋史》，任教香港大學多年的林天蔚的《宋史試析》（林著《宋代史事質疑》另於八十年代在台灣刊行），以及方豪的《宋史》。

單以方豪而言，他一生著作極多，既有文史論著，亦有宗教綜述。不過，研習歷史的讀者定必知曉，他雖然寫過一本《宋史》，但學術界並不視他為宋史專家，而是尊他為研究中西交通史的翹楚。長期以來，他的《中西交通史》是修習這門歷史的學子必讀之書。不過，既然前文以鄧廣銘治理宋史為題，本文何不先簡介方豪的《宋史》，然後才進入正題，分享他的《中西交通史》。

此刻手執方豪的《宋史》，屬於一九七六年第五版，是由台灣中華文化出版事業社發行，並由當時的台北中國文化學院（今已升格為中國文化大學）屬下華岡出版部印行。此書有兩個版本：其一是分第一及第二冊印行；其二是一、二冊合訂，而我所執者，是合訂本。

其實此書與前述《中西交通史》，都是方豪在一九五三、五四年應時任教育部長亦即其後創辦中國文化學院的張其昀以優厚潤筆金邀請，為教育部所建立的「國學基本知識叢書」所撰寫。

方豪專治中西交通史

《宋史》鋪排　與別不同

就我所知，方豪只寫過這本斷代史，而沒寫過其他朝代的斷代史。不過，他的《宋史》在設計鋪排方面，與別不同。一般的斷代史，慣將全書分成若干篇，而每篇之下設有章、節；先講治亂興衰，繼寫典章制度，再談經濟建設、社會狀況，最後綜論文化學術，而書末載有若干附錄，包括參考書目。

然而，方豪《宋史》的鋪排，可謂別出機杼。他並沒有把全書按上述幾個大綱目分成若干篇，而是分成二十二章。第一章居然是「研究宋史之參考資料」，而關於治亂興衰、典章制度、財政經濟、社會人口、交通城市、文學史學，則散見於各章，並以「地理學」作為全書最後一章。

大家可能奇怪，為什麼方豪把一般史家放在書末的「參考資料」放在首章呢？對此，方豪本人並沒有任何解釋。不過，從首章「研究宋史之參考資料」的論述可以得知，方豪作為史家，十分看重賴以成書的各種史料。他先講述宋代的官方史料，繼而介紹私人著述的官方資料，隨之評論元代如何整理宋代官方史料，最後提及宋代地理書籍所載的史料以及宋代有關歷史的其他著述。

不同史料　如何看待

方豪如此載述，除了說明各種史料的來源及作者本人如何看待不同種類的史料，更把當中的史料按其可信及重要程度劃分。例如在此章開首之處言明：「研究任何一代之歷史，當代而又為當時所留之史料，實為最有價值之參考資料，當代而非當時所留，如南宋人而記北宋之事，甚或同為北宋，但宋初太祖、太宗時之事實，其見於英宗、神宗時人之著述者，其價值即較低」。

不過，他亦說明，元代初年的宋朝遺民，如果以第一身憶述當年之事，儘管按時代劃分，是元朝人，但所記述的，都不失為第一流資料。

　　方豪在書末即第二十二章專論地理學，並說明「宋初討平五代割據各國，即搜索其圖籍」，而所收圖籍，當然包括地圖及地方志略。此外，方豪指出，宋代設有專責管理全國繪圖工作的人員，而朝廷亦規定各州必須作圖。

　　另一方面，宋代承襲了唐代的做法，繪有中外地圖，即時人所稱的「華夷圖」，而方豪認為這類地圖的編制及嚴禁地圖流出國外的做法，在某程度上反映了宋人的世界觀。

　　《宋史》末章用作專題記述宋代地理學的發展情況，想必是由於他自己對中西地理交通極有興趣，所以格外重視這個課題。

《中西交通史》貢獻很大

　　如果要論述方豪對史學界的貢獻，上述《宋史》恐非居首；《中西交通史》才是貢獻最大、影響很深的力作。此書在一九五三年台灣初版。余生也晚，無緣買到五三年的初版，只是在七六年購得刊於七四年的第五版。

　　由於史學界根本極之缺乏中西交通的史書；縱使有，也只是一些近乎小冊的小書，方豪的《中西交通史》於是成為這方面唯一的權威論著，因此這套交通史歷年不斷重印。上述初刊於五十年代的版本，是一套五冊的印本；及至一九八三年，此書經重排後分成上下兩冊印行，而我亦購得一套。

　　由於早前刊行的一套五冊初版，今天學史者未必接觸到，本文

方豪專治中西交通史

引述此書時，所用版本轉為八十年代的一套兩冊重印本。必須說明，新舊兩版只是版面及冊數有所改動，書內文字並無更易。按新版劃分，上冊除「導言」外，分兩篇記敘「史前至秦漢魏晉南北朝」（共十六章，即舊版第一冊）和「隋唐五代及宋」（共二十二章，即舊版第二冊）；下冊另以兩篇記敘「蒙元及明」（共十七章，即舊版第三冊）和「明清之際中西文化交流史」（共十四章，即舊版第四冊及第五冊），全書連「導言」合共七十章，約一百萬字。

但凡提及「中西交通」一詞，歷代以來難免界線不一，範圍含糊。方豪寫《中西交通史》時，對於「中西」一詞，在其「導言」清楚說明，「本書內容，將包括歷代中國與歐亞大陸之中國迤西部分之關係而言；然在敘述上有必要時，則亦兼及中國與東南亞（越南、緬甸、暹羅）及南洋等處。」換言之，書內除處理中國與歐亞大陸之處，亦稍兼南洋。

「交通」實指文化交流

至於「交通」一詞，並不是指從甲地去乙地的路途和工具，而是指兩地關係。此等關係，按方豪界定，包括「民族之遷徙與移殖；血統、語言、習俗之混合；宗教之傳布，神話、寓言之流傳；文字之借用；科學之交流；藝術之影響；著述之翻譯；商貨之交易；生物之移殖；海陸空之特殊旅行；和平之維繫（使節之往還、條約之締結等）；和平之破壞（糾紛、爭執與大小規模之戰鬥等）。」

依上文所示，範圍極其廣闊，而「交通」一詞，根本難以全然涵蓋。看來此書如果寫成「文化交流史」，則更為貼當。鑑於書內範圍闊大無比，委實無法在此一一縷述，本文只可酌選三幾項，聊作談趣。

學林鷗樂

書內第一篇第十二章「漢與大秦之關係」提到「大秦」一詞，出現多種甚至矛盾的含意。由《三國志》謂大秦人「似中國人而胡服」及《後漢書》「其人……有類中國，故謂之大秦」，至日本學者認為大秦乃指印度及其鄰近之地，包括波斯，以至指大秦為羅馬，又或通指波斯、敘利亞甚至埃及，簡直莫衷一是。我輩修習歷史而每遇此詞時，亦覺含糊難辨。

方豪綜合上述意見後，認為「大秦」一詞，「有廣義狹義，狹義之大秦，或遠或近，所指不一，當按每一文獻，為之考證；廣義之大秦，則為西方即西海之通稱，猶今日所言西洋，所指極廣。」他在書內贊同張星烺所編《中西交通史料匯編》的說法，認為《後漢書》之大秦，似乎是指羅馬帝國；《三國志》「魏書」之大秦，似乎專指敘利亞。張星烺在《中西交通史料匯編》的說法，以及方豪所提出的廣狹兩義，我輩學子，覺得比較穩妥。

匈奴有功於文化傳播

至於匈奴其族其事，《史記》和《漢書》均已記之甚詳，而現代亦有專書論及。不過，方豪在《中西交通史》第一篇第六章「漢代西域之經略（上）」第三節「匈奴在東西文化交流上之貢獻」，則另有論述，而且值得一讀。他首先指出，匈奴即西史所謂的Huni。至於匈奴究竟屬何種族，他認為從比較語言學斷定，應屬土耳其系。他繼而說明：「匈奴行蹤及於歐亞二洲，其文化之成分以西伯利亞及西徐亞（即 Scythia 或 Scytia）為主，參以中國、希臘及伊蘭諸系，而成為世界性文化。」他根據考古學家在上世紀三十年代從庫倫附近掘得古墓群而發現的文物，推定是匈奴墓，而墓內文物，兼含中國、波斯及希臘三種。

方豪專治中西交通史

他繼而說明：「自匈奴活躍之時代及遷徙之路線觀之，匈奴最初之文化，應為純西伯利亞式，其後受秦漢之影響，乃加入中國文化，及西侵月氏，西域諸國皆歸所屬，則又加入西徐亞文化……其後，匈奴裂南北為二，南匈奴徙入中國內地，完全漢化；北匈奴則遷往歐洲，而同化於希臘、羅馬。故匈奴本身無獨特文化，然於東西文化之傳播，則自有其貢獻也。」方豪對匈奴之歷史評價，後學或可再予思考。

宋代船舶　規定嚴格

除了類似上述的學術辨釋，書內亦有不少有趣的記載。例如他在第二篇第三章第一節「唐代前後中國海舶之進步」、第二節「唐宋時代，中西海舶之比較」及第三節「中國海舶之組織及其設備」，引述各種典籍，指出遠航商船的深度及闊度，各有數十丈，而每名商人可以分配到數尺的空間貯物，夜則睡於其上。所載貨物，多屬陶器（按：應該是瓷器）。乘客一般不怕海上遇到風浪，反而害怕擱淺。

另一方面，宋代對於海船的形制及人員編制，均有規定。例如船上須有綱首（即船長），船上役屬不聽號令者，船長有權笞打；船舶須持有市舶司所發的「朱記」（即執照），而船長姓名及乘客人數均有敘明。此外，船上備有武器和定額的弓箭手、盾手及專職發射火箭的弩手。

方豪亦引述，當船行大海時，熟悉海事的舟師須日觀太陽，夜觀星宿，陰天則看羅盤；又或以「十丈繩鈎取海底泥嗅之，便知所至。」此外，行舟時遇有乘客患重病，船上切忌有人病死舟中，於是將還未氣絕的病人捲入席中，然後投入大海。

《幾何原本》元朝傳入

方豪在第三篇第十一章第二節「希臘幾何學輸入中國溯源」裏指出，很多人只知明朝萬曆年間由利瑪竇口授、徐光啟筆錄之歐幾里得（Euclid）的《幾何原本》，但很少人知道，利瑪竇與徐光啟合譯歐幾里得的幾何學，其實是第二度的傳入，而第一次的傳入是在元朝至元年間，即十三世紀七十年代，當中記載了兀忽列（即歐幾里得）的算法段數（即 Geometria，幾何學）。

他亦在書內第三篇第十七章「嘉靖間西人在我國沿海之活動」內，提及澳門和 Macao 這一華一洋的名稱。澳門於明朝嘉靖年間，隸屬香山縣，因此稱為香山澳，但其原名是蠔鏡澳，而蠔亦作濠。此外，根據《澳門記略圖》所記，澳門有一「娘媽角」（估計是媽閣廟的媽閣，而「閣」與「角」同音），當中的「媽角」，就是 Macao 的音譯。

若干交通史論著　值得翻閱

匆匆列述書內數項議題，只可惜礙於篇幅，無法在此枚舉。為增談趣，我順道介紹一些與中西交通史有關的參考書籍，以供選讀。當然其一是方豪《中外文化交通史論叢》。此書雖然早已絕版，但大型圖書館應該仍然可以找到；其二是方豪也曾在《中西交通史》內引用的《中西交通史料匯編》。這套匯編是由張星烺在一九三零年推出，是他匯集歷代相關史料的成果。以現代印本而言，全書共四冊（初版時分六冊），書末附載馮承鈞閱罷此書而寫的「評《中西交通史料匯編》」一文，以及張星烺「答馮承鈞《評中西交通史料匯編》」一文，而該兩文可以併讀。張星烺（一八八一至一九五一）是位留學美、德兩國而隨後歷任北京大學及輔仁大學教

授。這套匯編所收資料，包括上古時代（即漢武帝之前）的中外交通，以及漢代至明代中國與歐洲、非洲、阿拉伯、亞美尼亞、猶太、伊蘭（即古代波斯）、中亞及印度的交通，是一套很有閱讀價值的匯編。

此外，史學家向達亦於上世紀三十年代寫了一部只有四萬字的《中外交通小史》以及只有五萬字左右的《中西交通史》。兩者篇幅雖短，但值得一翻，而這也是我少年時代必讀的書。另一方面，大家如果有興趣閱讀專書，倒可翻閱史學名家陳垣（援庵）寫於三十年代的《元西域人華化考》。書內除緒論外，分儒學、佛老、文學、美術及禮俗五卷，論述西域人在漢化歷程中的諸般成就。書末另設一卷「女學」，專談西域婦女漢化的情況。尤難得者，此書由另一史學名家陳寅恪作序，大家可憑這篇短短的序文，管窺現代史學界「兩陳」（即陳垣與陳寅恪）的關係，甚至可視作史學界的小小美談。至於陳垣與方豪透過函授而建立的師生情誼，則記於本書稍後的陳垣一文，於此不贅。

國人治理中西交通史，每每囿於外文（尤其西域諸國文字）認識有限而難以鑽研，方豪的《中西交通史》確可稍補匱乏。

著作豐富　惜多絕版

綜觀方豪一生，著作極為豐富。光是曾予刊行的單行本專書，計有三十多款。可惜絕大部分已經絕版，難望再刊。單就目前而言，除前述《中西交通史》及《宋史》，坊間仍可買到的，是《台灣早期史綱》（台灣學生書局，一九九四）以及《紅樓夢西洋名物考》（浙江人民美術出版社，二零一七）。

前者是方豪弟子許雪姬等人從乃師遺稿中集得有關台灣歷史的文章，然後輯集成書。事緣七十年代中，方豪有感於居台已有四分一世紀，為求「入鄉隨俗」（引用弟子許雪姬語），並且再度發展早年曾經從事的「近身之學」（按：即指作者從事與自身四周有關的學問。例如當年身處杭州，因而寫成《浙江天主教小史》），因此銳意撰寫一本完整的台灣史，於是由七六年起不斷寫作。可惜到了七八年九月，因身體欠佳，久臥病榻而續筆無從。

弟子把遺稿結集成《台灣早期史綱》

方豪逝世後，一眾弟子從遺稿中集得屬於這個台灣史計劃範疇的文章十一篇，由弟子趙雅書、梁庚堯、古偉瀛、李東華分別校讀，然後交由另外兩位同門即張勝彥與許雪姬詳閱，並加註解，但遺稿的用字及論點，完全保留，不予改動。

由於遺稿的範圍僅限於「台灣的史前時代」（即成書後的第一篇）至「西班牙的佔據北部」（即成書後的第十一篇），而十八世紀後未及論述，一眾弟子把遺稿結集成書時，只好以《台灣早期史綱》作為書名。此書除正文即十一篇文章外，附有弟子許雪姬的「方杰人教授對台灣史研究的貢獻」一文，以及一篇短短的「後記」，並得同門張秀蓉撰文，權作「代序」。

此書初刊於一九九四年亦即方豪逝世後十四年左右。全書共有二百三十多頁，篇幅不短，很難在此逐篇介紹。有鑑於方豪既是交通史專家又是神職人員，我因應他的「老本行」而提出書內分別關乎交通及傳教的兩個課題，稍予介紹。

講述明代關乎台澎諸島的航海

　　方豪在書內第六篇講述「明代中國航海圖籍上所見台澎諸島嶼與針路」。所謂「針路」，是指航海者依循指南針所示的航海路線。方豪在篇內引用明朝航海典籍，例如徐雲林《玉芝堂談薈》、張燮《東西洋考》、黃省曾《西洋朝貢典錄》，講解一些相信現代讀者也感興趣的課題，例如「針位」、「針盤」、「更」。

　　指南針固然是我國發明，但至於以指南針用於航海，則始於宋朝。明代萬曆以前，航海者主要用水浮型的指南針，其後由於中國沿海地區常受倭寇滋擾，因此從日本船學得使用旱針羅盤。

　　「針盤」即方位盤，而方位盤上，是以天干、地支並加上八卦方位配成二十四個方向。先以十二地支平均分列在一個圓周上，以「子」為正北，「午」為正南，彼此分隔一百八十度，形成直線，而各個地支之間，例如「子」與「丑」之間，彼此相隔三十度。天干的「甲」、「乙」與位於九十度的「卯」各有十五度之差。換言之，「甲」位於七十五度；「乙」位於一零五度。天干的「丙」、「丁」，則分別位於一百六十五度及一百九十五度，而兩者之間是位於一百八十度的「午」；天干的「庚」、「辛」則分別位於二百五十五度及二百八十五度，而兩者之間是位於二百七十度的「酉」；天干的「壬」、「癸」，則分別位於三百四十五度及十五度，而兩者之間是位於零度的「子」。天干的「戊」、「己」，則沒有用於羅盤方位。至於八卦的「坎」、「震」、「离」、「兌」，乃分別位於正北、正東、正南、正西，而「艮」、「巽」、「坤」、「乾」，則分別位於東北、東南、西南和西北。

　　方豪亦在篇內引述《順風相送》及《指南正法》這兩款古籍的計算海行之法，以每「路」或每「站」為六十里。然而，里是怎樣

計算出來的呢？由於船速受風向及水流的順逆緩急影響，舟師為計算每里所需的航行時間，便吩咐水手，在船頭拋下柴片，任其隨水而流，人則由船頭走至船尾，如果人比柴片又或柴片比人先抵船尾，則屬「過更」，而如果兩者同時抵達船尾，則謂之「上更」，而航海者視「上更」為標準航速。

至於船上的計時方法，先後出現新舊兩式。按照舊式，是以一個形如酒壺的瓷器漏筒，放滿細沙，然後懸於空中，而讓細沙從筒眼漏出，並漏入另一磁筒。當上筒漏完而即下筒已滿，則謂之一更。後來漏筒改為玻璃所造，而上下壺亦相連一起。每當上壺漏空而下壺填滿，就是一更。然後可將之倒轉再漏。此舉較為快速簡便，而且沙在玻璃裏，船員可以清楚看到沙漏的整個過程而方便計算。

此外，方豪在本篇第二章的「附文」表示，鄭和除了七下西洋，相信亦到過澎湖列島，並於島上巧遇台灣高山族人（時稱「東番」）。鄭和當然不放過「招諭」之機，但對方不受招諭而「遠竄」，即遠走高飛。

敘述荷蘭人在台辦學及傳教

另一方面，方豪在書內第十篇以「荷蘭人的侵佔台灣」為題，敘述荷蘭人佔台期間的各方面作為，例如向土著傳授「紅毛字」以及在台傳教及興辦教育。他在篇內指出，來自荷蘭的牧師，隸屬荷蘭東印度公司，而公司以營商行政為主，以傳教為副。由於原住民族十分強悍，荷蘭人為了方便馴服土著，於是採取傳教與教學並重的手法。

荷蘭人抵達台灣三年後，隨即建立教堂，並於一六三六年創辦學校，收納原住民（時稱「土番」）為學生。教師在校內以拉丁文

的拼音記法錄番語，荷蘭人稱此為「新港語」，漢人則稱之為「紅毛字」。荷蘭教士將荷文書籍譯成羅馬注音的番語譯本，而土著學懂紅毛字後，一切公文及法律文件，均用「紅毛字」。當時荷蘭人推行教育的地方，分布於台南、新港等南部地區，而其後驅逐了佔據北部的西班牙人後，在淡水、桃園、雞籠（即基隆）等地辦學。

其時，荷蘭人所辦的基督教學校，所授科目計有：主禱文、使徒、十誡、早禱、晚禱、謝飯禱告，教理彙編、讀書、習字。不過，此等辦學模式，成效不彰。方豪引述一六五四年駐台長官向荷蘭東印度總督的匯報：「認為教會事業令人悲觀。青年對於教義、僅像鸚鵡學舌，死記硬背，但對於教義內容，不甚了解。」該名長官並向總督建議，傳教士須居台十年，以便熟習當地語言；不入教會學校的土著，不應該施加嚴罰，即不應罰繳鹿皮；須增派傳教士，由當時三名，增至七名。

此篇文章對於讀者瞭解台灣在荷蘭時期的情況，特別是荷蘭人如何辦學及傳教，很有幫助。

誠如一眾弟子在書內「後記」所言，此書是「老師長期研究台灣史的惟一通論性著作，也代表他對台灣早期歷史的最後見解。」許雪姬在認定乃師對台灣史研究的貢獻時，進一步指出方豪的多方面貢獻，包括：從大陸赴台的歷史學者，只有他能夠投身台灣史研究而確有成就，並可指導後學從事這方面的研究；能夠利用其他學者不熟悉的新資料，甚至外國資料。

讀者只消細閱此書，便知許雪姬所說不差，絕非奉承師尊之言。

學林鷗樂

《紅樓夢西洋名物考》是舊文新編

至於浙江人民美術出版社的《紅樓夢西洋名物考》，一如前述，其實是一篇題為「從紅樓夢所記西洋物品考故事的背景」的長文連同幾篇較為零碎短文包括信札、評論及弁言的匯編，而這篇長文，早已刊於《方豪六十自選集》內，只不過內地出版社將之抽出，另外刊行。

據方豪親述，這篇長文其實是他在民國三十二年所發表的「紅樓夢考證之新史料」一文的增修版。事緣民國三十年秋，方豪在貴州遵義的浙江大學講授十七八世紀中西交通史時，開始研究明末清初傳入中國的外國物品，《紅樓夢》所記的當然也在內。及至前述文章發表後，鑑於學術界友好提出一些疑問，而他亦自覺得有增修的必要，於是將文章大幅重寫，多加增潤，並於一九六九年完成。

把《紅樓夢》內西洋物品一一歸類

方豪在文內把《紅樓夢》描述的西洋物品一一歸類，計有：呢布、鐘表、工藝品、玻璃品、機件、美術、食品、藥品、動物，共九類，然後在每類之下臚列各式物品，並加以訂證及解說。

舉例而言，方豪在文內第六節「《紅樓夢》關於西洋玻璃品的記述」，逐一列述《紅樓夢》裏的玻璃物品，計有：見於西方十七八世紀舞台或貴族府第大廳內的反射鏡（見第五十三回）、大玻璃盒（第四十九回）、小玻璃盒（第五十二回）、玻璃缸（第三十一回）、放於榮禧堂檔案上的玻璃盒、玻璃大鏡、劉姥姥入大觀園時見到的穿衣鏡（第四十一回）、鏡壁（第五十四回）、賈母八旬大慶所收的玻璃屏（第七十一回）、裝於寶玉房間的玻璃窗（第

方豪專治中西交通史

四十九回）、玻璃燈（第五十三回）、賈母看戲時使用的眼鏡（據
方豪推斷，此處的眼鏡，實應望遠鏡。）（第五十三回）。

徐本《紅樓夢》第六十三回記述寶玉為芳官取了一外國名，叫
作「溫都里納」，意指金星玻璃。方豪憑藉自己的外語能力，推敲「溫
都里納」是法文 vitrine 的音譯。此字源自拉丁文的 vitrum，是指玻
璃框，亦即商店門前的玻璃窗櫥。方豪順道指出，紅學專家周汝昌
亦認為「溫都里納」即法文 vitrine 的音譯。

方豪隨後在文內就《紅樓夢》作者的外國地理知識、西洋物品
的可能來源、曹雪芹先人可能接觸的西人、曾經進入江寧織造署的
西洋教士、《紅樓夢》時代的鐘表修理師等課題而各有申述。

整體而言，這篇文章對紅學專家以至《紅樓夢》愛好者來說，
很值得一讀。

方豪親侄執筆記敍伯父

至於書內的其他短篇文章，都是關乎紅樓夢考證的一些零碎問
題。如果你不是紅學迷，恐怕讀之索然。不過，書末所付的短文「我
的伯父方豪（代後記）」反而值得閱讀。這篇短文是居於內地的方
豪親侄方無曉，應此書出版社邀請，執筆記敍離世之前長居台灣
三十年因而兩地相隔的伯父，聊作「代後記」。

據方無曉憶述，他一生從沒有機會與伯父見面。關於這位在學
術界與宗教界均享盛名的伯父，僅從他爸爸口中得知鱗爪。然而，
他深深記得，這位伯父如何從年輕時就十分關顧弟弟，處處眷顧他。
及至自五十年代起兩地相隔，仍不時請託居港親友接濟弟弟一家。
其實，這雙苦命兄弟一生真正相聚相愛的歲月並不多。

學林鷗樂

當讀到方無曉憶及伯父接濟弟弟一家之事，實在令人感傷。方豪每次託人帶回內地的金錢，只有一百元。只給這個小數目，不是因為方豪本身貧窮，自顧不下，更非生性守財，而相信是擔心對方如果收到巨款，反而惹來不便。愛弟之情，不表自明。可憐這雙兄弟，離世前仍無法重逢一聚。閱讀至此，怎不叫人鼻酸？

短短的後記，讓我們從親侄（也代表着父親）對方豪的側寫，瞭解這位哥哥及伯父在兩岸分隔的歲月，如何顧念親情。

牟潤孫指出方豪治學的優越條件

另一方面，方豪好友牟潤孫在一九六九年應邀為對方的《方豪六十自定稿》作跋時指出，方豪做學問功夫有幾項優越條件。首先，他精通拉丁文，大大有助於研究中西交通史；其二，他善於利用環境，無論身處何地，都善用當地的學術資源，增進自己的學養；其三，他的「所有立論，均依循極細密的考據而成」；其四，他「身為一個中國神甫，作一個中國史學家，對於傳統文化，盡了他應盡的責任。」

牟老師這四點評價，相信同儕後學均表認同，而我們憑藉他親侄的憶述，好友的評價以及一眾弟子緬念乃師之情，對方豪在親情、學問、授徒等方面有清楚的瞭解。

方豪居台期間，一如前述，除執行教會職務，亦設帳授徒，因而欣見「晚有弟子傳芬芳」。隨後成名的歷史學者有前述張秀蓉、許雪姬、趙雅書、張勝彥、李東華等，而弟子當中以李東華仰承教澤最久，而且深得學林稱道。他年輕時，先後在政治大學及台灣大學侍師十多年，深得乃師訓誨，並仰蒙傳授「歷史專題研究法」，以及親自體驗師徒授受的「近身之學」。他為了準備勾畫乃師生平

及畢生成就，特意走訪方豪的杭州故里以及浙江大學、上海復旦大學以至京津等地，並有幸獲得方豪居台時唯一親人即表妹方雲霞珍藏對方的私人函件、文稿及朋友之間的書牘。他亦參照了其他資料，然後寫成「方豪先生年譜」及其他文章。

慶有《方豪的生平與治學》傳世

二零一零年李東華在未及花甲之年遽然辭世。遺孀關玲玲為秉承丈夫遺志，於是連同兩三好友，合力整理遺作，並據此編成三書。其中之一是有關乃師的《一位自學史家的成長——方豪的生平與治學》（臺大出版中心，二零一七）。此書其實是李東華生前撰寫乃師的各款文章匯編。書內共分四個單元，合共十一章。第一單元論述「方豪及其近身之學」；第二單元記敘「民國學術網絡中的方豪」；第三單元專論方豪的宗教信仰及教會司職，題為「牧職因緣」；最後單元載列「方豪年譜與著作目錄」。

對於香港學子來說，方豪是位先居內地後居台灣而似乎與香港毫不相關的學者，但只消翻閱此書第六章「方豪與香港學界的交往及其影響」，就知道原來方豪雖然沒有定居香港，但與香港學界過從甚密。

其一，六十年代中，時任香港新亞書院院長吳俊升，該院歷史系系主任孫國棟，以及好友牟潤孫，邀請方豪前來新亞書院任教。可惜，最後因為方豪本人健康不佳而作罷。其二，方豪與珠海書院關係密切。事緣珠海文史研究所羅香林所長起先有意邀請方豪擔任該所文學院院長，但方豪礙於當時在台教務繁忙，未便分身而婉拒。及後羅香林離世，方豪應允承接對方遺下的研究生指導工作。李志剛、李德超等人，就是得到方豪指導而隨後學業有成的學生。

學林鷗樂

《一位自學史家的成長——方豪的生平與治學》是現今有關方
豪其人其學的最詳盡彙編，也是研究方豪最為便捷的單行書，很值
得捧讀。今天師徒二人雖已先後辭世，但此刻細意翻閱此書，仍可
輕啖學林師徒傳承的甘醇甜美。

　　不過，方豪留給我輩學子的各式論著，始終以《中西交通史》
至為重要。如果大家有興趣認識中西交通史以至二十世紀上半葉中
國學者在這方面的成就，可把方豪、向達、馮承鈞、張星烺等名家
的各款論著一並閱讀，庶幾可矣。

（二十世紀文史名家系列之七）

方豪專治中西交通史

虔誠教徒　精通拉丁文

　　貫穿方豪（一九一零至一九八零）一生，有兩個身分。其一固然是歷史學家，其二是虔誠天主教徒兼神職人員。

　　表面看來，這兩個身分並不沾邊，但其實是千絲萬縷。據悉，他自上世紀二十年代即少年時代起，就在杭州的修道院學習拉丁文，並自修文史；其後進入寧波的神學院，為日後的侍工裝備自己，一邊學習神學，一邊精研拉丁文，為日後研究中西交通史鋪路。

　　研究中西交通史最大的困難，不是搜羅史料而是文字問題。以一般華籍史學家而言，精通英文甚至德文、法文，已經十分難得，但用之研究西域以至西亞交通史，助力不大。方豪乘着深諳拉丁文之便，處理資料時格外暢順。須知西洋記載西域及西亞交通史，常用拉丁文以至意、西、葡等衍生自拉丁文的文字。只要你通曉拉丁文，拉丁語系內的幾個大型語種，就不難掌握。這種語文優勢加上方豪嫻熟天主教來華史，由他研究中西交通史，的確事半功倍。

學林鷗樂

交通史名家向達

好學敏求　史藝兼擅

　　月前在本欄介紹方豪《中西交通史》時，提到上世紀三十年代方豪成書的差不多時期，著述中西交通史的歷史學家，除了方豪之外，還有向達、馮承鈞、張星烺等人。前者先後著有《中外交通小史》及《中西交通史》，中者著有《中國南洋交通史》，後者則編有《中西交通史料匯編》。

　　《中外交通小史》是向達寫於一九三零年的小書。顧名思義，這本交通小史篇幅很小，全書只有四萬字左右，除緒論外，共分九章。但凡交通史，以至其他類別的史書，一般都以朝代或時代的名稱劃分，例如先秦、秦漢、魏晉南北朝等等，作為書內的章目；然而，向達這本交通小史並非如此劃分。雖然並非按朝代劃分，但所用章目，倒也別出機杼，不但讓讀者一新耳目，更可從章目得知些許脈絡。

書內章目　鋪排特別

　　現將全書章目臚列如下，以便參閱：

　　第一章「希臘羅馬與中國古代的文化交通」、

　　第二章「中國與中亞」、

　　第三章「中國與伊蘭文化」、

　　第四章「印度文化之東來」、

　　第五章「中國與阿拉伯的交通」、

第六章「中國文化之東被與南傳」、

第七章「景教與也里可溫教」、

第八章「中古時代到過中國的幾位外國人」及

第九章「明清之際之中西交通與西學」。

從上可見，這本小史的鋪排頗為特別。向達此舉，確有原因。他在書中正文之前所寫的「作者贅言」說明，他有感於西方學者 Henry Yule（一八二零至一八八九）所編譯而由 Henri Cordier（一八四九至一九二五）修訂過有關中西交流的論著（按：即 *Cathay and the Way Thither*）「收羅很詳……考證也極詳審……提綱挈領，頗為得要，於是據此寫就這本小史。不過，Yule 書內只提中西雙方交通，但沒有觸及中國文化的東被與南傳，又沒有提及中外交通在文化史上的收穫，更沒有花篇幅談及明清之際中西文化的交通。」向達於是承接前書，稍予補述，寫成此書。

另一方面，向達在書內的「緒論」指出，交通史在史學界可以有兩種意思。其一，是專研交通制度本身，例如歷代交通工具的變遷；其二，是研究一地與另一地在各時代的交往情況，而這就是兩地之間文化交流史。向達的《中外交通小史》，專研後者。換言之，這是一本中外文化交流小史，與方豪《中西交通史》無二。

向達亦在書內「緒論」說明，「我這部小史斷限於張騫之通西域，止於乾隆之禁西教。」原因是「自漢武帝時代以後，中外交通方才有正確的史料可以遵循。至於止於乾隆之禁西教者，則因為之前的中外交通，大部分是霧裏看花，不甚明白，一直到乾隆時猶是如此。雖是朝代屢易，這一點觀念卻未變更。乾嘉以後，中外交通的形勢起一空前的變革，……」。向達隨後解釋，清代乾嘉之前，中外文化交流大都以中國為主體，乾嘉之後，中國處於被動。所以，他的小史專治以中國為主體的那段悠長交通史。

學林鷗樂

中國文化並不孤立

另一方面，向達亦在「緒論」指出，「中國的文化並不是孤立的。」那邊廂，歷代以來，四方民族很想與中國交往；這邊廂，中國亦不斷深入他國。歷代例子，多不勝數；規模較大的計有：漢朝與匈奴及其他民族的互動、魏晉前後佛教自印度來華、唐朝文化東渡日本、南北朝及宋遼金元各代的異族被漢族同化，而漢族亦在同化過程中益見宏大。另一方面，「元明以後，中國同西洋又相接觸……凡此皆可以見中國文化實無時無刻不與其他民族發生關係。」

要寫一本目光廣闊的交通史，作者不但必須深諳外文，懂得研究西方史籍，更須從西方的文獻印證中西文化交流，務求做到中西兩種角度兼備，避免單靠中國史籍瞭解中西交流。這一方面，由於向達學養極深，長期在歐洲鑽研考究，絕對做到中西兩面反覆印證。

以西方典籍印證中西交流

首先，向達在書內第一章即「希臘羅馬與中國古代的文化交通」內，以西方典籍印證中西交流。例如，他指出西方對中國這個遠方國家有兩種稱呼。其一是 Sinae 或 China，其字音是蛻變自漢字「秦國」一詞的音譯。必須注意，China 一字如果以英語發音，則與「秦」字相距很遠，如果以拉丁語或法語發音，則極為相近；至於 Sinae 一字，則較為明顯可辨。時至今日，西方稱漢學為 Sinology，此詞當然是從 Sinae 一字演變出來。

古希臘羅馬時代對中國有另一種叫法，即 Seres、Seras 或 Seria，意指中國的名產「絲」。由此可見，當時的西方是以「秦」或「絲」指稱中國。然則，Sinae 及 China 與 Seres 及 Seria 這兩類稱謂有什麼

分別？向達在書內指出，Sinae 及 China 大抵是指從北方陸路傳去西方的中國，而 Seres 及 Seria 則指由南方海路傳去西方的中國。

為了印證此等稱謂，向達列舉不少西方典籍，包括荷馬（Homer）及維吉爾（Vergil）的史詩、Horace、Ovid 及 Propertius 的詩作，以及 Strabo 的《地理誌》（*Geographica*）、Pliny the Elder 的《自然歷史》（*Naturalis Historia*）、Florus 的《羅馬史略》（*Romanorum*）。以上文史典籍，是專研希臘羅馬文化的學者均須參閱的。筆者長年研習西洋文學，上述諸書，當然必須閱讀，因此感受殊深。

「葡萄」一詞　源自希臘

此外，向達亦在書內提述一些頗為有趣的知識。例如，我們日常生活所吃的葡萄，原來是從希臘文翻譯過來的詞語，而這種既可釀酒亦可當作水果的植物，是漢朝張騫出使西域時有所見聞而帶回中國。另一方面，向達引述二十世紀初英國 Giles 的說法，指出中國的傀儡戲、猜枚、刻漏、樂律等物事，以及海馬葡萄鏡等文物，皆由希臘傳入。

上文提及的，盡載於書內第一章。至於其他八章，內容同樣有趣易懂，只可惜本文篇幅有限，未能逐章載述。

《中外交通小史》初刊後翌年，亦即一九三一年，向達發行另一本同樣講述中西文化交通的史書，題為《中西交通史》。與只有四萬字的《中外交通小史》相比，《中西交通史》篇幅雖然略大，但只有五萬字左右，因此也只能視作一本小史。

我手執的版本，並非三一年的初版，而是七五年在台北購得由台灣中華書局於五九年印行的台灣第一版。最有趣者，是出版商基

於政治原因，把作者姓名隱去。如果讀者不知情由，根本猜不出，
這就是向達的著作。以當年來說，這種做法，實屬平常。

　　除「小引」及「敘論」外，全書分為十章，依次是：
　　「中國民族西來說」、
　　「古代中西交通梗概」、
　　「景教與也里可溫教」、
　　「元代之西征」、
　　「馬可孛羅諸人之東來」、
　　「十五世紀以後中西交通之復興」、
　　「明清之際之天主教士與西學」、
　　「十八世紀之中國與歐洲」、
　　「十三洋行」及
　　「鴉片戰爭與中西交通之大開」。

　　從書內的章目可見，向達先由概論講起，然後大抵按照時序以
若干特別課題論述。這種寫法在某程度上與之前刊行的《中外交通
小史》確有重疊，其中一個明顯例子是《中西交通史》第三章「景
教與也里可溫教」與《中外交通小史》第七章「景教與也里可溫教」
章目相同。儘管如此，細觀這兩章的內容，重疊不多。簡單來說，
向達這兩本書大可分開來讀而各有進益。

《中西交通史》設計完備

　　另一方面，《中西交通史》在內容設計方面，比《中外交通小史》
豐富。首先，書末設有「中西交通大事年表摘要」，作為附錄。其次，
書末備有中西文名詞索引，以便讀者檢索。其三，書內載有十多幅
插圖。不過，向達所用的插圖，全部採自其他書籍，絕非親自繪畫，

而所有出處，已於「插圖目錄」內說明。其四，向達在每章尾部，不但備有參考書目，而且中西兼備。其五，每章「參考書」之後，亦設有「問題」一欄，就該章學習所得，提出若干較為簡單的問題，俾使讀者閱後溫習。向達這種做法，想必是仿效西方帶有教學功能的學術論著。

與前著《中外交通小史》不同，向達在《中西交通史》首章便處理中國民族是否來自西方的說法。「中國西來說」可追溯至明末清初，及至向達成書的上世紀三十年代，此說仍然方興未艾。持此見者認為，中國民族源出巴比倫……中國百姓即巴比倫的巴克族。這一族人移居中國以後，對於本國的舊習以及傳說，尚保存不少。如洪水傳說的存留，神農即巴比倫的薩貢，倉頡即巴比倫的同基，黃帝即巴比倫的那洪特……中國同巴比倫的文字有很多相似的，必是出於一源的民族（見書內頁三至四）。

向達所處的年代，礙於考古學及其他相關科學的發展尚處萌芽階段，「西來說」根本很難有足夠證據核實或否定。不過，向達指出：「要證明中國民族是否源自西方，一定要把地下的材料和紙上的文獻，充分找出來，然後驗之制度、文物、古代文字、聲音、傳說而皆合，稽之地下新出各種材料而不悖，方可作近似的決定。目前各種材料尚未完備，要決定中國民族的西來……為時尚早。此刻我們只好闕疑了。」從上述引文可見，向達的確是位「言必有證、理必有據」而恪守治學法則的學者，斷不會基於民族情緒而妄下斷語。

除了上述兩本專書，向達還在不同年月寫過很多關於中西交通（文化交流）的文章。單以一九五七年初刊而長達四十六、七萬字的《唐代長安與西域文明》論文集而言，就收集了好幾篇重要的文章，計有：用作書名的「唐代長安與西域文明」，以及「明清之際

中國美術所受西洋之影響」、「關於三寶太監下西洋的幾種資料」、「漢唐間西域及海南諸國古地理書敘錄」，當中以首篇亦即用作書名的文章「唐代長安與西域文明」篇幅最長，並且最受重視。

此篇寫於一九三三年的文章最受重視，主因是填補了學術界對於這個課題的不足。據向達親述，前輩史家馮承鈞（一八八七至一九四六）之前在《東方雜誌》發表「唐代華北蕃胡考」雖然考證精確，但僅以蕃胡華化為限，而所取材料，只囿於《舊唐書》和《新唐書》兩本正史，的確稍嫌不足。至於日本漢學家桑原隲藏（一八七一至一九三一）的「隋唐時代來往中國之西域人」一文，則以人為主，而文物及諸般方面，卻無略述。向達有見及此，奮發為文，以唐朝由西域傳入之文明而與首都長安有關者，逐一排列，依次敘述。他在文內逐一討論「流寓長安之西域人」、「西市胡店與胡姬」、「開元前後長安之胡化」、「西域傳來之畫派與樂舞」、「長安打毬小考」、「西亞新宗教之傳入長安」及「長安西域人之華化」。文末備有兩個附錄，其一是「柘枝舞小考」（「柘枝舞」屬於教坊樂舞裏「健舞」的一種）；其二是「盩厔大秦寺略記」（其時的盩厔，位於南山之陰，距離西安百多里）。

馬球由波斯經西藏傳入

這篇長文，記述範圍廣闊。例如他在「長安打毬小考」的一段裏，指出波羅毬（即 Polo）是一種發源於波斯而西傳至君士坦丁堡及東傳至印度、西藏、中國以至高麗和日本的馬上打毬之戲。唐人擊毬，例以龜茲鼓樂助興。向達甚至在該段文章力證，波羅毬在唐太宗年間才開始傳入中國，而唐代以前，只有蹴鞠。唐代皇帝如玄宗、宣宗、僖宗等，均擅擊毬，而僖宗除了精於擊毬，亦擅蹴鞠鬥雞。

這篇長文的確就唐代西域流入長安以及長安市內中西文化交流的情況，提供豐富史料，其中更涉及繪畫、舞蹈、音樂等藝術，足見向達史藝兼擅。其實，除了這篇長文，書內所收集的多篇文章，例如佛曲考、龜茲琵琶考、敦煌文學、寶卷文學、明清美術等，都是關乎藝術和文學的論著。如果學養不深，根本寫不出前述文章。他的學養，絕對值得景仰。

根據統計，向達歷年作品連譯作約有一百，當中以單行本或編合成文集而坊間可以購得者，只佔四分之一左右。尚望有心人將其餘專文匯集成書，俾能廣傳後世。

（二十世紀文史名家系列之八）

學林鷗樂

奉獻史學　著作等身

　　向達（一九零零至一九六六）於東南大學畢業後，歷任編譯所編輯、圖書館編委、大學教授、圖書館長及研究所副所長，更畢生獻予史學，尤專中西交通史。

　　上世紀三十年代中，向達以北平圖書館交換員身分，先後前往倫敦、巴黎、柏林等地的博物館及圖書館，檢索及抄錄敦煌古卷及其他以漢文記敘的史料。據他自述，其間曾受館方負責人刁難怠慢，以致抄錄過程艱辛難耐，例如在一九三六年停留大英博物館檢索敦煌古卷及漢文典籍時，因館方人員處處為難，抄錄數量銳減。

　　不過，他從歐洲各地抄錄了關於敦煌、《永樂大典》、太平天國、耶穌會、吐魯番、西域等方面的資料共幾百萬字回國。另一方面，他以不同名義及身分，參加考察團，多次前往敦煌地區考察，從出土文獻抄錄資料。

　　歐洲及西北之行，委實有助於他寫就「記牛津所藏的中文書——瀛涯瑣志之一」、「記倫敦所藏的敦煌俗文學」、「倫敦所藏敦煌卷子經眼目錄」、「西征小記」、「玉門關陽關雜考」等文，當中大都收入《唐代長安與西域文明》文集內，成為交通史及敦煌學的重要文章。

　　另一方面，向達的譯著亦十分豐富，例如坊間目前仍可買到的 Aurel Stein（斯坦因）*On Ancient Central-Asian Tracks*（《西域考古記》）。斯坦因是英國著名考古學家，在敦煌以至中亞的考古方面，用功殊深，與同代的歐洲其他考古家或交通史家，包括法國伯希和（Pelliot）、德國勒柯克（von Le Coq）、瑞典斯文海定（Hedin）

齊名。然而，他們的考古報告書全屬巨著，閱覽不易。當中只有斯坦因為了顧念讀者的困難，特意把自己四次考古歷程中所見所聞，按照不同題目，寫成一篇篇記敘文，集成 *On Ancient Central-Asian Tracks* 一書，俾使一般雖有興趣但缺相關知識的讀者，易於入門。

向達同意斯坦因的做法，並認為「看過他的專門報告書的，讀此固可以流貫前後，得一條理；沒有看過的人，讀此也就可以得一個梗概。」向達雖然認為此書書「行文枯燥，欠缺文采，但事實敘述簡潔得要，對於各個問題在歷史上的重要和地位，都說得很明白……因此翻譯了這一部書。」（見書內「譯者贅言」）

向達不止翻譯此書，更在書內加進注解。誠如他在「譯者贅言」所稱：「遇有可以補正的處所，隨時附注；大致和原文不甚相遠。」原來他的補正方式，不是把注釋附於每篇文章之後，而是把認為須予增修解說的地方，以自己文字加進原文。這種做法的好處，在於方便讀者，免除閱讀正文時須頻頻翻閱文後注釋之苦，但壞處是讀者無從分辨哪些是原文，哪些是補注。

不過，縱觀全書所載的二十篇文章，以至作為引言的第一章「亞洲腹部的鳥瞰」，都清晰易讀。走進書內的文字世界，恍如走進由斯坦因擔任領隊的考古之旅，飽覽當中見聞，盡享考古所得。

向達忙於著作之餘，還勤於翻譯外國論著，廣惠學界，多造功德，實堪景仰。可惜他在「文革」初年受辱而死。若不是蒙屈慘死，定可續作不斷，廣蔭儒林，多澤學子。

至於他與史學前輩陳垣以及經史名家牟潤孫的交往，可參閱本書較前部分的「遙敬陳垣弟子牟潤孫」一文。於此不宜再贅。

學林鷗樂

精擅交通史　專研回族史
白壽彝盼望各族互重

　　早前在本欄介紹歷史名家方豪時，回想起上世紀七十年代中期我尚處高中及預科階段，除了方豪的《中西交通史》，也讀過向達的《中外交通小史》及《中西交通史》。不過，但凡研習中國交通史，中西交通史固然要讀，而本國交通史，更不可不讀。

　　可是，那個年代，在港台坊間可以買到的中國交通史書，就只有白壽彝的《中國交通史》，而白壽彝這位史學名家，也是我自七十年代中開始「認識」。

　　白壽彝的《中國交通史》，是他早年的著作，成書年代正值日本侵華的艱難歲月。不過，我在七十年代買到的，不是一九三七年的初版，也不是其後再次刊印的內地版，而是在台北購得六九年台灣第二版。當時此書由臺灣商務印書館收列為「中國文化史叢書」，然後予以刊行。另一方面，此書今天仍有新版刊行。

將歷代交通分成五篇

　　白壽彝在這本只有幾萬字的小書內，將歷代中國交通分成五篇，依次為先秦、秦漢、隋唐宋、元明清及現代，而每篇各有六至七章不等。乍看來，此書省略了魏晉南北朝；其實此段時期的交通，簡述於第二篇即秦漢篇內。換言之，全書涵蓋歷代交通，只不過是按情況而詳簡不一。

白壽彝盼望各族互重

書內每篇的第一章，儘管名目不一，但大抵都是該時代的概論。另一方面，每篇所涉內容縱使時代不同、次序不一，但總離不開運河、郵驛等水陸兩路交通。此外，每篇均設專章論及該時期的都會，蓋因全國交通，當以都會作為樞紐。

再者，此書雖然名為《中國交通史》，而不是《中西交通史》，但每篇必設專章講述該時期的域外交通，讓讀者知悉，中國與外國在交通網絡方面如何連結。

秦漢奠定後世交通楷模

但凡研究中國交通史，均視秦漢時代為奠定基礎以至為後世樹立楷模的時代。白壽彝當然也不例外，而且首先認定先秦時代的貢獻。他在第一篇「先秦時代之交通」的第一章「先秦交通與民族混合運動」內指出：「……中國歷史上最大的事件，是民族與民族間繼續不斷地起一種混合運動。……先秦底民族混合運動，使中國民族有了一個真正的基礎；國界之設定，大一統政府的建立，都在這一千七百幾年的民族混合運動中孕育到了成熟的程度。同時，先秦底交通事業，也給中國底交通，打下了一個實在的根基；國內交通區域之開拓與充實，水陸交通工具之發明，道路館郵之制度，人工開河之方法，也都在這個時候有了一個草本。」（頁三）

以上引文，淺白易懂，毋須註解；只想說明，他所指的「大一統」並不是說秦滅六國而開創大一統局面，而是指商周兩朝的大一統。

白壽彝在第一篇介紹周朝陸上交通工具時提到，車的種類大概可分成四類，計為輿、輦、路車、戎車。輿是牛拉的車，輦是人挽的車，而輿輦同屬百姓的交通工具；路車是公卿大夫專用；戎車則是兵士所用。

其時，四者以戎車數量最多；路車則最為華美。不過，到了春秋戰國，由於單騎（即一人騎馬）日趨普及，戎車數目銳減，而騎兵數目則激增。

周朝已經用舟搭建浮橋

另一方面，周朝已經有用舟搭建浮橋的做法，而白壽彝所徵引者，是《詩經》「大雅」所說：「造舟為梁（即橋樑）」。此外，周朝百姓已經由怕水的心理（見《易經》「爻辭」「不利涉大川」）轉為可以克服心理，乘舟渡江，而白壽彝引述《詩經》「小雅」的「舟人之子，熊羆是裘」，說明操舟的少束，從身上所穿衣裘可見，十分優渥富裕。

關於周朝的道路管理，白壽彝引述《國語》「周語中」的一節記載（按：即「周制有之曰：列樹以表道，立鄙食以守路……司空視塗……」），舉出三件事：

其一，周朝的道路，原來是按時修理，橋樑亦有定時建造；

其二，道路兩旁，均有植樹，既作蔭蔽，亦作標記，而四郊設置屋廬，既可貯存食物，更可作為守護道路之處；

其三，設立司空一職，負責路政。

另一方面，每個路段，均設有館舍，而館舍一詞，只是統稱。細究其實，館舍可分為三大類：其一，是館；其二，是寄寓；其三，是施舍。據白壽彝推敲，寄寓和施舍似乎是為平民而設，而館則似乎專為國家賓客而設。

此外，周朝設有各級官員，負責管理館舍及招待賓客，而賓客是按級款待。

秦漢有亭郵驛傳等設施

到了秦漢，館舍和郵驛的管理可以分成亭、郵、驛、傳四大方面。

其一，亭即停也，是指人停集的地方。漢朝承襲秦制，大概以十里為一亭，是一種行旅宿食的館所。白壽彝引史書指出，漢時的亭，似乎是平民和貴族共用，與先秦時代官立的館舍不大相同。

秦漢時代，每亭均設有亭長主理。亭長除了管理館所，亦須管理弓弩、戟楯、刀劍、鎧甲及鼓等器械，以及負責追捕盜賊。換言之，亭長身兼交通與保安之職。

其二，是郵，而郵是傳書（即文件）的機關。漢時的郵，全面負起傳達文書的職責，而郵的應用，不囿於郡縣之間的普通文書，亦用於中央與地方之間上傳下達的公文。

必須注意，郵的設置，比亭更密。按照漢制，五里一郵，而郵人居於兩郵之間，即郵人與郵只是相隔兩里半。

其三，是驛，即驛站，是一種與郵相近的信息傳達設施。驛所用的交通工具，主要是馬，所以有驛馬及驛騎之稱，但亦偶用驛車。

其四，是「傳」，即是那種給官吏或特許之人因公乘坐的馬車，所以按功能而言，「傳」與驛不同。「傳」的設置，是為官吏更換馬車，藉以加快交通速度。

白壽彝亦在書內指出，漢時的驛和「傳」，是共置一處。換言之，彼此是一地兩所。由於驛站是每隔三十里設一，「傳」亦想必是每隔三十里就有一所。

秦漢馳道　偉大建設

另一方面，秦滅六國，除了開啟政治大一統的年代，亦把六國各有規制的設施統一起來。例如，把車轍和車輪的體積劃一，以達至「車同軌」。

此外，秦漢時代的馳道，是交通史上一項偉大建設。首先，馳道是直線鋪設，並不迂迴曲折，所以馳道亦叫直道。其次，馳道基本上是通達四方，東面延伸至燕齊之地，南至吳楚江濱。其三，馳道闊達五十步，每隔三丈就植樹一株。

白壽彝就此置評：「馳道路線之長，寬度之闊，取道之近，建築之堅實侈麗，真是一個前古無匹的大工程。」（頁八二）

戰亂期間馳道可用作行軍

不過，馳道雖然是大工程，但絕非平民百姓可以隨時使用。漢有明文規定，馳道只限皇帝使用，連皇親國戚，達官貴人也不得使用。即是說，馳道變成了御道。當然，唯一的例外，是戰亂期間可作行軍之用。

從上文可知，發達的道路及優良的相關設施，的確有助於國家施政和經濟發展，而綜觀白壽彝全書，都是以交通印證某個朝代的政經狀況。可惜本文篇幅有限，未能再予縷述，只得在此最後說明，《中國交通史》確實值得翻閱。

習史學子當然明白，上述《中國交通史》篇幅雖小，但對上世紀交通史學頗有貢獻，蓋因的確彌補那個時代我國交通史的不足。然而，白壽彝終其一生的史學成就，倒不限於交通史，而是由他主編的《中國通史》，以及他的回族史及回教史研究。

白壽彝盼望各族互重

本文囿於篇幅，不擬介紹他在《中國通史》方面的功績，只想集中講述他對回族史的偉大貢獻，蓋因這個課題較為獨特。

三四十年代有不少回教史著作

上世紀四十年代，白壽彝過了「而立」之年不久，就先後寫就兩本關於回族歷史及伊斯蘭教史的書籍。其一是四三年發表的《中國回教小史》，其二是四六年出版的《中國伊斯蘭史綱要》。前者經發表後於翌年以單行本面世；後者經四六年在重慶初版後，四八年在上海再版。

此外，他在同年推出《中國伊斯蘭史綱要參考資料》，為前述《中國伊斯蘭史綱要》補充了有用的參考資料。

我們當然明白，二十世紀撰寫回族史或回教史的學者，白壽彝絕非第一人。除了二十年代陳漢章的《中國回教史》一文及陳垣《回回教入中國史略》一文之外，三十年代先有金吉堂那本錯漏頗多的《中國回教史之研究》（上下兩卷，上卷是「中國回教史學」，下卷是「中國回教史略」）。緊隨其後的是教育哲學家傅統先的《中國回教史》，全書共七章，屬於「按代編制」，由首章「回教與穆罕默德」一直講到末章「中華民國之回教」。繼而是四零年初版的馬以愚《中國回教史鑒》，全書共分八章，屬於「分類編纂」，由首章「至聖紀要」至末章「名寺古墓」。

由此可見，三四十年代關於回教史的著作，倒不算少。

《中國回教小史》淺白易懂

白壽彝《中國回教小史》篇幅不多，全書共有九章，由首章中

國與大食（即唐宋時期阿拉伯帝國）的交通，以回教傳入中國作為切入點，追溯兩地之間的交通史，至第二章大食商人東來，以至末章綜論民國建立後至成書年間即民國三十二年間，國民信奉回教的自由程度、回教出版物品的增加、回教組織的發展情況，以及前瞻回教的新生道路。

此書的特色在於淺白易懂，行文絕不艱深。此外，每章後面都附有參考資料舉要，以備初學者尋探。另一方面，白壽彝在書內的「題記」說明，研究中國回教史，工作十分艱辛。

研究者既須暢曉回教的教義及中國歷史，亦須深諳阿拉伯文、波斯文及土耳其文，更要不辭勞苦遠赴國內四方考察。不過，最重要的，是研究者一定要明白中國回教人的心以及深懂回教精神。

精著中國伊斯蘭史

如果說《中國回教小史》只是啼聲初試，《中國伊斯蘭史綱要》應該是白壽彝精心之作。誠如作者在書內「自序」中所說，前述的《小史》只是一些粗淺概念的介紹，算不上是一本「真正的史書或史論」，而目下的《綱要》是「專給回教高小初中閱讀或作教材用」的通史。

此書共分二十章，由首章「總論」、次章「大食人的來華」至十九章「伊斯蘭在厄難中的成長」及末章「結論」，而其中第十五至第十七章詳敘清代回族所遭受的慘禍，從而凸顯回族在清代所受到的殘酷對待。

作者更在「結論」坦言，「中國伊斯蘭不能脫離中國而存在，中國伊斯蘭的發展也不能不受政治環境的影響……我們……還要一個安定繁榮的中國和一個民主的政治。」他身處四十年代而發出這番擲地有聲的說話，頗顯其學者的見地。

《民族宗教論集》收文五十多篇

　　除上述兩本史書外，白壽彝亦先後編輯兩套回教史料，其一是四五年出版專門以清代咸豐同治年間雲南杜文秀起義為題的《咸同滇變見聞錄》上下兩冊；其二是四八年推出合共十五篇而範疇廣闊的《中國伊斯蘭史綱要參考資料》。一如前述，這套為中國伊斯蘭教史和回族史提供參考資料的匯編，是上述《中國伊斯蘭史綱要》一書的配套。

　　至於白壽彝歷年所撰而關乎中華民族史，特別是回族史、伊斯蘭教史、行紀、地方史話及民俗學等文章，則由他親自收入《白壽彝民族宗教論集》內。此文集共收文章五十多篇，合共五十五六萬字，於一九九二年推出。

　　在這本集文眾多的書中，筆者酌選兩篇稍予介紹。其一是寫於一九三六年的「評《中國回教史之研究》」，其二是寫於五九年的「中國人民和阿拉伯人民的歷史友誼」。

指正前人錯漏　客氣婉轉

　　前者其實是他評論上文提及金吉堂於三十年代所著的《中國回教史之研究》。金吉堂此書，細究其實，根本錯漏百出，價值極低。然而，白壽彝在文中一一指正時，竟然十分客氣，用詞婉轉。

　　例如，全書謬誤連連，白壽彝只說「本書需要修正補充之點甚多。」又例如，書內卷上第二章居然把大食視作 Danish 之音譯。這根本是低級錯誤，難容於學術界，但白只是輕輕說：「恐距事實較遠。」

又例如，卷下第三章論及教民人才及著述時，金吉堂居然把地位崇高的黃岱輿、馬注、劉智、馬復初放在人堆當中而毫無特別提述。白壽彝雖然不以為然，蓋因此舉明明是學術誤判，但他在文內婉轉其詞，說道「他們四人不但在中國回教史上應有一崇高之地位，即在中國思想史上亦能表現其堅實與博大之光輝。著者（按：指金吉堂）漫然置之眾人之中，至可惜也。」

謙恭和善　實堪敬仰

不過，最有趣的還是下述兩點。白壽彝在文末指出，第一，「本書係平鋪式的敘述，似不必於書名上用『研究』二字。」第二，「回教與回民之含義不同……本書……各章所述似關於回民者為多，關於回教者少。」

明明是概念混淆，輕重顛倒，白壽彝只是客氣地說：「恐未有諦……亦未免有觀念不清之嫌也」。

此間提及此文，並非存心復加鞭撻金吉堂，而是想藉此反映，白壽彝評論學術水平低劣而形同渣滓的著作時，仍保持着學者仁德寬厚，謙恭和善的態度。這位學者實堪敬仰。

印證阿拉伯與中國友好關係

至於另一篇文章「中國人民和阿拉伯人民的歷史友誼」，則寫於一九五五年，亦即中國逐漸與阿拉伯諸國建立良好關係的時期。這篇文章想必是因應當時政治需求而寫。

文內刻意引述歷史，印證阿拉伯人與中國人經年累月的友好關係，因此提及過去八百年，阿拉伯商人不但把珍珠、瑪瑙、珊瑚、琉璃、象牙、犀牛、香料、藥材等物傳入中國，而中國人更把當中的乳香、沒藥、安息、香蘇、合香、蘆薈等納入自身的藥物寶庫。

另一方面，中國把茶、紙、羅盤、硝、火藥傳至阿拉伯，然後輾轉傳至歐洲。簡單來說，阿拉伯既是各種物產輸出地，也是中轉站，促進中西兩地物品及文化交流。這篇短短四頁的小文，無疑是一個中西交流的簡報。

順帶一提，讀者如有興趣瞭解阿拉伯國家在創設方面如何惠澤歐亞兩洲，可參閱 Al-Hassani 所編的 *1001 Inventions: The Enduring Legacy of Muslim Civilization* (3rd ed.) (National Geographic, 2012)。

主編《中國回回民族史》

一九四九年後，白壽彝繼續發表他的回族研究成果，例如五一年出版的《回教民族的新書》、五七年初刊的《回回民族的歷史和現狀》（與韓道仁、丁毅民等合編）。

不過，如果按照研究規模而論，當然以他暮年主編的《中國回回民族史》最為鉅大。

此書是白壽彝離世前幾年着手編纂。由於他年事已高，氣衰力乏，形虛神損，難以獨力作成，於是邀約另外兩位比他略為年輕的專家即馬壽千和李松茂助編，合三人之力編成一套兩冊的民族史。此書於二零零三年即白壽彝離世後三年刊行，兩冊合共一百零六萬字。

全書共分甲、乙、丙、丁四編，依次是序說、綜述、專論、傳記。

學林鷗樂

甲編「序說」縷述回族史何時及如何開始成為有系統的研究，至新中國成立後以至近年的發展；乙編「綜述」追溯「回回」的名稱、回族的形成及歷代重大事故；丙編「專論」收錄白壽彝本人及其他專家歷年發表的專文，而前述陳垣的論文《回回教入中國史略》及其他前人的專文，亦載於本編附錄。丙編可說是這套書冊最須參閱的部分；丁編「傳記」則收錄由元代至現代百多位回教名人的生平事跡。

盼望民族之間再無仇視迫害

即使你對回族歷史興趣不大，但本文屢次提及「回回」這個詞語，總會令你有點納罕吧？幹嘛不是回族，而是回回，又或回回族？

原來「回回」一詞，始見於宋朝沈括的《夢溪筆談》「卷五」，意即唐朝所指的回紇或回鶻。由於字音相近，回回一詞，幾乎取代了回紇及回鶻。可是到了明代，「回回」改用作波斯人或伊斯蘭教信徒的指稱，而回紇人則改稱為「畏兀兒」或「畏吾兒」（即現稱的維吾爾）。不過，到了現代，「回回」復指維吾爾民族。因此，這個詞語容易引起混淆。

每當翻閱白壽彝所編寫的回回民族史及其宗教史，總覺得這位畢生奉獻予民族史的專家，字裏行間不斷希望民族之間互相尊重對方的宗教信仰，接納對方的生活文化，更殷盼各民族之間從此再無攻訐仇視，更不應莽興殺戮迫害。

白壽彝作史的苦心，絕對值得崇敬！

（二十世紀文史名家系列之九）

白壽彝盼望各族互重

（配稿）
哲嗣代編四冊《白壽彝講歷史》

白壽彝（一九零九至二零零零）自一九三二年畢業於燕京大學國學研究所，畢生專研歷史，尤精於交通史及回回民族史。通史方面，除了主編長達二十二冊的《中國通史》外，歷年還著有《中國通史綱要》、《中國史學史》、《史學概論》等書。

白壽彝逝世後，哲嗣至德為紀念乃父百年冥壽，特意將父親歷年來散見於不同史冊的文章編成四冊暢談歷史的文集，題為《白壽彝講歷史》，並分「先秦秦漢卷」、「魏晉南北朝隋唐卷」、「五代宋元卷」及「明清卷」。

這套講史的最大特色是所有文章全屬人物傳記，蓋因兒子秉持父親的見解，認為「一個民族或國家的歷史研究，通常先由人物開始。」是故每卷講史，大約載錄二、三十篇人物傳記的文章，而每篇文章之後，附有「歷史鏈接」，作為主體文章的呼應。

這四冊自零八年陸續面世的講史，行文淺白易懂，但論據清晰，分析透徹，促使讀者確切瞭解國史。

學林鷗樂

魏晉隋唐史專家王仲犖

研史不倦　寫作不止

　　王仲犖與日前我在本欄提述的鄧廣銘一樣，都是我自少年時代「認識」的內地史學名家。不過，必須說明，所謂「認識」，只不過是僅知其人以及拜讀其書而已，像我那輩在港接受教育的學子，既沒有機會親附驥尾，敬承教澤，亦沒法親沐於他的風趣談吐。

　　雖然同樣是我在差不多同一時代認識的內地史學名家，王仲犖與鄧廣銘有好些地方毫不相同。首先，鄧廣銘專攻宋史；王仲犖則以魏晉南北朝及隋唐為專。

　　第二，鄧廣銘終其一生大抵以王安石、岳飛、辛棄疾為主要研究對象，但這位宋史專家不曾寫過一本宋朝的斷代史，而只為《中國史綱要》一書寫了「宋遼金史」部分；王仲犖則寫有自魏晉以至隋唐的斷代史，經編整修訂後，分《魏晉南北朝史》及《隋唐五代史》推出。

　　第三，兩位同樣是斷代史專家，寫過不少斷代史的文章並編成文集，兩位亦不約而同，為宋朝文學作品結集註釋：鄧有《稼軒詞編年箋註》；王有《西崑酬唱集注》。不過，王仲犖在其他方面也有著作。他生前寫了不少關於歷代物價考的文章；身故後由遺孀鄭宜秀代為出版，並按丈夫生前所示，將書名定為《金泥玉屑叢考》。

長駐山東　情深難捨

第四，鄧廣銘和王仲犖雖然都是享負盛名的斷代史專家而長期在大學執教，但鄧長年任教北京大學；生於浙江餘姚的王仲犖，卻對山東情深難捨，因此長時期在山東大學任教，不求聞達，無意登入「北大」之門，做名牌大學教授；反而專心在山東作育英才。

第五，一如上文所述，鄧廣銘集中研究宋朝幾個人物而寫成《陳龍川傳》、《辛棄疾傳》、《辛稼軒年譜》、《韓世忠年譜》、《岳飛傳》、《北宋政治改革家王安石》等；王仲犖除寫了一本《說曹操》而為現代史學界展開曹操的正反兩面討論之外，就沒有以某朝代的人物成書，而以某朝代的一些方面成書，包括關乎南北朝北周的《北周六典》、《北周地理志》，以及關乎唐朝的《敦煌石室地志殘卷考釋》。

十載精力　修訂兩套斷代史

上述著作之中，對一般習史的學子來說，最熱門的，當然是兩套斷代史，即《魏晉南北朝史》和《隋唐五代史》，而這兩套斷代史都是分上、下兩冊印行。這兩套斷代史先後在一九八零及一九九零年推出。前者有四十一萬字；後者有四十八九萬字，兩者合共九十萬字。

這兩套從魏晉到隋唐的斷代史，雖然坊間所售的是兩套分開印行的書，但追本溯源，其實是蛻變自作者在五十年代寫成的《魏晉南北朝隋初唐史》，而此書的上冊在六十年代初由上海人民出版社印行，但下冊雖然已予定稿並準備付梓，但因受「文革」影響而停止排印。

學林鷗樂

「文革」結束後，出版社主動致函王仲犖，表示有意重印該書的上冊，並準備出版下冊。王仲犖雖然覺得欣慰，但鑑於該書草成於一九五零年初，已經事隔四分一世紀，實在不宜隻字不改就將上冊重印及將下冊付印，於是要求出版社給予兩三年時間訂正，將自己的新見解及外界的評論適度加入舊作，並計劃將舊作擴大，由原先的初唐延至整個唐朝甚至五代十國，然後將原作分成魏晉和隋唐兩大套。

這項浩大工程的上半部即《魏晉南北朝史》花了大約三年才在一九七九年完成，而下半部即《隋唐五代史》卻要經過六七年時間大幅修訂，才在八五年完成。誠如作者親述，「十年精力，瘁此兩書」，光是修訂這兩套斷代史，已耗費他十年精力。

魏晉南北朝非黑暗時代

《魏晉南北朝史》共分十二章，由第一章「三國分立」至十二章「魏晉南北朝的科學技術」。一如其他載述二手資料的斷代史，王仲犖將大量第一手史料整編，然後寫成此書，但當中有不少課題值得討論。例如，他在書內說明，中國既然是個多民族國家，而魏晉南北朝時期，匈奴（指南匈奴）、鮮卑、氐、羌、羯等部族，經入侵中原後已與漢族合為一體，並使之更見壯大。因此，各族之間的聯合融和，既然是歷史事實，就應予肯定。

為此，除前述「五胡」外，王仲犖亦以不少篇幅，主要是書內第八章「邊境各族」及第九章「中外經濟文化交通」，介紹其他部族例如高昌、龜茲、于闐、吐谷渾、黨項以至一般人鮮有知聞的夫餘、沃沮、勿吉、室韋、附國、宕昌等部族的制度和活動，以及與漢族的交往。

魏晉隋唐史專家王仲犖

另一方面，王仲犖不同意一般學者的說法，認為魏晉南北朝是中國史上的黑暗時代，社會經濟停滯不前。反之，他認為這段時期各式文化藝術，例如經學、哲學、宗教、史學、文學、書畫、音樂、舞蹈，以至科學，均有長足發展，而且成就非凡。

為此，他以全書的四分之一篇幅即最後三章闡述這段時期的文化成就。

舉前涼說明內部須團結

任何一本晉史，當然敘述那場以少勝多的淝水之戰。王仲犖的《魏晉南北朝史》，固然有所提述，但除此以外，特別提出一個較少人知的例子，就是前涼雖然是個小國，兵微將寡，只有兵眾幾萬，但先後擊敗擁兵二十八萬的入侵者前趙及擁兵十多萬的後趙，而當中致勝之道，是前涼內部安定團結，敵人無隙可乘。

他舉前涼為例，是要印證《尚書》「取亂侮亡」的道理。只要我們內部和睦團結，就不易受到外敵欺侮。這種道理，十分值得記取。可惜，回望歷史，中華民族每遇外侮，每喪國土，每失主權，總必諉怨外族而較少客觀自省：是自己腐敗沉淪，羸弱不振，引致外敵覦覬？豈不知，與其責人，不如怪己。

至於王仲犖成書較晚的《隋唐五代史》，全書共分十章，由第一章「隋代的政治與經濟」至第十章「隋唐五代的文學藝術與科學技術」。單以唐史而論，一如其他二手史書，王仲犖所用的引文，多採自《舊唐書》和《新唐書》。基本上，他是兩史兼採，以補彼此之不足。

多引述《舊唐書》及《資治通鑑》

雖然兩史兼採，但當中是有主次之分。如果某事兩史均有記載，他就引述《舊唐書》，而捨《新唐書》。箇中的最大原因，是《舊唐書》行文暢順，容易理解；反觀《新唐書》佶屈聱牙，不便閱讀。同樣情況，他寧取《舊五代史》而不取《新五代史》。

不過，據他親述，但凡引用唐史材料，很多時候既不採《舊唐書》，亦不採《新唐書》，而逕用《資治通鑑》。原因有二：其一，主觀上，由於他在抗戰期間，寄寓昆渝兩地，手頭書籍不多，只有《資治通鑑》，因此經常反覆閱讀，結果從頭到尾看過十多遍，日後引用，多所稱便；其二，客觀上，《資治通鑑》成書時由於對所用史料審訂嚴格，因此比較穩妥。

他為了說明這一點，特別舉出《新唐書》「仇士良傳」裏一位涉及「甘露之變」的翰林學士崔慎由作為例子，以《通鑑考異》及《翰苑新書》，力證仇士良與崔慎由晤談甘露之變一事，根本是訛傳，因此《資治通鑑》在記載「甘露之變」時，刻意刪除這一項記於《新唐書》的史料。

另一方面，史學界研究唐朝以至唐朝之前的社會結構及階級制度時，最常參考《唐律》。王仲犖當然不例外，但除《唐律》之外，亦參照了兩冊關乎姓氏譜錄的敦煌文書，即《新集天下姓望氏族譜》和《唐貞觀八年條舉氏族事件》。這些史料對於研究唐代名門望族很有幫助。

為敦煌地志殘卷考釋

提到敦煌文獻，王仲犖在六十年代中至八十年代初的十多年間，對敦煌石室所發現的地志殘卷，先後寫了十多篇考釋、校釋或箋釋，包括篇幅最長的「唐天寶初年地志殘卷考釋」。這十多篇考釋在他逝世後幾年由遺孀鄭宜秀整理付印，並邀得尤專敦煌的史學名家王永興作序。

王永興在這本定名為《敦煌石室地志殘卷考釋》的「序言」說道：「修造地志，是唐代一項涉及經濟財政的制度，而現存的敦煌唐地志無疑是我國學術文化上的寶貴資料。敦煌所出的唐地志，雖然為數不多，但卻是研究唐代地理歷史以及社會經濟的重要資料。」

雖說資料重要，但由於地志研究確實枯燥乏味，學史的後輩很多不感興趣，以致承接乏人。王仲犖這本地志考釋，絕對極其罕有。

力證並無玉門關改稱陽關之事

試以上述《地志考釋》裏「《燉煌錄》殘卷考釋」一文為例。殘卷裏其中有一條的記載如下：「州西有陽關，即古玉門關；因沙洲刺史陽明詔追拒命，奔出此關。接鄯善城，險阻乏水草，不通人行。其關後移州東。」

王仲犖質疑這則記載，於是在其考釋提出，玉門關和陽關，在漢武帝時已經設置，所以不可能有玉門關改稱陽關之事。至於沙洲刺史陽明從此關出走，亦無此事，而陽關亦從無遷移。

不過，玉門關確曾遷移，但並非如《燉煌錄》所言，移往州東，而是往東北移。另，所指的鄯善城，即古代鄯善國的國都，在現今新疆若羌縣城，即古代的石城鎮。

學林鷗樂

順帶一提，地方圖志，古已有之，並且設有專責人員掌管。據《周禮》記載，有「職方氏」負責掌管天下地圖。在唐代，地方圖志由兵部該管，而兵部設置郎中及員外郎各一人，掌管地圖及相關事務。地方圖志之事，由兵部該管，相信主要功能是為國家防務提供地理資料。

補北周地理志書的空白

關於地方圖志，王仲犖除了上述《敦煌石室地志殘卷考釋》之外，另以長達七十萬字的篇幅，寫了一套兩冊的《北周地理志》。此書初稿早於一九三五年寫成，但隨後屢有增刪斧定，至一九七八年亦即經歷四次大規模修訂後才完稿。

《北周地理志》對史學界的最大貢獻，是補北周地理志書方面的空白。原來歷代史書，居然沒有一本專門載述北周地理的志書。王仲犖於是毅然挑起這個重擔。不過，他在編集北周地理志時，卻遇到重重困難。

首先，關於北周地理的正史，只有《隋書》，但《隋書》所記的地理，是根據隋朝州縣的分布而不是按照北周年間的州縣而編寫，加上隋初不少州郡縣已經合併成省，所以資料並不可靠。再者，由於可予參照的資料，來源不一，一經對照，矛盾極多。

此外，王仲犖經常碰到一個問題，就是某個州究竟下轄多少個郡，以及哪些郡，而某郡又下轄多少縣，以及哪些縣？另一個延伸的問題，是當某些郡縣併入某省時，究竟是整個郡或整個縣併入，還是郡或縣的某些地區併入呢？這些問題，根本難以稽考。

王仲犖在回顧這項關於編寫地理志的工作時，提出不止上述四項困難，而是十項，可惜本文篇幅有限，不能詳載。

《北周六典》歷四十多年始成

王仲犖既然是魏晉南北朝史專家，所著專書，當然不止上述。關於北周，除了《北周地理志》外，他在二十多歲時便着手《北周職官志》，隨後四易其稿。據他親述，此書從初擬至審定，經歷了四十多年，而實際用於編寫此書的時間，亦超過三年，其間將此書改稱《北周六典》。

《北周六典》內關於六府，即天、地、春、夏、秋、冬官府屬下諸官的職稱和品秩，主要根據杜佑《通典》的「職官典」「後周官品」，並參考《後周書》、《隋書》諸史，以及北朝和唐代的碑文墓誌。

其實這種水磨功夫，既吃力，又不討好，一般讀者甚至歷史系學生，斷不會翻閱，而唯一受惠者只是選擇相關課題作為論文題目的研究生而已。也因如此，不是太多史學名家願意在此等枯燥乏味的課題上花功夫。王仲犖的《北周六典》與《北周地理志》一樣，確補史學界的不足。

《叢稿》及其《續編》收文四十多篇

很多史學家除了撰寫專書，亦會將歷年所寫而篇幅較短的文章，結集成書，以便傳世。王仲犖當然也不例外。他把四十多年來所寫的論文，集成兩大冊，並因應自己居於濟南山東大學嵫華山館而將文集定名為《嵫華山館叢稿》及《嵫華山館叢稿續編》，前者初刊於一九八七年，後者則初刊於二零零七年。

正稿與續編共收文四十多篇，合共八十多萬字。文章長短不一，短則只有寥寥數頁，如《井田制度考》，長則多達百餘頁，如《鮮

卑姓氏考》，甚至連五十年代初刊的小書《曹操》，經修訂後，載於《續編》內。

一如上文記敘，王仲犖寄寓昆渝兩地期間，反覆閱讀《資治通鑑》十多遍，因此《通鑑》便成為他日後恆常引用的正史。《嶧華山館叢稿》亦收錄了一篇題為「《資治通鑑》與通鑑學」的文章，另有「《通鑑考異》的史料考訂價值」一文。

評論《通鑑》　前後矛盾

單就前者而言，王仲犖先在文內簡單介紹《資治通鑑》主編司馬光及其副手劉攽、劉恕及范仲禹。司馬光不但精通文史，亦深懂人盡其才，分工得宜，著劉攽專修漢史，劉恕專治魏晉南北朝史，而范仲禹則主修唐史。在編修過程中，這個班子面對來源不一，內容有異的史料時，總能嚴謹考訂，權衡取捨，將最可信納者，載於鑑內；其他則另外收於《通鑑考異》內，以便參照而免於偏頗。

不過，王仲犖寫這篇文章，卻自暴矛盾。這邊廂，他認同「司馬光等編寫《通鑑》的動機是想借鑑於歷史，教人君以致治之術，得使長治久安。」但另一邊廂，又批評「由於時代局限和階級局限，貫串於《通鑑》全書的歷史觀，是唯心主義的歷史觀……他系統地全面地提出了如何鞏固統治秩序，導致長治久安的看法。由於階級局限的決定，《通鑑》……對農民舉行的反抗和起義，必然會稱之曰亂，曰反，曰盜，曰賊……另外，《通鑑》也有一些其他缺點，如寫帝王將相活動多，反映人民的生活少，政治方面寫得多，經濟方面相對來說寫得不夠多；文化藝術方面寫得更少，……這些現象和編年史體例的局限也是有關的。」

從以上引文可見，王仲犖不單前後矛盾，而且迹近自打嘴巴。虧他翻閱《通鑑》十多遍，居然如斯評論，足顯他嚴重缺乏史家須有的史識。

順應政治需求　評論違常？

首先，我們從司馬光編史的書名，就應該完全掌握到這本編年史的基調。顧名思義，資治通鑑的「資」字，不就是協助襄助的意思嗎？「資治」是指協助君王管治。因此，資治通鑑的意思，是一本協助君王妥善治理國家而足可借鑑的史書。

既然如此，《資治通鑑》絕對不是寫給一般讀者。明乎此，我們便須接納，這根本不是一本普通的編年史，而只是一本切合君主治國利益的參考書。

正因如此，《資治通鑑》絕非為人民發聲而站在人民一邊的人民抗爭史。亦因如此，《通鑑》重點在於政治而非經濟；須知這不是一本專治經濟史的參考書，更非文化藝術史。當然，也斷不是你所期望的農民起義史，也不是人民革命史。

人家就是本乎奉君侍君的意圖而編成此書。後人竟然基於自身的主觀願望而批評此書，實在莫名其妙。

賢如王仲犖，精讀《資治通鑑》如他，居然連《通鑑》成書的本意也搞不清楚而妄加斷語。這斷不是史家應該發表的評論。或許，他是順應政治風氣而無可奈何，出此違常言論。

學林蹓樂

失卻客觀研判　學子切戒

其實，歷代以來，誤判《通鑑》本質的史家，倒也不少。為增談趣，大家不妨細閱台灣將軍李則芬所著的《汎論司馬光資治通鑑》（臺灣商務，一九七九）。基本上，全書都是批評《通鑑》如何劣拙，司馬光如何不堪，甚至把整個編修班子罵個狗血淋頭，直斥其書為「思想毒素，貽禍後世，社會深受影響，民氣委靡不振，國家積弱千年，迭受外侮而不能振作……」簡直是把中國千年國運全部歸咎此書。如此孟浪之言，忒也有趣。

看罷王仲犖此文以及李則芬《汎論司馬光資治通鑑》，大家必須心存警惕，但凡不合我期望者，就不問情由，口誅筆伐，甚至趕盡殺絕。此等失卻客觀研判的行為，學子切戒。

記敘老師章太炎行事見識

《䚫華山館叢稿》及《䚫華山館叢稿續編》所收的幾十篇文章，固然以各門歷史為主，但當中有兩篇另類文章，很值得細閱。其一是「太炎先生二三事」，文內所記的事件，本身並非十分特別，而作用是讀者可以透過作者記敘老師的行事見識，瞭解做弟子的如何觀察老師。

另外一文，題為「談談我的生平和治學經過」，短短十幾頁，充分敘述作者如何治理學問，以及研究歷史的經過。例如，他在四九年擔任青島歷史研究所研究員時，奉命為農民戰爭史蒐集資料，然後抄錄於卡片。他在魏晉南北朝農民戰爭方面抄了幾百張資料卡。此舉有助於他日後在大學講授魏晉南北朝史，以及動筆寫《魏晉南北朝史》。

魏晉隋唐史專家王仲犖

「生命不息　寫作不止」

一九八三年亦即王仲犖逝世前三年，當朋友問他此後還寫什麼書，他表示，只要身體可以，還會寫幾本書，並強調「生命不息，寫作不止。」

這八字真言，不僅是王仲犖的生命觀，也是終生治學之人的使命！

（二十世紀文史名家系列之十）

學林甌樂

長居山東　不求顯達

王仲犖（一九一三至一九八六）原籍浙江餘姚縣，但由於父親遷往上海營商，他在滬出生。可惜，上世紀二十年代父親生意失敗，他青少年時代就家道中落。

他一生經歷了兩段婚姻。十八歲那年，大學還沒畢業，與首任妻子結婚。夫妻情如鶼鰈，彼此鍾愛文史，藝趣相同，益見琴瑟和鳴。他亦因着妻子的姻親關係，得以拜入章太炎門下。惜妻子患有肺病，最後到二十三歲懷孕期間病故。

過了十多年鰥夫生活，經歷過動盪流離的世代，在三十八歲（一九五二年）續弦，而新任妻子鄭宜秀亦酷愛文藝，並長期陪伴他在山東大學過着邊寫作邊執教鞭的生活。

據云王仲犖談吐風趣，但恪守原則，擇善固執。他不但熱誠教學，亦專心寫作，更經常操持家務，燒菜做飯。

另一方面，他多達幾百萬字的各款著作，多由妻子於他身故後代序刊行，使一代史家的論著，繼續廣行四海。

史家岑仲勉

敏學好詰　著作繁多

　　「認識」岑仲勉，與之前在本欄提及的鄧廣銘、王仲犖、方豪、白壽彝、向達等歷史名家一樣，始於上世紀七十年代我高中及預科時，而當年第一本閱讀他的書，是《隋唐史》。

《隋唐史》設計與別不同

　　岑著《隋唐史》與其他同類斷代史參考書，設計鋪排上很不相同，既不分章，更沒有分篇；只把全書分成隋史十九節及唐史六十八節，而每節都是一個特定選題。這種寫法好處在於自由不拘，讓人看來不像一本經過精心規劃的書，而像一本多年積累的文章彙編。然而，這種寫法失於鬆散，讀者不好檢索。不過，據此推論，此書應是課堂講章彙集而成。因此，不必將之看成規劃有致的二手斷代史。

　　全書有隋史十九節及唐史六十八節的標題，平線列於目錄而不按範疇分篇分章。這種鋪排確令讀者難以按類翻閱。舉例說，書內第四十五節寫「牛李之李指宗閔」；下一節即第四十六節卻寫「吐蕃之衰及河隴復」；下一節即第四十七節續寫「西北之內附部落」；再下一節即第四十八節則寫「外族之徙入與漢化」；可是到了第四十九節則寫「唐末之一瞥及其史料」，而第五十節則寫「農民受嚴重壓迫及其反抗」。

學林鷗樂

乍看來，書內節與節之間並沒有明確的干連。然而，細心一看，書內結構也不算過於鬆散雜亂。以第四十五至五十節為例，第四十五節講牛李黨爭，與隨後幾節無關，而隨後幾節即第四十六至第四十八節是以西北外族為重心。至於第四十九節是隨後幾節的開端，先寫唐末的一般情況及可予徵引的史料，然後按不同議題寫唐末歷史。綜觀全書，確自有脈絡，大抵由初唐講起，一直講到唐末，只不過在每個不同分段按需要插入敘述制度、經濟、賦稅或文化議題。

其實這種不拘成式的寫法本無不妥，反而有點別出機杼。不過，若干節的安排確有可議之處。例如把「盛唐、中唐、晚唐之詩人」放在第二十四節，但把「安史之亂」放在第二十七節，確有顛倒之弊。

論點精闢　深得認同

一如前述，這種似屬課堂講章而缺乏以篇章作為歸類的寫法，對讀者特別是以此書作為主要參考讀本的學生來說，頗感不便。先不論書內所載資料如何翔實，所提論點如何精闢（書內對於租庸調、均田制、黃巢等議題，確有獨特見解），單就檢索翻閱，已經遜於其他同類斷代史。難怪七、八十年代在香港修習歷史的學子，在選擇隋唐史參考書時，寧取黎傑或呂思勉而不大愛看岑仲勉。

敢向前輩陳寅恪詰問

不過，大家必須明白，岑仲勉《隋唐史》的學術成就之一，原來在於敢向前輩陳寅恪詰問，質疑對方治唐史方面的一些錯誤論據，而他指出者，確實得到陳寅恪默認。關於這課題，他日或可另文專述。

岑仲勉的著作，當然不止於上述《隋唐史》。事實上，他歷年已予刊行的專書，超過二十種，而已予發表的學術論文，接近兩百篇。單以目前坊間可以購得的著作而言，大抵有以下十多種：

《兩周文史論叢》、

《隋書求是》、

《通鑑隋唐紀比事質疑》、

《唐人行第錄》、

《唐史餘瀋》、

《郎官石柱題名新考訂》、

《金石論叢》、

《漢書西域傳地理校釋》、

《突厥集史》、

《西突厥史料補闕及考證》、

《中外史地考證》及

《黃河變遷史》。

　　此外，他歷年所寫的文章，部分收入《岑仲勉史學論文集》及其《續集》。

　　表面看來，上述書款，雖不算少，但未必算得上很多。然而，豈不知上述某些書款，其實是書中有書。例如：

　　《兩周文史論叢》，內連《西周社會制度問題》；

　　《唐人行第錄》內，除列述唐詩所涉人物的排行及次第之外，還包含三本書，即《讀全唐詩札記》、《讀全唐文札記》、《唐集質疑》；

　　《唐史餘瀋》則連《府兵制度研究》；

《郎官石柱題名新考訂》，內連《翰林學士壁記注補》、《補唐代翰林兩記》、《登科記考訂補》；

《中外史地考證》，內連《佛遊天竺記考釋》。

從上可見，書款比驟眼所見多很多。

《黃河變遷史》—— 精心之作

礙於書款太多，下文僅可酌選兩本較為特別的著作，稍予介紹，即《黃河變遷史》及《突厥集史》（上下集）。兩者以《黃河變遷史》書成較早，初稿於一九五一年寫就，經兩度訂稿後於五五年完成，五七年初刊。

早在漢朝以來，人民就有「黃河百害，唯富一套」（或作「利在一套」）的說法。從這諺語可以得知，黃河害處遠超好處。諺語裏的「一套」，是指河套。然則河套是指哪個地區，而河套是怎樣形成的呢？

河套一般是指賀蘭山以東、呂梁山以西、陰山以南、長城以北之地，覆蓋之處包括今寧夏銀川平原、內蒙鄂爾多斯高原以及陝西黃土高原的一部分。黃河流經上述地區時，先沿着賀蘭山向北流，但由於受陰山阻擋而回復東流，然後沿着呂梁山向南流。

如此一來，這段黃河形成了一個「几」字型的流狀，恍似一個布套。河套之名，因此而得。

河水成為利便灌溉的「恩物」

由於河套地區乾旱，降水量低，河水便成為利便灌溉的「恩

物」，造就了該區盛產稻米、小麥、大豆、高粱、玉米等農作物。黃河對當地人民的好處，盡顯於此。可是，黃河過了河套，便對沿河地區造成很多災害，而歷代人民為了抗澇防濫，簡直苦不堪言，而歷朝政府修治河道的工作，亦成為我國地理及水利史的重要部分。

岑仲勉雖然不是修河專家，但鑑於要有效修治黃河，便須瞭解黃河的癥結。他在書內的「緒言」以治病比擬治河。要根治疾病，必須先確診病因；同樣道理，要根治河患，須先尋出真正患因，而敘論黃河古今變遷以至歷朝特別是明、清兩朝的治河歷史，想必有助治河專家對症下藥，找出最能根治河患之法。

為此，岑仲勉以治河門外漢的身分，着手研究歷代相關史料，將之整理綜合，寫成這本長達五十四萬字的《黃河變遷史》。

釐清史書及前人誤差

岑仲勉把這本厚達七百多八百頁的黃河史書分成十六節。頭兩節先後講述「黃河重源說的緣起」及「重源說經過長時期而後打破」。雖然黃河的重源說到了岑仲勉寫此書的年代即五十年代早已證實沒有理據，但他仍以六、七十頁的篇幅，報道歷史上關於黃河重源的正反論據。原來，他本於敢向前輩陳寅恪詰問，而先把這個議題交代清楚，才開始縷述黃河的變遷。

另一方面，他在第三節以「《禹貢》是什麼時代寫成的？」為題，介紹《禹貢》這本書以及此書傳統以來與黃河的關係，目的在於推翻此書，指其充滿神話色彩而毫不真確，導致後人對黃河存有很多誤解。

岑仲勉把黃河重源說及《禹貢》的謬說一一釐清後，才由第四

節起按照朝代敘述黃河:由殷商遷都與黃河的關係,至周定王河徙所遺留的問題,兩漢、隋唐、五代北宋、金元、明清以至民國的河患及河防。他在第十六節「結論」之後,載有四個附錄,並附載十張地圖。本文限於篇幅,只可簡介書中兩三處。

敘述歷代治河成敗

岑仲勉在書內先後提出他對黃河歷代問題的論說:商朝初期由於尚處半畜牧社會,遷都之舉,未必與黃河潰決有關;大禹治河只屬神話,而周朝定王五年黃河初徙(初次改道)之說,並不正確;濟水其實是黃河的故道;漢代賈讓對治河堤詳細提出上、中、下三策,當中最重要的原則是「不與水爭地」;兩漢已經懂得以鐵和石築堤,而東漢王景所採取的分流,「水門洄注」、減水、滯洪、放淤等治河方法,極為有效,以致黃河安靖八百多年而迄北宋;隋代復通的通濟渠及新開的永濟渠,不但有利於治河,亦帶來莫大經濟效益;唐宋兩代把治河重點放在治理黃河的支流汴河,蓋因治汴容易得多,可收分流、分淤之效,從而間接減低黃河正流的險患。

明代河務辦得一團糟,比歷朝都差,唯一善策是萬曆年間在魯南開通長達兩百多里的泇河;清代治河,墨守明代的成規,成績乏善足陳;清初治河,大體上是多築減水閘壩,在海口築堤,從當地河心取土,集疏濬與堤防於一身;但清初治河,缺乏通盤策略,竟然將黃河南游和東游分司而治,各不相顧,而兩者之間,重南輕東,加上方法消極,只管逢決必塞,以及每年例必加高堤頂五寸;由於缺乏積極預防之策,河決、渦河、改道、衝入淮河、灌入蘇北的情況屢有發生。

文字記錄　不可視為主證

　　岑仲勉在書內「結論」提出，研究黃河變遷，要詳細認真分析歷代史料。再者，研讀史料，不應拘泥迂腐。例如《春秋公羊傳》提及黃河時，只說：「河千里而一曲也。」《爾雅》則云：「河出崑崙虛，色白，所渠併千七百一川，色黃；百里一小曲，千里一曲一直」。

　　前述兩書，並非地理專書，描述時難免籠統含糊，毫不精準。其實，我們必須明白，黃河的變遷以至河道的治理，是涉及地理、水文及修築工程等科學課題，至於文字紀錄及相關資料，充其量只可作為參考佐證，斷不可視為主證。

　　客觀而言，以一條河的歷代變遷作為題目而廣引史料並以五十多萬字論述，委實是罕有的偉大工程。當中所引史料或所提論據，容有商議之處，但絕對無損此書的價值。至於有人認為書內所引史料過於繁瑣，未及精挑，那關乎現代的歷史讀者是否有耐性毅力細閱史學巨著了！

　　順帶一提，白壽彝在其《中國交通史》第四篇第二章對元、明、清三代治河道，防水患也有講解，倒可一并參閱。

編集東突厥史　和應《西突厥史料》

　　另一方面，岑仲勉在五十年代編整了一套關乎外族的史書，名為《突厥集史》。全書長達八十五萬字，比前述《黃河變遷史》多出整整三十萬字，初刊於一九五八年。今天坊間所售者，是在二十一世紀複印的版本。

　　岑仲勉銳意編集突厥史料，是基於三十年代我國史地專家馮承

鈞將法文《西突厥史料》譯成中文，岑看後有感於該集史料只涉西突厥而不涉東突厥，未免不足；蓋因西突厥源自東突厥，如果只研西而不研東，便會失於以偏概全，無法盡窺全豹。此外，由於突厥與中國特別是隋唐時期的中國關係密切，「故整個突厥史之研究也是漢族源流史研究的一部分」（見書內「編後再記」）。他於是編集東突厥史，作為和應。

《突厥集史》一書，其實分為上下兩冊。上冊除「卷首」外，載有十卷；下冊則有六卷，即全集共十六卷，另備附錄。上冊「卷首」包含三部分：「引言及編例」、「編後再記」及「突厥史料參考書目」，而「卷一」至「卷十」，全屬「編年」，由「卷一」的「西魏大統八年至北周大象三年」，至「卷十」的「唐開元十一年至天寶十四年」。

所謂「編年」，是按照年份將關乎突厥的各種史料引列。例如「卷一」開首，他引述《周書》「宇文測傳」的記載：「西魏文帝大統八年壬戌，東魏孝靜帝興和四年，梁武帝大同八年，（即）西元五四二年……十二月突厥從連谷入寇，去界數十里……」。

為「編年」　加按語　助研判

驟眼看來，「編年」內的史料，只屬資料匯編，將不同史籍的相關資料併集而成，似覺枯燥乏味，而且學術意義不大。然而，岑仲勉在每則所編列的史料之後，例必加「按」。

大體上，「按」可分兩類：其一是提供補充資料，以便旁徵博引；其二是提出見解，協助讀者研判分析。所以說，書內的「按」，才是全書精華所在。

史家岑仲勉

試以上述引自《周書》的史料為例，岑仲勉在隨後的「按」裏寫道：「此是突厥初見，且有年份可考者，則突厥之興，更可上溯於魏也」。此外，他在同一「按」的下一段，回應法國漢學家伯希和（Pelliot）對於突厥 Türk 的譯名問題。

至於《突厥集史》下冊的六卷，有四卷屬於歷代史書內「突厥本傳」的校註。當中既有《二十四史》裏的《周書》、《北史》、《隋書》、《唐書》、《新唐書》，亦有《通典》、《太平寰宇記》。

另外兩卷是「突厥部人列傳碑誌校註」及「突厥文碑（譯文類）註釋」。當然，每卷均有詳盡註解及按語。例如他在「卷十四」校註《隋書》「鐵勒傳」時，在起首的「鐵勒」一詞之後，以一頁篇幅，力證「鐵勒」族並非屬於突厥的一支；由於其分布極廣，種族名稱超過四十，因此懷疑是某些部落的合稱，而似應是鮮卑之後裔。

儘管現代讀者甚或習史學子對於本文所述《黃河變遷史》及《突厥集史》的史地及外族題材未必感興趣，但當中岑仲勉的諸般詰問考證，絕對有助於訓練我們的學術研判。

岑仲勉惜於上世紀六十年代初辭世。不過，這位廣徵博引，遇疑必詰的史家，確實堪為典範。

（二十世紀文史名家系列之十一）

學林鷗樂

（配稿）
考證校釋　經世致用

　　岑仲勉（一八八五至一九六一），廣東順德人，父親從商，家境不算富有；自幼酷愛文史，尤其佩服清代王念孫、引之父子的考據學。一九一二年考入北京高等專門稅務學校，學習西方經濟、數學、外語等西洋科目，為日後的治史能力和方法打下另一種基礎。

　　根據岑仲勉門生陳達超記敘，岑仲勉一生的治學道路，大概可以分為三大階段。第一期是一九一二至三七年。稅務學校畢業後，本想負笈東洋，但缺乏川資，無法成行，只得留在國內謀生，擔任財稅機關小職員。不過，他自二十年代初便用心寫史學研究和考證文章，然後投遞全國各學術雜誌。其間，他得到陳垣賞識及鼓勵，繼續努力研究史學。

　　第二期是一九三八至四八年。這段時期他得到陳垣舉薦，進入中央研究院史語所擔任研究員後，專心考釋校正，對唐代《白氏長慶集》、《全唐文》、《全唐詩》等做了考證。

　　第三期是一九四九至六一年。這個時期他著作最為豐富，並盡力顯彰學者須「經世致用」的宗旨，而該時期的巨著《黃河變遷史》，就是明證。

　　另一方面，除了史學巨著，這位史家寫了很多篇幅較短的文章，而當中一部分由陳達超在八十年代輯成《岑仲勉史學論文集》及其《續集》。兩集收文三十多篇，共八十萬字，範圍廣泛，文史兼備，但均以考證為主。光是收入《史學論文集》內而有關《白氏長慶集》考訛的文章，就有七篇，合共二百多頁，全部在四七年初刊。當中以「論《白氏長慶集》源流並評東洋本《白集》」及「《白氏長慶集》

考
證
校
釋
經
世
致
用

298

偽文」兩文，最須注意。前者細敘《白集》的源流，後者把集內的謬訛，經訂正後一一列述，為後學釋除疑竇。

學林蒭蕘

留學法國　中西兼擅

馮承鈞建中外交通史橋樑

　　之前在本欄論及岑仲勉編撰《突厥集史》的背景時，提到岑仲勉閱罷馮承鈞翻譯法國學者的《西突厥史料》，有感於該書所集史料，僅限於西突厥而缺少東突厥，於是奮力編集東突厥史，以補空白。

　　上述《西突厥史料》的譯者馮承鈞，是民國時代著名史地學家，尤專交通史，特別是中外交通史。其實，上世紀三十年代是中西交通史學研究的豐收期。當時出版的書籍，全屬後輩學習中西交通史的重要讀物。當中計有：方豪的巨著《中西交通史》、向達所撰的《中外交通小史》、《中西交通史》、張星烺的巨篇《中西交通史料匯編》，以及馮承鈞親撰的《中國南洋交通史》及譯自法國學者伯希和（Paul Pelliot）的《鄭和下西洋考》等等。

南洋範圍大　語言多

　　關於方豪和向達的交通史論著，月前已於本欄先後述及。本文轉為介紹馮承鈞，但礙於篇幅，只可就論著、翻譯及校註三大範疇各選其中最重要之一書，即他親著的《中國南洋交通史》、譯自伯希和的《鄭和下西洋考》、他校註明代馬歡所著的《瀛涯勝覽》，以及親撰的長短文各一篇，稍予介紹。

　　馮承鈞於一九三六年寫成《中國南洋交通史》。據他親述，執

筆寫這本書之前，內心充滿矛盾。當時他雖然還沒踏入「知天命」之年，但頗為害怕撰寫大題目，更不喜歡他人邀約書寫大題目，而中國南洋交通史，對他來說，就是一個大題目。他擔心，縱使勉強寫就，但疏漏難免，蓋因「南洋範圍廣大，涉及語言甚多，非有鴻博學識不足辦此。」（見書內「序例」）

他雖然早已輯妥「南海地名」，但幾年來還是不敢向人展示。即使兒子及朋友鼓勵再三，仍猶豫不決，未敢動筆。適巧好友向達從英國寄贈一本 Ferrand 所寫的《大食波斯突厥交涉及遠東之輿記行傳》，而此書大大幫助他考訂地點，於是毅然執筆，希望本着「大輅始於椎輪」之意，為這方面的交通史稍盡綿力。

上編敘述事跡　下編輯錄史傳

既然講述南洋交通史，就必須先行界定「南洋」的範圍。單以馮承鈞《中國南洋交通史》的研究範圍而言，南洋包含「東起呂宋，西達印度西岸」，但不包括阿拉伯海西岸各地，亦不包括安南、占城、緬甸、暹羅四國。

關於此書的鋪排，馮承鈞先把全書分為上、下編。上編分十章敘述事跡，由第一章「漢代與南海之交通」起，至南北朝及唐宋元歷代交通，當中亦依次以康泰、法顯、常駿、賈耽等人作為章目主題。最後以「鄭和之下西洋」作為上編終章。

下編則以七章輯錄史傳輿記等典籍，計有：扶南（位於中南半島）、真臘（即今柬埔寨）、闍婆（今爪哇）、三佛齊（今蘇門塔臘）、南海群島諸國、馬來半島諸國、印度沿海諸國等傳。下編可視作上編之註釋。

與南海的交通　應始於漢朝

　　馮承鈞在書內上編大抵指出：中國與南海之間的交通，究竟早至何時開始，實在難以稽考。不過，有史可徵者，應始於漢朝，而有關活動可參閱《漢書》「地理志」及《後漢書》「南蠻西南夷傳」、「西域天竺傳」等；三國時代吳國孫權派兵出海宣揚國威時估計曾經到達夷洲（琉球群島），而朱應與康泰曾經到達真臘（即今柬埔寨）、林陽國（暹羅，今泰國）、緬甸沿岸，然後從恆河南下至斯調洲（錫蘭，今斯里蘭卡）；可惜康泰、朱應所著遊記早已散佚，僅散見於《水經注》、《藝文類聚》、《太平御覽》等古籍；東晉年間，僧人法顯與幾位同伴從長安出發，外遊十五年始歸，據其親述，最遠所至之地，是師子國（即今斯里蘭卡），回歸時經爪哇或蘇門塔臘至廣州。

　　法顯之後，南北朝往來南海的僧人，可徵者約有十名，包括覺賢、智嚴，而他們一般抵達印度甚至斯里蘭卡，而部分僧侶亦行經闍婆；隋朝煬帝為求外國珍異之物，派兵去過台灣及越南，並差遣屯田主事常駿通往絕域（遙遠之地），而他從廣州出發，最遠去到馬來半島之中的赤土國（據馮考證，往昔以為赤土位處暹羅境內，實誤）；唐朝賈耽曾從廣州出發，經屯門（即香港屯門）、越南、新加坡、印度至西方，包括阿剌壁（阿拉伯）帝國、縛達城（巴格達）及弗利剌河（幼發拉底河）；宋元兩代，海上交通繁忙，單從沿海所設的市舶司以通諸國貨貿，便知一二；使臣商旅所到之處，包括南海諸地，例如真臘、渤泥（亦作勃泥、佛泥，即今婆羅洲）、爪哇、單馬錫（今新加坡）、萬年港（疑今文萊，而「文萊」一詞，始見於《明史》）、北溜（即今馬爾代夫，明代《瀛涯勝覽》稱之為「溜山國」）、天堂（或作天房國，即今麥加）等。

以上簡述，皆引自馮書第一至九章。然而，全書最精要或最引起學子興趣者，是第十章「鄭和之下西洋」。此章篇幅不算很長，正文僅佔全書十二頁。不過，章內並非縷述鄭和七次下西洋之行程及見聞，而重點在於訂定正史之謬誤。

補敘《明史》　矯正伯希和紕漏

一般學者研究這個課題時，主要參閱《明史》「成祖本紀」及「卷三百四」「列傳第一九二」之「鄭和傳」以及伯希和《鄭和下西洋考》。然而，《明史》所記鄭和之事，僅寥寥數百字，未及詳實，而伯希和著書時，並未徵引《明實錄》及最新檢得的相關碑石銘文。伯希和之書於一九三三年出版，隨後一九三五年他於某學報發表「補考」，加引《明實錄》的資料，但馮氏仍嫌不足，因此在第十章指出《明史》及伯希和書的疏漏。本文限於篇幅，只能略舉一二例。

鄭和第一次奉命下西洋，據《明史》記載，是永樂三年六月；但馮承鈞推敲，這只是奉旨的月份，而真正出發的月份，應在秋後。此外，《明史》只記鄭和第一次自西洋回國是永樂五年九月；但《明實錄》的記載，更為詳盡，應是九月壬子（初二），並指鄭和此行，最遠至之地是印度西岸。另，鄭和第五次奉命下西洋，是永樂十四年冬，但據南山寺碑所記，鄭和統領舟師往西域的時間，是永樂十五年。其實，史書所記者，是奉敕年；碑文所記者，是出發年。此外，南山寺亦載述西域諸國，各獻珍物，包括獅子、千里駱駝、駝雞、金錢豹等。

不過，關於鄭和奉命出發與真正出發的時日，並非每次都有明確差別。例如，第六次下西洋，據《明史》「成祖本紀」所記，是永樂十九年春正月癸巳，而據南山寺碑所載，真正出發之日，即

十九年春，與《明史》脗合。這是因為出海要配合季候，鄭和必須趕及春季東北季候風止息之前出發，而不得耽誤。

扼要而言，馮承鈞在書內第十章引述其他史料，例如前述《明實錄》及明朝文人祝允明所寫的《前聞記》，矯正或補充一九三三年伯希和《鄭和下西洋考》內的疏漏及紕誤，而此書的馮承鈞中譯本刊於一九三六年。

馮譯伯希和《鄭和下西洋考》

馮承鈞無論在自己所著的《中國南洋交通史》第十章內，抑或在他所譯的伯希和《鄭和下西洋考》的「序」內，均舉出例證，指明伯希和書內未善之處。

然而，馮承鈞在《鄭和下西洋考》中譯本的「序」承認，儘管十九世紀末葉至二十世紀初，外國有好幾位學者曾研究鄭和下西洋之事，但總嫌粗疏，未曾用心「尋究史源，勘對版本」，因此相對而言，伯希和的研究最為用心。

可惜伯希和成書時，只參考《瀛涯勝覽》、《星槎勝覽》、《西洋番國志》及《西洋朝貢典錄》的記載，但沒有機會查核若干包含新證的典籍，例如收錄於《國朝典故》的《瀛涯勝覽》版本，及分別收錄於《羅以智校本》、廣州中山大學復刻「天一閣」本和《歷代小史》本所收錄的《星槎勝覽》，以致有所遺漏。

在此介紹馮譯的伯希和《鄭和下西洋考》，實有兩重意思：其一，趁此介紹法國學者的論著；其二，瞭解馮承鈞對於譯著內諸般論題的見解。

《鄭和下西洋考》在於考證校勘

伯希和《鄭和下西洋考》篇幅不算大，約有一百五十頁。必須指出，這是一本考證書，不是縷述鄭和七下西洋的事跡，而是考證校勘各本關於鄭和下西洋的典籍。為此，他在短短的引言之後，依次論述《瀛涯勝覽》、《星槎勝覽》、《西洋番國志》、《西洋朝貢典錄》，而以上四書，均屬明朝永樂宣德年間出現的南海航行著作。至於《明史》內相關本紀和列傳、《大明會典》、《大明一統志》、《明實錄》等有關的典籍，則不在考證之列。

伯希和首先在「《瀛涯勝覽》」一文，力證此書作者是親隨鄭和下西洋的馬歡，而不是張昇，蓋因張只是修訂者。此外，有些版本把馬歡寫成馬觀或馬汝欽，實誤。

至於「《星槎勝覽》」一文，伯希和指出，此書的版本問題，初則以為簡單易索，但其實與《瀛涯勝覽》一樣繁複。扼要而言，此書有單卷本，也有四卷本，皆述及作者費信跟隨鄭和四下西洋而合共二十多年的經歷。不過，此書始終未及《瀛涯勝覽》詳實，但兩者應該併讀，互證互補。

伯希和在「《西洋番國志》」一文指出此書是由南京人鞏珍撰寫。他曾隨鄭和出使西洋，共歷二十多國。只可惜，此書散佚，正文未見，只可在《四庫總目》看到浙江所進的《讀書敏求記》內間接論說此書的文章。由於所載內容，謬誤很多，以致「茫無援據，徒令人興放失舊聞之嘆」。

著墨於《西洋朝貢典錄》

「《西洋朝貢典錄》」一文，是伯希和書內著墨最多的一篇，幾佔全書一半篇幅。《西洋朝貢典錄》是一位名叫黃省會（字勉之）

所著，估計初出時，只是一個手抄本，書成於一五二零年，而初刻本要待至一八零八年才出現。儘管流傳版本很多，但從無人校勘，只有荷蘭漢學家兌溫達（J J L Duy Vendak）曾予註釋，以及美國漢學家羅克希耳（William Rockhill）的英譯本。

伯希和有見及此，親為該書按條校正。舉例說，書內提及爪哇王的居所時，標明居所「周二百餘步」，馬歡《瀛涯勝覽》則作「周圍約有百餘步」，而張昇版本的《星槎勝覽》，卻誇張地寫成「方三百餘里」。據伯希和推敲，張昇所言，當然無理，而馬歡版本，似脫一個「二」或「三」字；至於實情是二百步抑或三百步，則難以決斷。

儘管一如馮承鈞所言，伯希和《鄭和下西洋考》確有不足，但始終很值得閱讀汲取。

為馬歡《瀛涯勝覽》校注

馮承鈞除撰書、翻譯外，亦為交通史籍校注，當中最值得注意者，是為馬歡《瀛涯勝覽》校注。一九三四年他為馬歡書校注完畢，在書前親撰長序。他在這篇長達十九頁的序文，扼要述及鄭和下西洋的情況。從永樂至宣德年間，鄭和七下西洋，率兵將二三萬，「多齎金帛」，造大舶數十艘。單以第一次而言，共有六十二艘，第二次有四十八艘。

除此以外，馮承鈞在序裏基於歷史觀及愛國心，指出若以世界航海家而言，鄭和比狄加馬及哥倫布等早了幾十年，但西方史書只提及諸位西洋航海家而不言鄭和，實在不公！

另一方面，歷代以來，大家都對鄭和的宗教信仰存疑。他明明是回教徒，父親是去過麥加朝聖的信徒，享有朝聖者（時人稱之為

「哈只」，即 hajj）美名，自己為什麼後來皈依佛教，並有「三寶太監」的名號？據泉州回教先賢墓文所記，鄭和在永樂十五年五月路經泉州時，曾在該處行香祈福。很多人認定鄭和改宗佛教。

不過，據馮承鈞推定，鄭和並沒有放棄回教，皆因當時的中國回教徒，既可篤信回教，亦可兼奉佛教。這種「回佛兼篤」，信仰上並不相悖。想必這主要是因為佛教沒有解決造物主的課題，而既然如此，就不會抵觸堅持一神論的回教。

下西洋　彰國威　宣皇化

馬歡在自己所撰的《瀛涯勝覽》之內，除了一個短序，並親撰一首七言的「紀行詩」，以紀其盛。詩云：

「皇華使者承天敕，宣布綸音往夷域，
　　鯨舟吼浪泛滄溟，遠涉洪濤渺無極……
　　聖明一統混華夏，曠古於今孰可倫……
　　歸到京華覲紫宸，龍墀獻納皆奇珍。
　　重瞳一顧天顏喜，爵祿均頒雨露新。」

由此可見，出海目的，是彰顯國威，宣揚皇化，而攜回的珍物，多不勝數，其間甚至把叛逆或不服皇令的土王押回京師。

單以馬歡所參與的行程而言，他就二十個所到過的國家，逐一紀實。例如，他對滿剌加（馬六甲）國有如下記載：「自占城（即占婆國，今位於越南）向正南，好風，船行八日到龍牙門（即新加坡海峽），入門往西行，二日可到。此處舊不稱國，因海有五嶼之名，遂名五嶼。無國王，止有頭目掌管，此地屬暹羅所轄，歲輸金四十兩，否則差人征伐……」

《瀛涯勝覽》是研究鄭和下西洋的重要典籍。猶幸此書很容易在坊間買到，喜歡交通史的學子，實應捧讀。至於有關研究鄭和下西洋有何重要典籍，可參閱向達「關於三寶太監下西洋的幾種資料」一文。此文收錄於《唐代長安與西域文明》。

西域地名　結集成編

　　馮承鈞所著，所譯，所校，當不止上述三款。此外，他歷年寫就的多款長篇文章，今收錄於上海古籍出版社一套三冊的《馮承鈞學術著作集》，而前述的單行本《中國南洋交通史》，亦收錄在內。由於這套著作集所收錄的長文太多，合共十一篇，未能在此盡談，只好酌選「西域地名」一文，稍予介紹，聊增文趣。

　　但凡研究中西交通史，對於西域地名，必須具備通盤而清晰的認知，皆因一地多名，易惹混淆。馮承鈞在民國十九年把所有已予查核的西域地名結集成一個彙編，相當於西方學術界慣用的Glossary。

　　他在這本長達百多頁的地名彙編的「序例」首先說明，西域一詞所包含的地域，因朝而異。兩漢時代專指天山南路諸國；隋唐時代北至佛箖，中至波斯，南至波羅門；元明兩代更把非洲與歐洲的一些部分包括在內，而馮承鈞的西域地名範圍，則指最後者。

譯寫地名　難題極大

　　此外，他在「序例」提到，他在譯寫（transcribe）地名時遭遇極大難題。他半謙半嘲，評論自己的「語言知識，法文尚還記得，英文忘了大半，至若在中學預備過考的希臘文，拉丁文，德文，早

就還給中學的老師去了。近年學了一點梵文，可是只認得羅馬字譯寫的梵音，不能認識梵字……躊躇好久，裁決定採用一種單簡譯寫法……英文單簡，所以本篇大至採用 Stein（按：英國考古學家 Aurel Stein）所用的譯寫方法，於不一至求其一至。」

另一方面，為求方便檢索，所有地名均按英文字母的次序排列。茲引當中較為重要的兩條稍予說明。

其一，在 Cambodge 一條，馮承鈞指出，即「柬埔寨，昔之真臘。《唐書》一日吉蔑（Khmer），《真臘風土記》名甘孛智，《西域記》名伊賞那補羅（Isanapura），梵文亦作 Kambojo」。

其二，在 India 一條，他詳列「昔名 Sindhu，因水得名也。《史記》、《漢書》初名身毒，《魏略》、《後漢書》、《晉書》、《魏書》、《宋書》、《梁書》、新舊《唐書》、《宋史》並作天竺，《續高僧傳》亦作賢豆，唐時亦名之日波羅門。《西域記》云：天竺之稱，異議糾紛，時云身毒或日賢豆，今從正音，宜云印度。《元史》沿用身毒。印度諸名外，又作忻都。《慈恩寺傳》卷二、《宋高僧傳》卷三日印特伽（Indika）國。按 Sindhu 流域同名之國，《西域記》則作信度。」

抄錄這兩詞條，無非是要說明，一地多名的情況，極為普遍。此外，大家可以看到馮承鈞所博引的資料，除正史外，尚有大量諸如佛教典籍及其他方志。此等既屬水磨但須考證的工作，實不易為。

除了前述《馮承鈞學術著作集》，內地另有出版社把馮氏多年來研究西北古代史地而散見於各款期刊雜誌的文章集合成書，題為《馮承鈞西北史地論集》（中國國際廣播出版社，二零一三），內載文章二十篇。文章篇幅長短不一，長則二三十頁，短則幾頁。當年曾以單行本面世的著名小書《元代白話碑》，亦收入此書內，而

當中的「唐代華化蕃胡考」，題材上與史學大師陳垣的《元西域人華化考》類近，值得翻閱。

【何滿子】的「何」字是國名

其實，書內所收文章，都是有趣的小課題。例如，在「何滿子」一文，馮承鈞提出一般讀者或感興趣的兩個課題。其一，是「何滿子」一詩即：

「故國三千里，
深宮二十年。
一聲【何滿子】，
雙淚落君前。」

不應該像傳統所言是白居易所作，而應該出自另一位詩人張祜的手筆。其二，【何滿子】的「何」字，不是姓氏，而是國名。

第一個課題，純屬文學範疇。馮氏提出若干論據，證明白居易是此詩作者的說法，只是妄傳，而事實上，自馮承鈞之後，文學界已經接納此詩是張祜所作。

至於第二個課題，馮氏在文章指出，以人名作為曲名，當然常見，例如見於段安節《樂府雜錄》的【康老子】，以及載於《教坊記》的【曹大子】和【安公子】。不過，馮氏特別指明，【何滿子】卻不屬此例，蓋因【何滿子】不應該是指一位姓何名滿的人，而是指屬於何國這個小國的人。

何國是西域國名，亦即屈霜你迦，亦稱貴霜匿。他列舉正史《隋書》卷八十三「何國傳」、《新唐書》卷二二一下「西域傳」，以及《大唐西域記》卷一的敘述，力證何國真確存在，並援引其他人名，包

括何稠、何祿，均屬何國人，從而證明何滿子的「何」字不是何姓，而是何國。

換言之，【何滿子】一曲是西域何國人所作的樂曲。此說雖然看來有理，但由於論據並非絕對確實，而且此事根本無從根查，只可聊備一格。

深具學者應有胸襟

最後很想指出，前文提及另一位同樣精研交通史的向達，原來馮承鈞與他份屬學林知交。雙方不但從不傾軋，惡意排斥，反之誠心交流，互勉互濟，而彼此之間的情誼，確有文章可證。例如，馮承鈞在前述《鄭和下西洋》「譯序」末段指出：「向覺明（按：即向達）曾說過……。現在既有這些新資料之發現，我以為能夠疏通證明的，最好是向覺明本人。」

又例如，馮在收錄於前述《西北史地論集》的「再說龜茲白姓一文」首段表示：「我發表了『中亞五種語言』一文以後，引出覺明先生的論『龜茲白姓』一文，引證詳瞻，且喜且佩」，並稱許對方為有「本錢的同行」。由此可見，馮承鈞深具廁身學林應有的胸襟。

平情而論，馮承鈞對交通史的貢獻，固然不下於他所尊敬的向達以及牟潤孫所高舉的方豪。何況，他為西方擅於交通史的漢學家與中國交通史家及一般學子建立了一條學術橋樑，透過他的論著及譯著，我們瞭解很多關於西方的中西交通史研究成果。

（二十世紀文史名家系列之十二）

學林鷗樂

（配稿）
論著豐碩　廣惠學人

　　馮承鈞（一八八七至一九四六）早年留學比利時，隨後轉赴法國，拜入 Paul Pelliot（伯希和，一八七八至一九四五）門下。伯希和是交通史家及漢學家，亦即法國第一代漢學家 Edouard Chavannes（沙畹，一八六五至一九一八）的學生。

　　馮承鈞深得西洋學術訓練，並且精通英、法、比利時文，亦懂梵文、蒙文、阿拉伯文、波斯文等。他憑着優越的學術能力及外文條件，終其一生，刊行過不少中西交通史籍，而作品大概可以分成三大類。

　　其一，是親撰論著，計有：

《中國南洋交通史》、

《成吉思汗傳》、

《西域地名》、

《安南省道沿革表》、

《樓蘭鄯善問題》、

《高昌城鎮與唐代蒲昌》、

《景教碑考》、

《元代白話碑》、

《西方東漸史》、

《歷代求法翻經錄》等，而以上所著，目前部分收入《馮承鈞學術著作集》（全三冊）及《馮承鈞西北史地論集》。

其二是翻譯歐洲學者論著，例如：

法國 Segalan（色伽蘭）《中國西部考古記》、
Goloubew（郭魯柏）《西域考古記舉要》、
伯希和《鄭和下西洋》、Ferrand（費琅）《蘇門答剌古國考》，
以及《摩尼教流行中國考》、
《蒙古與教廷》、
《支那名稱之起源》、
《吐谷渾為蒙古語系人種說》、
《景教碑中敘利亞文之長安洛陽》等等。

其三是校註古籍，包括為明代馬歡《瀛涯勝覽》、明代費信《星槎勝覽》、南宋趙汝適《諸蕃志》校註，然後刊印成書。上述書籍今天大都仍可買到。

這位交通史家，堪稱作品豐富，着實廣惠學人。

C S Lewis（魯益思）

魔幻小說 風行全球

你如果是魔幻小說以至同類電影的支持者，又或是愛好閱讀神學及護教書籍的基督徒，又或是有志鑽研歐洲文學特別是中世紀文學的士子，一定認識 C S Lewis（一般譯作魯益思，或作魯益師）。

魯益思是英國文藝界的多面手。他本工文學，先後在牛津和劍橋兩所名校任教，寫過幾本影響深遠的文學論著以及多篇後來編集成書的文章。由於他篤信基督教而信仰歷程頗有起伏，在長期的信徒生活裏寫過十多本關於神學或護教學的書籍，而數量上反而多於文學論著。

另一方面，魯益思雖然是用功極深的文學研究者，但自幼就具有無比想像力。為了發揮自己豐富的創意，他先後寫了幾本科幻小說及一系列魔幻小說，而在他身故後幾十年，電影公司把他部分作品拍成電影，使這位本已名揚四海而作品早已風行全球的作家，更加廣為人知。

精通文學 尤專中世紀

除了上述三大範疇，魯益思亦是詩人、散文家、文評家、電台廣播員等等，而單就已予刊行的書籍而論，就有三十多款。本文篇幅有限，只能簡介他的三大範疇，其一，文學論著及相關成就；其二，基督教神學及護教學；其三，包括魔幻及科幻小說在內的文藝創作。現先介紹他的學術著作。

記得上世紀七十年代中我開始研習連英國在內的歐洲中世紀文學時，第一批要閱讀的參考書，就包括魯益思的兩本巨著，即 *The Allegory of Love*（一九三六年初刊）及 *English Literature in the Sixteenth Century, Excluding Drama*（一九五四年），兩者尤以前者至為重要。

乍看來，*The Allegory of Love* 應該是論及愛的寓言；其實這本書主要研究中世紀以寓言形式寫成的愛情詩作，並就該等詩作逐一評論。全書長達三百五十多頁，分七章。當中第二章討論寓言（allegory）的特質；另以五章，即第三至七章分別剖析某些作家或詩作。

先講解「宮廷愛情」（courtly love）

不過，為了溯本尋源，他在第一章先行講解有助促成寓言體愛情詩作的「宮廷愛情」（courtly love）。

望文生義，「宮廷愛情」當然發生於宮廷之內。不過，這種宮廷愛情斷不是我們憑常理可予推想的。首先，這種愛情絕非涉及郎未娶而妾未嫁的單身男女。其次，這種宮廷愛情的要訣，是男性貴族亦即求愛者可以憑藉詩歌或情書公開示愛，而毋須羞愧掩藏，但條件是他不准透露對方的名字，連些許線索也不可泄露。

換言之，這是關乎有婦之夫與有夫之婦的戀情。如果說得確切一些，所謂宮廷愛情，實質是已婚男女的奸情。不過，有趣的是，此等愛情不一定涉及肉體的情慾，反而較多講求心靈相愛。

「宮廷愛情」 特色在守秘

大家或許提問，在這個秘而不宣的情況下，女方豈不是可以擁有不止一名的愛慕者？答案是：當然有可能，而個中的真相，只有女方

自己才知道。其實，男方難保也有多於一位的對象。天曉得他所發表的情詩情信是送給誰？

在這個恍似猜啞謎的愛情把戲裏，男方與女方的關係好比藩屬和君主。居下者必須臣服在上者，既要謙遜恭謹，又要言聽計從；上者縱使無理申斥，在下者也須默然接受。

一言蔽之，追求者就是女方所「擁有」的男人。中世紀的貴族，居然陶醉在這種與浪漫時代相去千里的所謂愛情裏，倒反映了那個時代宮廷裏的所有人除了吃喝玩樂，果真無聊得很。不過，我們切勿以今論古，而是要嘗試走進中世紀的宮廷世界。

然則，這種「宮廷愛情」與 The Allegory of Love 一書內所探究的寓言，又有什麼關係？扼要而言，這種愛情所涉及的感覺和情緒，須透過寓言表述。

詳述十六世紀初期英國文學失卻中世紀韻味

魯益思的 English Literature in the Sixteenth Century, Excluding Drama 初刊於一九五四年，本屬多達十數冊的「牛津英國文學史系列」的其中一冊，後由劍橋大學出版社於一九六四年以單行本初刊。全書厚達五百多頁，除引言外，共分三章，依次為「中世紀後期」、「單調乏味時期」及「黃金時期」。

書內詳述英國文學在十六世紀初期失卻了中世紀文學的韻味，不論詩歌散文，都變得平淡無彩。幸而在十六世紀末葉，英國文學在詩人悉尼（Sir Philip Sidney）、史賓沙（Edmund Spenser）、莎士比亞的推動下，朝氣再現。不過，必須承認，這類以時代為綱，人物為領的重量級斷代文學史，縱使是英文系學生，也不一定感興趣。

相對於前述兩冊巨著，初刊於一九四二年的精裝本 *A Preface to Paradise Lost*（《失落園導論》），只是一本僅有一百四十頁的小書，而我手執的，是刊於一九六一年的平裝本。此書其實是魯益思較早時應邀前往威爾斯 Bangor 學院演講的講章彙編。顧名思義，講題當然是圍繞 John Milton（密爾頓）的 *Paradise Lost*（《失落園》）。

A Preface to Paradise Lost 確有見地　可惜知者不多

這本名為 Preface（導論）的小書，共有十九章，由首章「史詩」到末章「結語」。據魯益思親述，此書理應獻給東道主威爾斯 Bangor 學院，但他偏偏獻給由他自組的文社 Inklings 內其中一位文友亦即著名詩人、小說家、戲劇家兼文評家 Charles Williams。事緣對方曾就密爾頓的看法，特別是他在自編的 *The Poetic Works of Milton* 序言所提出的言論，魯益思深有同感，於是以此書奉達報李之意。

過去，英國文學界有一種比較獨特的看法，認為密爾頓在這首長詩內對撒旦頗有同情之態，甚至認為詩內的主角，不是人類始祖，而是稍稍偏向撒旦。蓋因人類從撒旦身上看到幾分自己，以致我們竟然對撒旦有若干程度的認同。難怪魯益思在書內的 Satan 一章內明言：

To admire Satan, then, is to give one's vote not only for a world of misery, but also for a world of lies and propaganda, of wishful thinking, of incessant autobiography. Yet the choice is possible. Hardly a day passes without some slight movement towards it in each one of us. That is what makes Paradise Lost so serious a poem. The thing is possible, and the exposure of it is resented. Where Paradise Lost is not loved, it is deeply hated...Satan wants to go on being Satan. That is the real meaning of his choice "Better to reign in Hell, than serve in Heav'n."...On the level of

學林鷗樂

literary criticism the matter cannot be argued further. Each to his taste.

　　魯益思在這段引文清楚表示：如果我們稱許撒旦，就等如是把生命的一票不單投給全然迷罔的世界，也投給充滿謊言，四處標榜，異想天開，不斷自況的世界，而事實上，我們或許真的如此選擇。試問我們每一天怎不會稍稍有此傾向呢？這就是促使《失落園》成為如此嚴肅的詩。我們或許真的如此選擇，而不惜以這副形相顯露於人前而惹來反感。你要嘛就喜歡《失落園》，要嘛就深深恨惡。……撒旦喜歡繼續做撒旦。這就是他如斯選擇的真正意義。「與其在天堂為奴為僕，倒不如統治地獄。」在文學評論層面上，此事無法多加爭拗。只好各適其適。

　　魯益思這本 *A Preface to Paradise Lost* 的小書，確實自有見地。可惜，知者不多。尚幸網上仍可買到。

離世前後幾年　論著先後出版

　　六十年代初、中期，亦即魯益思離世前後的幾年間，有幾本文學論著先後出版，當中包括六一年初刊的 *An Experiment in Criticism*、六二年編訂而於離世後翌年即六四年刊行的 *The Discarded Image: An Introduction to Medieval and Renaissance Literature*，以及六六年由其得力秘書 Walter Hooper 整理遺稿後並於推出時自撰代序的 *Studies in Medieval and Renaissance Literature*。此三書全由劍橋大學出版社印行。

　　至於 *The Discarded Image: An Introduction to Medieval and Renaissance Literature*，全書共收八篇長短不一的文章，但都是關乎中世紀和文藝復興時期的背景文化知識，例如中世紀的天堂觀及世界觀以至宇宙的組成及運作，以及地上的動物和人、人所兼具的理性靈魂和人性靈魂，進而談及人與軀體的關係。

以 *The Discarded Image* 撥亂反正

此書其實是作者在牛津講學期間用上不止一次的講稿。書內的八篇文章（講題），雖然並非環環緊扣，但處處表達同一信息：透過各篇文章所敘述的資料，作者要撥亂反正，澄清真正的中世紀，絕不是後世所理解，封閉而黑暗；反之，中世紀具備一個兼收柏拉圖和亞里士多德學說以及俗世和基督教信仰的體系模式。為此，他把書名定為 *The Discarded Image*，意指「遭摒棄的形象」。

一如上述，*Studies in Medieval and Renaissance Literature* 是魯益思離世後由其秘書將散於各處的文章編集而成。全書共有十四篇短文，包括三篇探討但丁（Dante）在《神曲》（*The Divine Comedy*）所用的意象和明喻（simile）技巧的文章，以及四篇分論史賓沙（Edmund Spenser）其人其作（包括 *The Faerie Queene*《仙后》和其他詩作）的文章。

此外，書內另有一篇題為 Imagination and Thought in the Middle Ages 的文章。表面看來，這篇文章應該收入前述的 *The Discarded Image*，蓋因題目明顯涉及中世紀。豈不知此文原來是在一九五六年為劍橋大學動物學實驗室內一班科學家舉行講座時的一系列演辭，為了迎合這群科學家的脾胃，魯益思抽起關乎文學的素材，轉談中世紀人所理解到的那種既簡單又清晰的宇宙觀。

由此可見，魯益思的講座，是以客為本，絕非依樣葫蘆。

為護教大量著書立說

相對於暢順平坦的學術道路，魯益思的信仰道路可謂起伏不定。童年時，他在基督教家庭成長，可是他在少年時代開始對信仰動搖，

學林鄔樂

轉而醉心於古希臘及北歐神話和魔幻傳說，並且在十五歲時宣稱自己是無神論者。他由「有神」轉為「無神」，因為他惱恨神為什麼在該存在時而偏偏不存在。

此外，一六年他應召入伍，在歐洲戰場親睹殘酷的戰爭、醜惡的人性和朋友的陣亡，而最滑稽者，是他在戰場上竟然被英軍的炮彈打傷，最後送回後方休養。他自此益發走向無神論。

不過，經過十多二十年的捨離，他終於在一九三一年重歸宗教。在往後信仰及護教的道路上，他寫了十多本書，包括回歸宗教的見證，而當中影響深遠的，計有：*Surprised By Joy, The Great Divorce, Mere Christianity, The Problem of Pain, The Four Loves* 和 *Miracles*。

The Problem of Pain 解決不了亙古長存的課題

儘管上述的 *Surprised By Joy* 以 *The Shape of My Early Life* 作為副題，但本質上此書是交代作者從無神論轉回基督教。他在書內敘明，此書不可與聖奧古斯丁（St Augustine）或羅梭（Rousseau）的《懺悔錄》（*Confessions*）比擬。

另一方面，他在 *The Great Divorce* 提到善與惡之分。作者透過從地獄坐巴士上天堂的寓言，讓人思索如何離惡遷善，而這種離異之舉，等同離婚（Divorce）。

如果你是基督徒，面對着魯益思的多本宗教書，相信你最想看的，是 *The Problem of Pain*。無他，大家都會提問：「如果神真的存在而他又是全能，為什麼會容許他的受造物經歷痛楚甚至遭受苦難」，並為此渴求一個具有說服力的答案。

不過，魯益思在書內只不過重申傳統教義而已，包括神的全能和善行、人的邪惡和墮落、痛楚和苦難源於人的邪惡、地獄和天堂的觀念。大家千萬不要期待，魯益思可以在書內為你解決這個亙古長存的課題。

得 Tolkien 鼓勵　寫魔幻小說

上述幾本宗教書，銷路極廣。不過，若論銷售量，他的宗教書還遜於小說創作。嚴格來說，他的小說可細分為魔幻小說和科幻小說。前者是指他一套七冊的 *The Chronicles of Narnia*（一般譯作《納尼亞傳奇》）；後者則是 *Space Trilogy*（《太空三部曲》）。

魯益思在摯友亦即上古文學權威及著名魔幻小說家 J R R Tolkien 鼓勵下，開展魔幻小說的創作。由一九五零年第一本出版的 *The Lion, The Witch and The Wardrobe*（一般譯作《獅子女巫魔衣櫥》），至五六年第七本出版的 *The Last Battle*，這套小說續印不斷，總銷量超過一億。

Narnia 是作家虛構的地方，該處所住的都是具有人性的動物。可惜過去百年該處被一名女巫管治欺壓。本來該處並非世上的凡人可至，但 Peter、Susan、Edmund、Lucy 四兄妹居然可以從家裏的神奇衣櫥通到該處。他們走進該地後，認識了英勇無匹的雄獅 Aslan 以及叫人懼怕的女巫。最後，憑藉 Aslan 的神勇力量，四兄妹消滅女巫，並登基為王。

以上是七本小說中第一本印行的 *The Lion, The Witch and The Wardrobe* 裏的故事。之後幾本，當然各有延伸。《獅子女巫魔衣櫥》情節簡單，但具有清晰可辨的寓言體：女巫顯然是撒旦或邪惡的化

學林鷗樂

身，四兄妹是善良的標記，而當中的 Peter（彼得），可視之為聖經裏的彼得磐石。獅子是「創造納尼亞及其內的所有的動物，而力量猶勝女巫。」獅子後來從死裏復活，戰勝邪惡，他的基督形象，更明確可知。

《納尼亞傳奇》拍成電影

隨着動畫技術迅速發展，《納尼亞傳奇》內的小說，已經陸續拍成電影。由十多年前上演的《獅子女巫魔衣櫥》至正擬籌拍的 *The Silver Chair*，已經是第四部。可惜，由於版權易手而電影製作出現重重波折，截止我整理這篇文稿的當刻，拍攝的竣工日期還未確定；大家還須等待。

另一方面，將魯益思科幻小說《太空三部曲》拍成電影，則似乎未有聽聞。這套三部曲其實是四十年代創作，早於《納尼亞傳奇》。靈感當然來自英國作家 H G Wells 的 *The Time Machine*（《時光機》），魯益思在小說裏講述主角 Ransom 被迫飛往其他星球後的遭遇。不過，從銷量來說，《太空三部曲》遠遜《納尼亞傳奇》。

大家如果對 *Narnia* 系列小說的結構、設計、內容及特色有興趣，可參閱牛津院士 Michael Ward 所撰的 *Planet Narnia: The Seven Heavens in the Imagination of C. S. Lewis*，及 *The Narnia Code: C. S. Lewis and the Secret of the Seven Heavens*。

前者探索七重天與天主教七聖禮、七宗罪及 Edmund Spenser 大型詩作 *The Faerie Queene* 的七篇長詩之間的關係；後者則着重以中世紀宇宙觀拆解魯益思小說內的七重天，把中世紀所認知的行星配對七重天。

至於《太空三部曲》，可翻閱 *Christiana Hale* 的 *Deeper Heaven: A Reader's Guide to C. S. Lewis's Ransom Trilogy*。書內帶領讀者緊貼魯益思創作路途上所經歷的每一步。

　　魯益思除了上述三大範疇，還有不少其他類別的著作，可惜此文限於篇幅，再難繼續介紹。

　　總之，無論你醉心文學論著，愛好神學及護教學，抑或喜歡魔幻小說，魯益思肯定在你生命裏佔一席位。

（二十世紀文史名家系列之十三）

（配稿）
讀書破萬卷　下筆如有神

Clive Staples Lewis（一八九八至一九六三），一般簡稱 C S Lewis。中文習慣上譯作魯益思，甚至譯作魯益師，兩者倒是音義兼顧的譯名。不過，在英國如果你喊他 Clive，他肯定充耳不聞，絕不理睬。為什麼呢？

原來他童年時所養的愛犬 Jacksie 有一天不幸被車撞死。他極度傷痛，甚至從那時起，把自己名字改成 Jacksie，而對方必須如此喊他，才會得他理睬。後來，他稍為妥協，近親好友喊他 Jack，他也願意回應。

魯益思父親從英國威爾斯移居愛爾蘭北部 Belfast（巴爾法斯特），而他童年就是在這個愛爾蘭的環境生活。這塊土地對他的成長以至種族觀念影響殊深。首先，他熱衷愛爾蘭文化，醉心用愛爾蘭文寫成的詩歌。他敬仰當地詩人 W B Yeats（葉慈），並有幸與這位前輩晤談。

此外，他長大後無論置身英國什麼地方，對於周遭英國人的英語口音極為反感，渾身不自在，總覺得他們在尖叫。英國本想封他做爵士，他卻婉拒，表面原因是他不想牽涉政治。至於真正原因，相信只有他自己才知道。

關於魯益思其人其事，可參閱 A N Wilson 所寫的傳記 *C. S. Lewis: A Biography – The Classic Life of the Author who Created Narnia*。

據魯益思憶述，他家裏藏書極豐。童年在家裏撿書而讀，就好比在草坪採摘青草這般隨意容易。由於他好靜勤修，一個短短的童年，已經讀書破萬卷。加上少年時代特別愛好希臘神話和北歐神話

以至魔幻傳說，為他打下創作魔幻小說的良好基礎，而他所通曉的中世紀文學，也給予他極多養分，以致每逢硯田，總是文思滾滾來，下筆如有神。不過，促使他創作魔幻小說的人，是好友亦即文學教授兼魔幻小說作家 J R R Tolkien。

如果沒有 Tolkien 的鼓勵，我們可能在魔幻小說堆中找不到魯益思的名字。

J R R Tolkien（托爾金）魔幻小說
建基古代文學　廣拓想像空間

　　前文介紹英國著名文學專家兼魔幻小說家 C S Lewis（魯益思）時，提及他有一位摯友，名叫 J R R Tolkien（全名是 John Ronald Reuel Tolkien；多簡稱作 J R R Tolkien，甚至 Tolkien；中文可譯作托爾金）（一八九二至一九七三），而此君對魯益思影響殊深。我們甚至可以大膽推論，沒有托爾金，恐怕就沒有後半生執筆寫魔幻小說的魯益思。

　　魯益思在牛津大學的歲月，有緣結識托爾金，由於志趣相投，彼此頓成莫逆。不過，必須明白，兩者雖然同攻文學，但專業範疇明顯有別。魯益思專攻中世紀文學，而日常所處理的大都是與拉丁語系有關的歐陸文學作品，以及英國中世紀和文藝復興的作品；托爾金則以古代文學為專，每日主要接觸的是以歐陸古語特別是與古代英語有關連的歐陸古語所寫成的古代文學作品，以及英國古代文學作品。

與托爾金　十分投契

　　儘管如此，由於雙方醉心希臘及北歐神話和魔幻傳說，因此十分投契，並經常在校內一個叫做 Inklings 而算不上很正式的會社敘話。要不是托爾金努力鼓勵推動，魯益思不一定埋首創作科幻小說以至隨後的魔幻小說。

另一方面，魯益思自少年時代宣稱脫離信仰而以無神論者自居十幾二十年後，要不是受到托爾金的勸告啟迪，他恐怕不會有所醒覺，重歸宗教，而如果他仍然遠離宗教，相信斷不會寫就十多本講述自身信仰經歷以及護教的專論。

不過，有趣的是，他雖然重走主路，但既不重投愛爾蘭基督教會，亦非如托爾金所冀望轉投愛爾蘭天主教會，反而選擇跟從英國聖公會。魯益思如此抉擇，托爾金當然不以為然，甚至十分失望。

兩位雖然同屬教學與寫作並行的學者，但平情而論，魯益思的學術成就，特別是見諸學術論著的成就，比托爾金猶勝一兩籌。在學術界，托爾金在古代文學圈子的地位，確實遜於魯益思在中世紀文學圈子的地位。不過，我輩學子，修讀古代文學時，也曾讀過他的學術文章，包括論述 *Beowulf* 的文章，而 *Beowulf* 是古代英國文學裏一首史詩，敘述驍勇善戰的英雄 Beowulf 如何斬妖屠龍但暮年時至終與敵同死的古老故事。詩名 *Beowulf* 就是取自該位英雄的名字。

史詩 *Beowulf* 譯成散文

除了寫文章，托爾金更以現代英文翻譯這首古代長詩。不過，他的 *Beowulf* 譯作，是一個散文譯本，並非以詩譯詩，而且早在上世紀二十年代完成，但一直沒有付梓。及至近年才由他兒子將遺稿稍予整理，然後刊行。

或許有人覺得，以散文翻譯長詩，由於詩韻盡失，根本師老無功。這個說法，當然大有道理。須知但凡詩作，一經譯成散文，原詩的格律音韻，根本蕩然無存。由古代英文（Old English）寫成的 *Beowulf*，特色不在於句末的用韻，因為此詩不押韻，而特色在於每

學林鷗樂

句中間的雙聲字（alliteration）。托爾金的散文譯本，當然保留不到詩體的雙聲字。不過，我們是否因此認定散文譯本了無建樹？

其實，散文譯本由於文體自由，可將原詩的意思盡包而毫無遺漏，所以好處在於失真程度極低；而韻文譯本的最大難處是每當遷就格律用韻時，原意或內容便難以兼顧，而被迫有所捨棄。所以說，散文譯本也有其生存價值。何況，譯本越多，原文的推廣面就更寬大，文學姿采就更多。以散文譯古代長詩，斷非只有托爾金一人。英國 Penguin Classics（企鵝古典文庫）創社編輯 E V Rieu 不就是把古希臘荷馬兩本史詩譯成散文嗎？

明白這個道理，我們應該感謝托爾金在 *Beowulf* 方面的貢獻。再者，他在自己的譯本之後，附載一個有用的評註（commentary）。據悉，托爾金當年就是以這套評註作為底稿，在大學開設 *Beowulf* 講座。更重要者，他以此作為他開始寫魔幻小說特別是 *The Hobbit* 的藍本。

角色眾多　情節離奇

魔幻小說 *The Hobbit*（亦稱 *There and Back Again*，《哈比人》）是托爾金在一九三七年出版亦即第一本刊行的兒童文學作品。嚴格來說，這並不是他首度執筆的作品，蓋因早在第一次世界大戰後，他就開始寫這類小說。不過，由於 *The Hobbit* 是第一本出版作品，我們就由這本小說講起。

The Hobbit 甫經初刊，就廣受稱許，並隨即為他贏得 *New York Herald Tribune*（《紐約先驅論壇報》）「最佳青少年小說獎」。此書嗣後更續印不絕。

J R R Tolkien（托爾金）魔幻小說

這本小說以「神仙時代」與「人類時代」交替的黎明時代作為背景，敘述遠方一班由 Thorin 領導的侏儒，尋探一批由巨龍 Smaug 把守的黃金，而過程中透過四處歷練的法師 Gandalf 介紹，認識了 Bilbo。他是個 Hobbit（哈比人，專指類似人類的矮小族人），起初是個無用鬼，只管多吃少做、多拖累少幫忙，而且常常思家。不過，及至他找得魔法指環而戴上後，居然脫胎換骨，成為團隊的英雄。

透過疊浪而來的挑戰和考驗，Bilbo 日趨成熟，甚至發覺自己居然擁有不少連自己當初也不知曉的本領。經過連番驚險，Bilbo 的一方與敵方大戰一場後，終於獲勝。他就帶着些許財寶高興回家。

這本雖不算太長但絕不算短的小說，所涉人物當然不止於上述幾個。穿插於這個驚險重重、周折多多的故事裏的人物，還有居於 Middle-earth（「地中」）的精靈、居於洞穴的小妖、居於森林而懂得講話的巨型蜘蛛、同樣懂得講話的神鷹、飛砸大石的巨人、邪惡的狼群、吃人的怪物等等。

想像豐富　學養殊深

小說裏有如斯種類眾多的角色以及曲折離奇的情節，大體可以歸結於托爾金身上特有的兩個元素。

其一，當然是他擁有豐富的想像力。整個 Middle-earth 的概念都是由他構想出來。據說，此書首章首句 In a hole in the ground，是他擔任某年中學會考改卷員時因靈感突至而寫在某考生的空白考卷上。

此外，他很熱衷把自己的想像成果拿出來與好友分享，而事實上，*The Hobbit* 未獲得出版商應允刊印前，書稿已交予魯益思等好友傳閱。

學林鷗樂

其二，是他的學養。他把多年來學得的歐洲古老文字，特別是東歐和北歐文字，以及各地的古老文學，包括北歐的傳說（saga）、前述的英國 *Beowulf*，以及屬於阿瑟王與圓桌武士系列的 *Sir Gawain and the Green Knight*，加上北歐神話，全然靈活運用在他的小說裏。

用字特殊　標奇立異

單以小說內的人物名稱為例，Thorin、Gloin、Gandalf 等名字，看起來很有北歐色彩。反觀魯益思所用的字，比如 Narnia（納尼亞），拉丁色彩很濃。這也多少反映他倆所專攻的範疇不同。

又例如，他在書裏加上一些楔形字母及以楔形字母做標記的地圖，以及一些明顯有別於常用英文的特殊文字。比方說，英文裏 dwarf（侏儒）是名詞，而 dwarfs 是名詞的複數，形容詞是 dwarfish；但他記敘 Thorin 的祖先時，把這個字的複數寫成 dwarves，而把形容詞寫成 dwarvish。此舉顯然是標奇立異。

另一方面，書裏的巨龍與 *Beowulf* 裏的巨龍，實在有太多相同之處。再者，他喜愛在小說內按照情節所需，加插自作的詩歌，而且頭頭是道。這亦說明，他文學底子深厚；反觀其他小說家，根本難勝此任。

大家會否聯想到，他在小說裏加詩歌，與我國章回小說裏加添詩詞的做法，不是有些相似嗎？

魔幻小說　寓意明顯

撇除一切奇特角色和怪異情節，這本屬於兒童文學的魔幻小說始終有其明顯的寓意：人的成長過程中，在小孩時代儘管礙於童蒙

而容易犯錯失準，但只要多加歷練，多受啟導，便可茁壯成長，大器可期。

事實上，托爾金寫此書是要送給自己的孩子，希望憑書寄意，孩子可以掌握書中要旨，在成長路上，勇對考驗，處逆謀順。

The Hobbit 自一九三七年初刊後，雖然數度加印，但內容並無修訂。到了五一年，托爾金由於正在埋首創作 *The Lord of the Rings*（《魔戒》，或譯作《魔戒之王》），為使兩者在情節上較為脗合，於是修訂 *The Hobbit*。到了六十年代中，他先後把此書的美國版和英國版再度修訂。

根據專家考證，在 *The Hobbit* 初刊的同一年，即一九三七年，托爾金在年底開始動筆寫 *The Lord of the Rings*，而在此之前，他當然常常為新作構想。不過，要不是出版商鼓勵催促，他可能不太急於動筆。構想雖然有，但總得花費大量時間心神撰寫。

一如常人，他要教學維生，照顧家庭。如果寫作只是為了自娛，當作消閒遣興，實在不必急就。不過，由於出版商催他要書賣錢，而他本人可以從中獲得筆金，為了增加收入，幫補一家六口的開銷，例如子女學費醫療，於是決定運用課餘所有時間，埋首寫作。

構想新書時　自愧「江郎才盡」

然而，托爾金在構想新書內容時反而猶豫不決。究竟是沿着舊書的人物和情節，開個新篇，續寫下去，抑或另開新題，把讀者帶去一個完全有別於前書的世界？

對於前者，他竟然自愧「江郎才盡」，枯腸搜索後，覺得再無新材料續寫下去；對於後者，他其實很想把過去二三十年來不斷自

我創設而稱為 Silmarillion 的神話體系，公諸於世，但擔心讀者是否樂意接納。他把自己的矛盾告訴出版商，並把 Silmarillion 的部分故事傳給對方參閱。

托爾金或許未必想到，出版商居然回應：Silmarillion 固然可以出版成書，但裏面的材料，其實足以撰寫一系列類似 The Hobbit 的小說。托爾金幾經思量，終於答應對方，準備寫一個與 The Hobbit 有關連的系列，並且運筆如飛，寫了頭幾章。

The Lord of the Rings 開端幾經周折

為了呼應 The Hobbit 第一章的標題 An Unexpected Party，他把新書第一章的標題定為 A Long-Expected Party。

可惜，他所開啟的道路，起初走起來絕不順暢。他每次寫了幾章，都覺得不妥而無法接續下去，結果數易其稿。幾經周折，才改為今天所見的版本，由舊書的主角 Bilbo 出場。

托爾金用短短一頁紙交代了場面，敘述一百一十一歲的年老 Bilbo，把財產甚至指環交予三十三歲的表弟 Frodo 之後，就飄然而去。新故事 The Lord of the Rings，就由此展開。

看罷這本小說的開場，大家會不會不期然想起，金庸筆下《倚天屠龍記》不又是運用前作《神鵰俠侶》內的郭襄作為牽引，帶出《倚天》故事的開場？

《魔戒》初刊　毀譽參半

托爾金以 The Lord of the Rings 系列寫了三冊小說，依次為：The Fellowship of the Ring；The Two Towers；The Return of the King。這套長

達一千三百多頁另加一百五十頁附錄的小說，初次面世後，毀譽參半。

有人認為是古代及中世紀傳說和文學的大雜燴；有人訕笑，書內的人物進侵了中世紀史詩 *Nibelungenlied*（《尼布龍根》）的國度。有人甚至具體指出，書中情節失衡，為何幾乎所有正派人物都連成一線，與惡魔 Sauron 為敵，而他們對敵時竟然了無法寶，只單憑戰士的勇毅？

此外，有人質疑，作者為何從沒有解釋什麼才算是「美善」；有人甚至推敲，書內的寓意是享有民主體系的西方與共產主義的東方對壘。不過，忝為摯友的魯益思和譽滿文壇的詩人 Auden（歐登）卻推崇備至。當然，隨着日子遞增，喜愛他作品的人越來越多。

浪漫文學　有所延伸

及至七十年代亦即我輩研習西洋文學時，他的文名，早已如雷貫耳。本系師生之間，經常討論他的小說，並探索他究竟是否一位偉大的作家，而且不光是兒童文學作家，更是跨越年齡的小說家？

如果我們套用二十世紀著名英國文學家 C M Bowra 在其著作 *The Romantic Imagination* 所言，浪漫主義的真髓在於想像，在於人類透過想像而開拓無垠空間，那麼托爾金帶有寓意的小說，就應該是浪漫文學的延伸。依此看來，托爾金的確是位了不起的現代浪漫小說家。

學林鷗樂

憑空所想　肉眼終見

　　另一方面，記得當時七十年代我們這班學子常替他可惜，那個時代的電影，礙於技術有限，根本沒能力把他的小說拍出來。雖說在七十年代末有人將之搬上大銀幕，但不算成功。

　　及至近十幾年，隨着動畫科技發展迅速，他的小說，終於可以拍成規模宏大的電影系列，先在二零零一至二零零三年連續推出《魔戒》三部曲，後在二零一二至一四年以《魔戒》三部曲的前傳名堂，推出《哈比人歷險記》三部，而公演的結果，當然是風行全球。他的作品最終可以憑藉另一種媒體，廣傳四方。

　　他與魯益思恐怕當年做夢也想不到，自己憑空構想的畫面，居然可以見諸肉眼，為自己的文學作品增添另一種感官享受。

（二十世紀文史名家系列之十四）

J R R Tolkien（托爾金）魔幻小說

哲嗣整輯　遺稿傳世

托爾金終其一生留下了不少作品。除了廣為人知而有關 Middle-earth 的 *The Hobbit*（《哈比人》）和 *The Lord of the Rings*（《魔戒》）三部曲之外，還有較少受到注意的中世紀寓言 *Farmer Giles of Ham*，以相聲韻文（alliterative）寫成的戲劇 *The Homecoming of Beorhtmoth*，詩集 *The Adventures of Tom Bombadil*，短篇故事 *Smith of Wootton Major* 等等。

另一方面，透過兒子 Christopher 多年努力，托爾金的大量遺稿經悉心整編後一一付刊，計有：

1. 可視之為 *The Lord of the Rings* 前傳而其精裝本厚達三四百頁的故事 *The Silmarillion*；

2. 講述「地球第一世代」凡人 Beren 與長生精靈 Luthien 相戀的故事 *Beren and Luthien*；

3. 早在一七至一八年完成初稿而在五十年代改寫但快將完稿前突然放棄的故事 *The Children of Hurin*；

4. 早在一六至一七年間動筆但至終沒有完成的多則故事而由兒子編成 *The Book of Lost Tales* 上、下兩冊。

兒子 Christopher 甚至把父親歷年為創作小說而擬備的各類資料匯集成十二冊的 *The Complete History of Middle-earth*，而前述的 *The Book of Lost Tales* 上、下冊亦收錄入內，載於首兩冊。

學林鷗樂

至於與古代文學有關的作品，包括：

1. 把北歐中世紀著名詩歌 *The Volsungs* 重新以韻文體敘述的 *The Legend of Sigurd and Gudrun*；

2. 有關 King Arthur（阿瑟王）的 *The Fall of Arthur*；以及

3. 本版正文提及的 *Beowulf: A Translation and Commentary*，均由兒子稍加整理後付印。

兒子 Christopher 如此辛勤匯編，當然十分有助推廣父親生前未予刊行的作品。可惜他在二零二零年一月因病逝世。猶幸他終其一生，竭力廣弘父著，此亦可堪告慰。

另一方面，過去幾十年，西方已經形成一種叫作「托爾金學」的現象，當中不少人寫過參考書，從而介紹，分析或研究這位小說家其人其作。單以筆者手執者，就有：

1. Nigel Cawthorne 的 *A Brief Guide to J. R. R. Tolkien*；

2. Paul Harold Kocher 的 *Master of Middle-earth: The Fiction of J. R. R. Tolkien*；

3. 注重小說內神學觀念的 Ralph Wood 的 *The Gospel According to Tolkien: Visions of the Kingdom in Middle-earth*；

4. Bradley Birzer 的 *J. R. R. Tolkien's Sanctifying Myth: Understanding Middle-earth*；

5. Stratford Caldecott 的 *The Spiritual Vision Behind The Lord of the Rings and The Hobbit*；

6. Peter Kreeft 的 *The Philosophy of Tolkien: The Worldview Behind The Lord of the Rings*；

7. Philip Ryken 的 *The Messiah Comes to the Middle-earth: Images of Christ's Threefold Office in The Lord of the Rings*。

不過，讀者如果只想集中認識 *The Lord of the Rings*，可參閱兩位權威 Wayne Hammond 與 Christina Scull 合編那套厚達千頁而可說是最為廣闊詳盡的 *The Lord of the Rings: A Reader's Companion*。

學林鷗樂

Charles Schulz（舒爾茲）
以童心 寫人生
花生漫畫 趣中寄意

　　日前為本欄先後撰寫有關 C S Lewis（魯益思）和 J R R Tolkien（托爾金）的兩篇介紹文章期間，自然聯想到很多位由上世紀七十年代至今這段悠長歲月中對我影響殊深的西洋文化名人，當中最縈繞腦際的竟不是學養高深的文史哲大師，而是一位平凡到不能再平凡的人；他竟然以平凡簡單的孩童故事，道出很多極不平凡的人生哲理。

　　他就是伴我成長、添我生活意趣、笑聲中給我啟迪的花生漫畫大師 Charles Schulz（舒爾茲，一九二二至二零零零）。

電台節目推薦花生漫畫特刊

　　記得二零零零年初，我接受某電台節目訪問時，應邀推薦一本自覺值得介紹的書給聽眾朋友閱讀。當時心想，要我從西洋文史哲裏介紹任何一位大師的某本著作，當然樂意而為，但生怕所推薦者，一般沒受過西洋學術訓練的朋友，未必見得合用，於是反其道而行，介紹當時碰巧出版不久的 *Peanuts: A Golden Celebration — The Art and the Story of the World's Best-Loved Comic Strip*（一九九九），也就是花生漫畫的五十周年金裝特刊。由於電台節目時間有限，未能盡言，僅能提綱挈領，講出花生漫畫成功之處。

　　詎料節目播出後沒幾天，就傳來舒爾茲病逝的噩耗。他辭世前

我有機會在港透過廣播，傳揚他畢生成就，也算是緣分一場。

不過，如果說到結緣，應該是從二十世紀七十年代開始。深深記得，讀高中年代，常常在襯衫的胸前扣上一個 Snoopy（一般譯作史諾比）挑起小背包走天涯的別針，以此期許自己了無牽掛孤身浪蕩天涯的日子盡快來臨。當然身邊還擁有由一本一本漸次積累而最終成為一個不大不小的花生漫畫庫。

從文學分析花生人物

及至就讀英文系時，有幸跟隨一位後來成為我恩師的女教授研習西洋現代文學。她名叫 Velande Taylor 博士，是美國哥倫比亞大學畢業生，專研關乎哲學的現代文學，例如存在主義文學。她除了在課堂上與我們討論魯益思和托爾金，更經常討論花生漫畫。

大家可能納罕，幹嘛堂堂一位教授，居然在課堂上大談花生漫畫，把這種通俗文化看成具有文學意義的作品？那還不止，她原來是個花生迷，比我輩迷得更瘋狂。你的功課要是做得好，她準會在你的固定功課本上貼一個花生人物的貼紙，猶如小學老師對待她的學生，挺有趣。

最難得是她從文學角度分析花生漫畫裏每一位人物。論學歷，舒爾茲根本不可以與前述的魯益思和托爾金相提並論。人家是學養高深的名牌大學教授，學而優則作，專門撰寫學術論著，以至魔幻小說。舒爾茲別說是教授，甚至連大學也沒上過，哪會是什麼文學名家？

學林鷗樂

作品雋永　牽動人心

不過，別以為他不是文學名家，就寫不出雋永而牽動人心的作品。他的漫畫既有畫作，也有文辭。只見他草草幾筆、寥寥數言，就可以把啟迪人心的信息傳與讀者。

舒爾茲筆下的花生漫畫，最大特色是所有人物都是小孩，而絕對沒有成人的份兒。如果情節上真的需要成人與小孩對話，舒爾茲只會在漫畫裏寫着成人的話語而不畫圖像；或是由與之對話的小孩負責把成人的說話轉述出來。這種做法的明顯好處是把畫面淨化，純是小孩世界而沒有成人摻雜於其中。

今天的香港社會，由於以花生漫畫人物作為各式各樣商品極為廣泛，致使漫畫裏的人物，基本上無人不知。可是，一般人對這一夥（舒爾茲喜歡用 gang 字作為量詞）由小孩組成的人物，不一定說得出每個人物的名字和他們之間的關係，更未必分辨到每個人物的性格和特質。

很多人相信，漫畫裏的小狗史諾比，是當中的主角，更是花生漫畫的標記。某程度上，此說誠然不差，起碼牠是眾多角色裏重要的一員，而且戲分不少，很多故事都參與在內。不過，如果要介紹故事裏的核心人物，得從史諾比的主人 Charlie Brown 說起。

主角是作家自身投影

Charlie Brown（一般譯作查理布朗，他的友儕喜歡叫他 Chuck）是漫畫裏著墨最多的人物，而他的背景及性格或多或少是作家自身的投影。例如舒爾茲父親是理髮師，查理布朗的爸爸也是理髮師。舒爾茲求學期間，成績平庸至極；查理布朗在校也斷不是個尖子。舒爾茲家裏養狗，查理布朗也是，只不過狗種不同。

查理布朗本性良善、誠實有禮，但因此常常遭人欺負，給人家佔便宜。他勤奮負責，對學業，他用心學習，從不躲懶；對史諾比，他盡心照顧，是個不折不扣的好主人。可惜他腦袋很不靈光，思考從不敏捷，因此常常被人取笑奚落，甚至給人罵作 blockhead（笨蛋）。不過，縱使是笨蛋，他居然也有一位叫作 Peppermint 的傾慕者，是一位上課遲到又常常在課堂上睡覺而且測驗總拿「丁」等的善良女孩。

沒性格　原來就是 Charlie Brown 的性格

另一方面，他思想固執得像個小老頭，生活過得極為刻板。以他的午餐為例，他經年累月都是啃一份塗上牛油花生醬的三文治，而從無他選，以致人家看來，簡直沉悶得叫人窒息。

此外，如果說他與人為善，愛好和平，不生嫌隙，從不搞事尋釁，那只不過是故作褒詞；其實，人人都把他看作怕事膽怯、從來不敢與人對敵的懦弱鬼。每次見到他的好友也是他的剋星 Lucy 向他揮拳叫陣，他總是頹然退縮，絕對沒有男孩那種怕你幹啥的膽量。他這麼沒性格，原來就是他的性格。

關於查理布朗的傻事、錯事、心事，以至叫人氣結的種種不平事，可多着呢！不過，暫且按下不表，先簡介漫畫裏其他人物。

史諾比像貓多於像狗

史諾比是查理布朗所養的小狗。相對於牠的主人，牠很有性格。不過，不知道花生迷是否同意，史諾比性格上像貓多於像狗。牠雖然不算自私，但十分自我，喜歡我行我素，絕不理會人家怎樣看牠，

學林鴻樂

更從來沒有什麼忠心報主的意識。牠只管看重自己作為狗應有的每分每寸權益，以致對牠善良平和的主人有點喧賓奪主，而人狗相處時史諾比必佔上風。然而，總括來說，主人與牠相處融洽，關係密切愉快。

另一方面，牠素以作家自居，終日對着打字機，把牠想像自己戰時參軍而坐着戰機殲敵的英勇事跡，寫成文稿。牠甚至常常坐在狗屋頂，幻想自己是個戰時的機師英雄。牠這種自我陶醉而看來傻兮兮的行為，漫畫裏所有人都視為平常；只有 Lucy 看不順眼，總要來拆牠的台。

Sally 是查理布朗的妹妹。她的性格比較簡單，與一般小女孩無異。兩兄妹相處大體上平和愉快，而從文學角度看，這雙兄妹關係其實是與 Lucy 和 Linus 這兩姐弟作為對照。

惡霸 Lucy 也有一個半死穴

Lucy 是花生漫畫裏性格最為鮮明強烈的一個。她正面開朗、積極進取、特別喜歡幫人家出主意，而且支配慾很強，更忍耐不到人家笨拙愚蠢，所以形成她那種咄咄逼人、好勝心切、強迫人家就範甚至不惜訴諸拳頭暴力的強硬性格。

別以為這個乍看來是個惡霸的女孩必定橫行無忌，人人敬而遠之。原來強悍如她，也有死穴；而且不止一個，而是一個半。

為什麼是一個半？雖說 Lucy 在她圈子內「打遍天下無敵手」，但由於她十分愛慕那位只管拿着玩具琴以貝多芬音樂自彈自娛的 Schroeder，每次對方坐在地板彈琴，她總愛臥在地上，依在琴邊，一邊享受樂韻，一邊閉上眼睛向對方大講情話，而那個時節，她展

現了女性柔情似水、沐於愛中的一面，與揮拳打人的兇形惡相截然兩樣。

可惜，對方竟然是位無夢的襄王，從沒有理睬她；有時乾脆拂袖而去，有時反感得連玩具琴也一手拉走，讓依在琴邊的 Lucy 倒跌在地，尷尬萬分。她情迷心竅的死穴，盡顯無遺。

Linus 是漫畫裏的智者

還有半個死穴，是她的弟弟 Linus，也是查理布朗的摯友。雖說兩姐弟日常相處，強悍的姐姐常居上風，但每到關節處，做姐姐的竟然拿弟弟沒法。行為上 Linus 固然有一些可議之處，總愛一手啜着指頭，一手拿着「豬豬」毯子（security blanket，即是帶給他安全感的毯子）而悠然自得。Lucy 每每見之而不值其所為，於是強行取締。爭執往往由此而生。

不過，原來整夥人當中，Linus 最有智慧，漫畫裏所有智慧之言，都是從他口中說出。記得有次 Lucy 揮拳要教訓他。眼看劫數難逃，怎料他不慌不忙，慢條斯理說道：「你揍我之前，有沒有想過我們長大後當你請求我幫你簽署樓房按揭擔保書的時候，我會怎樣對你？」Lucy 聽罷，只得頹然放下拳頭，放過弟弟。所以說，她弟弟也是她半個死穴。

如果說，查理布朗的性格，原來在於他沒性格，那麼 Lucy 的可愛性格，竟然在於她的霸道性格。因此，我們可以這樣說：花生漫畫如果沒有 Lucy，肯定變得平淡乏味，沉悶無彩，根本成不了長壽刊物。

學林謳樂

主角居然有四大失誤

以上是漫畫裏主要人物的簡介。其他較為次要的人物，礙於篇幅，恕難盡述。倒不如在此承接前文，討論漫畫裏佔重要篇幅因而屬於常見的題材，也就是主人翁查理布朗恆常出現的四大失誤：

其一，這位笨手笨腳的主角放風箏時不管如何費勁努力，可沒有半次讓風箏飛起，而往往以為有可能成功，最後卻落得功敗垂成，不是全身被風箏線綁住而動彈不得，就是身體倒吊在樹枝下面。讀者如果初次看到這個場景，準笑他一句：

真窩囊！

其二，這位主人翁居然擁有一支連史諾比也在其中的棒球隊。不過，這支棒球隊是如假包換的烏合之眾，整日不是互相叫罵，就是彼此埋怨。球隊成立以來，從沒嘗過勝利滋味。很多次眼看勝利在望，但最後竟然為山九仞。有時看到查理布朗被擊回來的球打得飛到半空，而身上的手套、球帽、球衣甚至球襪全部飛脫。

真的哭笑不得！

其三，這個老實頭經常被喜愛捉弄別人的 Lucy 欺騙，而且屢試不爽。話說某一天 Lucy「雅興」大發，就找查理布朗來消遣消遣。她向對方提議，自己先把一個美式足球放在草地面，另用手按在球頂，然後請對方奔跑過來，把球踢走。但每當查理布朗飛奔過去，準備起腳踢球，Lucy 就在關鍵一刻，把球拿走，讓這個大笨蛋踢空，以致四腳朝天，平摔在地。後來，大笨蛋學乖了，不肯上當。怎知 Lucy 滿口真摯地說：「你看我今次一面誠懇，是真心的讓你踢球，為什麼你連半點信任也沒有？」大笨蛋懷着將信將疑的心情再試一次。結果當然又是平摔在地。

真活該！

其四，這個老套怪也有心儀對象，而此君是位紅髮女孩。查理布朗每次想到她，總是甜絲絲，面額發熱。可是，遐想歸遐想，我們這位無膽鬼卻從來沒有一次可以鼓起勇氣，跟對方說半句話。莫說是邀約玩耍，根本連閒聊幾句也不曾出現。每次總是心欲趨前，步卻難移。看他眼巴巴讓大好機緣溜走，我們這班看官怎不咬牙切齒，痛罵他：

真沒用！

對於查理布朗的四大失敗經歷，我們這幫花生迷可曾有以下的心路歷程：

初看時瞠目氣結；
再看時低頭沮喪；
三看時心頭痛惜；
四看時靈光初閃，似有感悟？

花生漫畫給你感悟

必須明白，人類總愛在文學或電影裏追捧英雄人物，哪怕是史詩英雄、悲劇英雄，又或是平凡生活裏卓然有成的英雄。英雄的形態可能不一，事跡未必相同，但總堪為典範。如果這是人的正常期許，為什麼我們居然可以從一個莫說是絲毫英雄特質都沒有甚至連平凡人也夠不上的查理布朗身上有所感悟？

首先，我們可以從他身上取得很大程度的認同感，甚至代入感。每當我們遇到挫敗而回頭看看查理布朗，就馬上有「同是天涯」的

認同感，甚或可以稍補一己的創痛，來一個自我安慰，「怎麼說也好，我斷不比查理布朗差。」

再者，我們應該怎樣看待失敗？每當我們面對普世都認為第一才算成功、冠軍才算勝利而第二或亞軍就是失敗的價值觀念時，如何違世屹立？據舒爾茲親自憶述，他在學期間從沒試過名列前茅。他自我解說，班上有那麼多人，但只有一個第一，為什麼當不了第一就自我看成失落的一群呢？

按他道理，我們可以推演：第二當然不是失敗，只不過是比第一沒有那麼成功而已。讓我們保持積極的奮鬥心，恆久求進。

沒有看過花生漫畫的朋友，何不改天翻閱任何一本漫畫冊？保證你在會心微笑中有所感悟！原來藝術就是這麼妙趣無窮，這麼感染人心！

(二十世紀文史名家系列之十五)

Charles Schulz（舒爾茲）以童心 寫人生

花生漫畫　無孔不入

　　過去幾十年，花生漫畫除了初刊於報章，隨後亦以款式不同，外貌各異的多種版本示人。當中既有一般單行本，也有按年代編合的全集；既有按照人物或專題劃分的彙編，也有因應特別年分而發行的紀念專刊。

　　單以紀念專刊而言，出版商先後推出好幾款，包括：

　　慶祝五十周年的 *Peanuts: A Golden Celebration* (Harper Collins, 1999)，

　　六十周年的 *Celebrating Peanuts 60 Years* (Andrews McMeel, 2009)；以及

　　六十五周年的 *Celebrating Peanuts 65 Years* (Andrews McMeel, 2015)，

　　還有關於電影版的 *Peanuts: the Art and Making of Blue Sky Studio's: The Peanuts Movie* (Titan, 2015) 限量版。

　　另一方面，以花生漫畫人物作為各式商品器具，衣飾擺設以廣招徠的，簡直多不勝數，幾乎可用無孔不入形容。

　　再者，居然有人以花生漫畫闡釋人生，藉此傳教，廣揚基督教義理。此君名叫 Robert Short，本身是長老會牧師，雅愛花生漫畫，因此以這個家喻戶曉的漫畫套路宣講宗教，來一個軟着陸。他在這方面寫過的小書，計有第一本而明放着故意仿效聖經四福音書的 *The Gospel According to Peanuts*，以及隨後的 *The Parables of Peanuts* 及 *Short Meditations on the Bible and Peanuts*。他以花生漫畫作為宣教的切入點，處處輕鬆有趣，連 Charles Schulz 本人亦表欣賞。

學林鷗樂

扶掖才俊　廣惠學林

仰瞻史學大師陳垣

　　去年六月我於本欄介紹上世紀八十年代初在新亞研究所任教而經史兼擅的牟潤孫時，提及他的經學受自晚清國學大師柯劭忞，史學則師承陳垣，亦即時人及後學尊稱的援庵先生。原籍廣東新會的陳援庵與祖籍江西的陳寅恪，學術界合稱為「史學二陳」。

　　陳垣（一八八零至一九七一），字援庵，自幼熱衷國學，少年時代考得秀才，雖未中舉，但畢生篤行儒家「經世致用」的信念。民國成立後，曾任國會眾議員，復任政府教育部次長。中年後棄政從學，一邊鑽研學問，冀以救國匡時，一邊教學啟育，扶掖後輩。他學問精博，考究嚴正，誨人不倦，廣澤後進，因此深得各方推崇，後世景仰。

　　陳援庵著作不少，而當中足可代表他畢生學術上最精擅的幾面，計為：全面闡釋古代史籍忌諱的《史諱舉例》、專門治理校勘學的《校勘學釋例》、涉及民族史的《元西域人華化考》、關乎史學史的《中國史學名著評論》，以及大量考證論文，包括輯錄成書的《陳垣四庫學論著》和《陳垣史源學雜文》。

《史諱舉例》補前人不足

　　先談他寫於上世紀二十年代末的《史諱舉例》。所謂避諱，是指但凡行文不得直書本朝前代或當代君主之名，以示崇敬，未敢冒

仰瞻史學大師陳垣

犯，因此須以各種方法規避。查避諱之舉，初見於周，後成於秦，再後廣興於唐而盛極於宋。及至明清，避諱之舉，仍然流傳；民國之後始廢。

避諱之舉，固然有其美意，但對於後世研究前代，的確產生流弊，蓋因行文時因顧及忌諱而須予規避，結果造成混淆，徒添研究困難。不過，有些時候，壞事也可變成好事。學者可以運用忌諱知識，協助破解古籍裏的疑團，以及辨別古籍的真偽及真正的成書年代。此舉其實亦有助辨別書畫的真偽。這是因為忌諱的字，各朝不同，歷代各異。

從另一角度看，諱字不失為每代的標記。因此，陳垣在《史諱舉例》序言指出：「研究避諱而能應用之於校勘學及考古學者，謂之避諱學，避諱學亦史學中一輔助科學也。」

既然避諱學有助史學研究，歷代史家學人，當必有所述及，例如周密《齊東野語》、洪邁《容齋隨筆》、顧炎武《日知錄》等筆記類的記錄，以及王鳴盛《十七史商榷》、趙翼《陔餘叢考》、錢大昕《廿二史考異》等史籍考證，均有所記述。當中以《廿二史考異》最為豐富。可惜，以上論著內有關避諱的載述散見諸章而毫不集中，而另外如周榘《廿二史諱略》、黃本驥《避諱錄》，雖然專論避諱，但謬誤頗多，未足為範。

陳垣有見及此，銳意在避諱範疇著述新書，將前人所述，勘誤編整，以清晰明確的條目，一一呈示，方便縱覽。

《史諱舉例》全書有八萬餘字，共分八卷，依次是：

「避諱所用之方法」、

「避諱之種類」、

「避諱改史實」、

學林鷗樂

「因避諱而生之訛異」、

「避諱學應注意之事項」、

「不講避諱學之貽誤」、

「避諱學之利用」及

「歷朝諱例」。

陳垣撰作此書時，取材方面，大體效法他最景仰的清代學者錢大昕，而所循體例，則以清代另一學者俞樾為本。

避諱改字　取共同義

書內「卷一：避諱所用之方法」列明避諱之法有四，即「改字」、「空字」、「缺筆」、「改音」。

四者之中，以「改字」最為普遍，即是將須予避忌的字，改成另一字。例如為避漢高祖劉邦的「邦」字，便將之前及當時的典籍內的「邦」字，一律改為「國」字。如此一來，《尚書》「安定厥邦」一詞，便須改為「安定厥國」。又例如《史記》為避諱惠帝劉盈的「盈」字、文帝劉恆的「恆」字、景帝劉啟的「啟」字，把恆山改稱常山、微子啟改作微子開、盈數改作滿數。

從上可見，但凡避諱改字，所選用之代替字，斷非貿然亂選，而須遵守「取共同義」的法則，務求方便後人追索。至於「空字」一例，是把犯忌的字從缺不寫，空出一格，而所缺的詞意，則須讀者自行猜度。

不過，「空字」一例裏，還有三種「看似非空而實空」的做法，即是在須予留空的字位裏以「某」、「諱」或「上諱」之字填補，例如《史記》「孝文本紀」提及：「子某最長，請建以為太子」，當中的「某」字，是避劉啟即後來景帝的「啟」字。

「缺筆」——將整個單字減去筆畫

至於「缺筆」一例，則較易處理，在書寫時只消將整個單字減去筆畫。這種減筆的做法，陳垣認為始見於唐朝。例如高宗乾封年間，「世」字改作「卅」字。這種「缺筆」在做法上與戲曲裏紅生勾臉扮關公時須在紅臉上添加一黑點，以示未敢冒犯關羽尊容，倒有異曲同工之妙。字之或加或減，其理相同。無論是減筆而不把在上者的名諱以完整筆畫寫出，抑或在關公紅面上多加一黑點，都是為表崇敬的做法，忒也有趣。

陳垣亦在卷末提及「避諱改音例」，而「避諱改音之說，亦始於唐。」不過，他在首段言明：「然所謂因避諱而改之音，在唐以前多非由諱改，在唐以後者，又多未實行，不過徒有其說而已。」

改音之例　只有理論而無實例

換言之，改音之例，只有理論而無實例。陳垣在首段之後隨即提出大家耳熟能詳的「正」字讀「征」作為例子。故老相傳，「正」字讀作「征」，例如正月讀作「征」月，是為了避始皇正的「正」字而改讀「征」。然而，據陳垣所指，《詩經》「齊風」內「終日射侯，不出正兮」的「正」字，須讀「征」音。由此可見，早在秦始皇之前，「正」字有「正」、「征」兩音，因此為避始皇正的「正」字而讀作「征」，實乃穿鑿附會之說。

陳垣在「卷八」臚列歷朝諱例，由秦漢至唐宋，下迄明清，實在有助後學知曉。可惜本文篇幅所限，無法詳敘；反而想在此說明，避諱之舉，雖說歷代皆有，但有些朝代，皇帝為免麻煩，確曾下旨停止或減少避諱。例如唐高宗顯慶年間，曾下詔曰：「孔宣設教，正名為首⋯⋯比見鈔寫古典，至於朕名，或缺其點畫，或隨便更換，

恐六籍雅言，會意多爽；九流通義，指事全違，誠非立書之本意。自今以後，繕寫舊典文字，並宜使成，不須隨義改易。」

由此可見，皇帝為了宣儒尊孔的大原則，雅不欲因避諱而貿然更改古籍，因此但凡舊典文字，不予更改。這也是古代避諱大環境下一種適可而止的做法。

此外，避諱之學亦可協助辨別書畫真偽。例如，某畫作的落款寫明是某朝代所作，但款內竟見該朝須予避諱之字。不問而知，該畫必屬贗品。由是觀之，美術鑑賞家實須粗通避諱之學。

順帶一提，內地王彥坤大體上參照了陳垣在《史諱舉例》所列舉的若干避諱做法，編成一本易於檢索的工具書，題為《歷代避諱字彙典》（中州古籍，一九九七；中華，二零零九）。此彙典內載千多條，每條說明某字因避諱而須予更改的情況，方便讀者瞭解當中來龍去脈。

為沈刻《元典章》校補

陳垣除了寫就這本「能應用之於校勘學」的《史諱舉例》之外，亦於隨後的一九三一年寫了一本直接關乎校勘學的書，叫作《元典章校補釋例》。此書校補了沈刻的《元典章》（按：「沈刻」是指晚清沈家本在書內題跋的刻本），而《元典章》是一本「考究元代政教風俗語言文字不可少之書。」（見書內「序」）

為什麼陳垣要為沈刻《元典章》校補並給予釋例呢？

原來他向學生講授校勘學時，要舉例說明，總覺得如果廣引群書，則檢對不易；如果單引一書，則例子不多。當然，如果例子多，則表示書內錯誤多，而如果某書錯誤多，則表示該書未必是本好書。

碰巧沈刻《元典章》是一本性質重要但錯誤極多的好書，十分
適合做校勘學的反面教材。陳垣在校補沈刻《元典章》時，得出謬
誤一萬二千多條，並將當中十分之一疏釋，編成《校補釋例》。由
於此書只校補沈刻《元典章》，書成後因而定名《元典章校補釋例》。

　　不過，陳垣鑑於此書實在可以當作校勘學的範本，於是改稱為
《校勘學釋例》，而隨後學術界但凡引述此書時，皆棄舊從新，稱
之為《校勘學釋例》。

　　此書共分六卷，依次是：

「行款誤例」、

「通常字句誤例」、

「元代用字誤例」、

「元代用語誤例」、

「元代名物誤例」、

「校例」。

　　從上可見，陳垣把諸般勘誤分門別類，然後按着門類逐一羅列。
例如「卷二：通常字句誤例」下，細分為：

「形近而誤例」、

「聲近而誤例」、

「因同字而脫字例」、

「因重寫而衍字例」、

「因誤字而衍字例」、

「重文誤為二字例」、

「一字誤為二字例」、

「妄改例」、

「妄添例」、

「妄刪例」及

「妄乙例」共十一類。

校勘學應用範圍極廣

從上可見，陳垣在勘誤過程中，把看到的錯誤清晰分類，而這種極其科學的校勘法正正是此書的最大貢獻。誠如作者在書「序」言明，校勘補正的用意，是把一本值得後人閱讀的好書，盡去糟粕，使之更為完善，而絕非存心齮齕。其實這就是校勘的良善本意。

此外，但凡治理學問的人當必明白，校勘是一門沉悶乏味的工作，而唯一的樂趣，恐怕是在校勘歷程中找到錯誤而為之一一訂正，俾能惠及讀者。

必須在此指出，別以為校勘學應用範圍狹窄而因此輕視；其實此門學問應用範圍極廣。小莫如文字工作者每天須做的校對，也應該運用得上。只要我們緊記諸般校勘法則而套用於日常的校對，當必暢順無礙。

如果大家不嫌枯燥沉悶，喜歡探索校勘學，除陳垣《校勘學釋例》，亦可翻閱校勘權威張舜徽的《廣校讎略》、《校讎學發微》、《中國古代史籍校讀法》及王叔岷的《斠讎學》及《斠讎別錄》等書。

《華化考》以西域人為緯

陳援庵身為史學大師，亦精研民族史，而他對元朝西域華化的論述，早在二十年代已於學報發表。起初的四卷在一九二三年初刊於《北京大學國學季刊》，而後來的四卷在二七年刊於《燕京學報》。及至三五年，他將前後共八卷的論述合訂為單行本，取名《元西域

仰瞻史學大師陳垣

人華化考》。此書深得蔡元培稱讚，並許之為「石破天驚」。

此刻我手執的，是購於台北的台灣第四版（世界，一九八九）。書內八卷除「卷一緒論」及「卷八結論」外，其餘六卷依次是：

「儒學篇」、
「佛老篇」、
「文學篇」、
「美術篇」、
「禮俗篇」、
「女學篇」。

由此可見，文化領域裏的思想宗教、文學美術、生活禮俗，無所不包。尤其特別的是以專篇論述西域婦女的華化情況。

陳垣在書內暢談西域人各方面的華化情況之前，先在「卷一緒論」內說明西域的界定範圍、元朝西域的文化狀況、華化有何意義。

只談西域而不談其他地區

至於他為什麼討論外族華化時，只談西域，而不談其他地區？且看他在「卷一緒論」內明言：

「本篇所論，既限於西域，故蒙古、契丹、女直（按：即女真）諸族不與，亦以蒙古等文化幼稚，其同化華族不奇。若日本、高麗、琉球、安南諸邦，則襲用華人文化已久，其華化亦不奇。」

從上可見，西域以外的其他部族，不是文化幼稚，就是承襲中華文化已久，其華化之事，實在不足為奇。然而，西域諸族如畏吾兒（即維吾爾）、突厥、波斯、大食、敘利亞等國，情況卻有不同：

學林鷗樂

「惟畏吾兒、突厥、波斯、大食、敘利亞等國本有文字，本有宗教。畏吾兒外，西亞諸國去中國尤遠，非東南亞比。然一旦入居華地，亦改從華俗，且於文章學術有聲焉。是真前所未聞，而為元所獨也。」

怎樣才算真正華化

然則，在陳垣眼中，怎樣才算真正的華化呢？他在「卷一緒論」第三節「華化意義」先行說明，什麼情況算不上是華化：

「華化之意義，則以後天所獲，華人所獨者為斷。故忠義孝友，政治事功之屬，或出於先天所賦，或本為人類所同，均不得謂之華化。即美術文學，為後天所獲矣，而其文學為本國之文學，或其美術非中國之美術，亦只可謂之西域人之文學，西域人之美術，不得謂之西域人之中國文學，西域人之中國美術。」

他繼而舉出元朝之前的華化先驅大食國人李彥昇、安息國人安世通及西域人蒲壽宬為例，而從中我們得知，外族人必須在中國文學、儒學、哲理、禮俗或美術方面具有一定造詣，才符合華化的含義。

《元西域人華化考》的特色之一，是以宗教思想、文學美術、生活禮俗為經，以歷朝及各地西域人為緯。換言之，他以個別西域人概述華化情況。書內所論及的西域人，合共一百六十八人。當中以文學人數佔最多，有五十一名，女學最少，只有六名。此外，陳垣在書末抄引元人的文稿，從而探知「元人眼中西域人之華化」。從元人的角度看華化，更見恰當。

不過，必須指出，陳垣礙於不諳外文而只能使用中文史料，因此委實無法在此範疇再予拓張，以致自身的西域研究成就，僅限於此。

儘管身受限制，他仍透過一己之力及人脈，以舉薦、鼓勵、協助等方法，促成後學如馮承鈞、向達、方豪、岑仲勉努力研究中西交通史，最終慶結碩果。

陳寅恪為陳垣書作序

《元西域人華化考》除題材有趣，內容豐富，鋪排有致，更有另一特色。不過，這一項特色居然與書內正文無關，而是與書序有關。

何解？

原來為此書作序者，並非別人，而是「史學二陳」的另一「陳」，即陳寅恪。此舉足見兩位史家情誼匪淺，盡展謙和切磋的風範，實在是學林佳話。

陳寅恪治學嚴謹，即便為人作序，亦絕不視之為酬酢而滿紙恭維，行文浮泛。他在這篇大約只有一千字的序文申明清代史學遠遜宋代。

陳寅恪慨嘆史學式微

他首先推翻時人的錯誤判斷，以為滿人「入主中國，屢起文字之獄、株連慘酷，學者有所畏避，因而不敢致力於史，是固然矣。然清室所最忌諱者，不過東北一隅之地，晚明初清數十閒（按：即「間」，下同）之載記耳。其他歷代數千歲之史事，即有所忌諱，亦非甚為礙者，何以三百年閒史學之不振如是？是必別有其故！未可以為悉由當世人主摧毀壓抑之所致也。」

他進而指出，經學與史學儘管同屬考據之學，而治學者雖然號稱樸學之徒，但兩者性質差異極大：史學材料大都完整，詮釋上極有限制，經學的材料往往殘缺寡少，經學家因此可以自行詮釋。

如此一來，經學根本難以衍化成有系統之論述。因此那些「樸學之徒」取易捨難，刻意發展經學而捨棄史學。

為此，他慨言：「往昔經學盛時，為其學者可以不讀唐以後書，以求速效。聲譽既易致而利祿亦隨之。於是一世才智之士能為考據之學者，群舍（按：即「捨」）史學而趨經學之一途。」史學結果淪為老儒官宦退休後「老病銷愁送日」的工具。

陳垣門生牟潤孫有所補充

對於陳寅恪「清代史學遠遜宋代」的論說，陳垣門生牟潤孫曾有補充。他在一九八二年發表的「論清代史學衰落的原因」一文內首先指出，清代史學考據的著作，雖然數量上的確少於宋代，但品質並不算差，甚至可比宋人。不過，學術界絕對沒有不撰寫史書或史論而只是專門考據史學的人可以稱為史學家。

牟潤孫進而指出，清代史學式微，主因在於皇權介入，而歷朝皇帝干涉修史的惡例，始於康熙，至雍正最為激烈。

牟潤孫這篇文章，原刊於《明報月刊》「第二零二期」，後收錄於《注史齋叢稿》（增訂本「下篇」）（六七六至六八三頁）。有興趣探索這個課題的後學，可將陳寅恪在陳垣《元西域人華化考》的序文與牟潤孫此文一併研讀。

陳智超為祖父編《陳垣四庫學論著》

另一方面，陳垣對於《四庫全書》的研究，可謂用功殊深，而他在這方面的成就，深得學術界稱許。他的長孫智超把祖父先後在半世紀內發表過的文章結集成書，而書名定為《陳垣四庫學論著》（商務，二零一二）。

全書共四百頁，分上中下三編。上編收錄「編纂四庫全書始末」等文章十篇；中編主要收錄「四庫書目考異」四卷；下編載有兩款附錄，其一是陳垣對《四庫全書編纂小史》的批注。他在此文第四部分即「與搜禁書之關係」內明言：「有清文字之獄，始於康熙。……乾隆文字之獄更盛，不下三十餘起。高宗既深惡違礙書籍，乃思有意滅之，即欲滅絕之，則不得不檢盡天下之書。四庫館開而天下之書盡集，存者存，毀者毀，刪者刪，改者改，而天下之耳目一矣。」

這項「宏大」工程究竟是福是劫，對後世學林以至整個中華文化進程有何深遠影響，相信大家心中有數。從來，思想自由，言論自由，以至學術自由，出版自由，是歷代皇朝最為忌憚者。

順帶一提，如果大家對於《四庫》有興趣，不妨參閱由台灣故宮博物院吳哲夫撰著而於一九九零年刊行的《四庫全書纂修之研究》。書內由「纂修的背景及政治意圖」，至「搜求民間藏書」，「四庫館的組織人事」，「全書的編輯過程」，「重檢」，「四庫全書薈要」，「毀禁書」，以至「全書的價值及缺失」，均有詳盡論述。此書可與《陳垣四庫學論著》并讀。

學林甌樂

備課嚴謹　訓誨溫柔

至於陳垣的《中國史學名著評論》一書，其實是陳垣本人、門生來新夏及前述陳垣之孫智超合共三代的著作匯編。書內既有陳垣為講學而擬備的「中國史學名著評論講稿」及「中國史學名著評論教學日記及札記」，亦有來新夏在一九四三至四四年恭聽陳垣講學的筆記，以及陳智超兩篇短文，即「百世師表」及「千古師生情」（按：後者指陳垣與另一學生柴德賡的師生情誼）。

我們作為後學，閱讀這本小書倒有不少益處：

其一，可從「名著評論講稿」和「日記及札記」管窺陳垣備課嚴謹不苟的態度；

其二，可從來新夏的筆記推想學生當時領受教澤的情況；

其三，可透過孫輩記敘陳垣師生情誼而深深感受到這位史學名家既是治學嚴正、論述精微的學者，亦是力扶後學、溫情訓誨的老師。

要全面介紹陳援庵其人其學，斷非一篇短文所能達致。只希望這篇膚淺孤陋、片面不全的劣文，可以喚起後進探究陳垣史學成就的丁點興趣。

（二十世紀文史名家系列之十六）

仰瞻史學大師陳垣

（配稿）
提携後學　函授方豪

　　一如正文所述，陳垣教澤廣被，弟子眾多。除了過去年間我在本版介紹過的鄧廣銘、白壽彝、牟潤孫均師從陳垣之外，還有學術界享有盛名的柴德賡、啟功等。不過，學生之中最特別的，應該是方豪。

　　這位專擅中西交通史的神甫學者，我亦曾在本版介紹。他的學問和著述，於此不贅。只想提及他跟從陳垣學習的經過。方豪自少年時代就在天主教修道院修業。據陳垣弟子牟潤孫憶述，方豪在修道院期間就偷偷與陳垣通信，請教治學之法，而陳則每信必回，不吝賜教，並且鼓勵對方，雖然信奉天主教，但須飽覽國學典籍，研究儒釋道。方豪除了凜遵師訓，更虛心捧讀陳垣每書每文。

　　他後來鑽研中西交通史，除了自身具備多種環境條件例如受訓於修道院及精通拉丁文及其他外語，陳垣的推動與啟迪，亦是其中主因。難怪牟潤孫稱許這位同門摯友：「他身為中國神甫，作一個中國史學家，對於傳統文化，盡了他應盡的責任。這樣才可謂真正繼承了援庵先生，不愧為勵耘老人弟子」（見牟潤孫「跋《方豪六十自定稿》」一文，現收錄於牟著《海遺叢稿（初編）》）。

　　陳垣與方豪的函授關係，以及京劇名旦程硯秋與趙榮琛在抗戰期間的函授關係，兩者性質相同，分屬學林和藝林佳話。

學林鷗樂

謝國楨專研明末清初歷史

記得自上世紀七十年代中,由於受到其中一位中史老師薰陶,開始酷愛閱讀明朝史書。當中既有清初儒者計六奇專論明末的《明季北略》和專論南明的《明季南略》,亦有民國初年由印鸞章編撰的《明鑒》;至於二手參考書,則有孟森《明代史》、黎傑《明史》、蘇同炳《明史偶筆》、毛一波《南明史談》、杜乃濟《明代內閣制度》、黎東方《細說明朝》,以及謝國楨專論黨社的《明清之際黨社運動考》。

上述除孟森在抗戰期間逝世之外,其餘即黎傑、黎東方、蘇同炳和毛一波,都是在民國時代飲譽士林而隨後遷台或赴港定居甚或穿梭美、台的學者,而謝國楨是這幾位學者當中唯一長期留在內地教學著作的史家。

不過,連謝國楨的黨社考在內的上述書籍,當年在港、台均有出版發售,而這些書籍都是我少年時以至及後在港、台兩地購得。

因利乘便　研究黨社

我手執的《明清之際黨社運動考》,是當年台版的第三版(臺灣商務,一九七八),也是我所讀謝國楨的第一本書。

這位在二十年代中受業於清華學校國學研究院而深得梁啟超及諸位名家教澤(見配稿)的學者,在三十年代初從日本回國後為某學社編書目期間,因利乘便,把先前草編《晚明史籍考》時以

手札形式記下有關明季黨社的資料編寫成一篇長文，並以此作為一九三三年在中央大學講授明清史的部分講義。

翌年，他把原稿大幅修訂，特別是刪除之前他自覺「烜赫」（按：謝國楨用語，意指詞藻雕琢、行文華麗）的部分，然後刊行，取名《明清之際黨社運動考》。

既說黨爭 亦敘會社

一如書名所示，此書除首章「引論」及末章「餘論」外，由第二章至第六章講述萬曆至順治康熙年間的黨爭；另由第七章至第十二章講述歷代各地著名會社例如復社的情況；另將兩篇與此書並無直接關連的文章即「明季奴變考」和「清初東南沿海遷界考」附於書末。

謝國楨在書中「自序」明言，撰寫此書的宗旨，是「因我昔年，讀全謝山（按：即全祖望）《鮚埼亭集》，我感到明季掌故的有趣。我覺得明亡雖由於黨爭；可是吾國民族不撓的精神卻表現於結社。其間又可以看到明季社會的狀況，和士大夫的風氣，是在研究吾國社會史上很重要的問題。所以我寫這篇文字，就以黨爭和結社為背景，來敘述明清之際的歷史，以喚起民族之精神。」

他繼而在第一章「引論」表示：「吾國最不幸的事，就是凡有黨爭的事件，都是在每個朝代的末年，秉公正的人起來抗議，群小又起來挾機相爭，其結果是兩敗俱傷。所以人民提起來都頭痛。但我以為黨爭的發生，至少是一種人民自覺的現象⋯⋯也可以說是人民自覺的進步。但要是諸黨相軋，也有極大的危險。⋯⋯」（頁一至二）

「明亡於黨爭」 說法不正確

首先明白，謝國楨撰寫此書時，眼見國家多難，社會不靖，而國民急需自我覺醒，士子理應救國匡民，所以他對於黨爭以至結社懷有既批判亦認可的矛盾態度，黨爭及結社固然帶來破壞，但起碼是民族自覺的體現。這種矛盾的說法，我輩後學，固然理解。

可是，他在文內提出「明亡……由於黨爭」的評論，我們卻無法苟同。黨爭固然妨害國家有效施政，但絕非導致明亡的主因。明朝政治長期混亂、善政難求的癥結，在於明太祖在開國後不久亦即洪武十三年藉着胡惟庸事件而廢除宰相之職，導致皇權高漲而由於缺乏相權輔助及制衡，政治走上單人一權獨大的不歸路。

明末遺老黃宗羲（即黃梨洲）在他那本篇幅雖小但影響至深的政治論著《明夷待訪錄》內「置相」一節劈頭便道：「有明之無善治，自高皇帝（按：指太祖皇帝）罷丞相始也。」他繼而指出：「……天子傳子，宰相不傳子、天子之子不皆賢，尚賴宰相傳賢是相補救，則天子亦不失傳賢之意。宰相既罷，天子之子一不賢，更無與為賢者矣，不亦並傳子之意而失者乎？或謂後之入閣辦事，無宰相之名，有宰相之實也。曰：不然。入閣辦事者，職在批答，猶開府之書記也。其事既輕，而批答之意，又由自內授之而後擬之。可謂有其實乎？……」

從政治學觀點來看，黃梨洲這番君權與相權相濟的見解，確實精闢獨到。只要宰相一職每每由賢臣踵接，即使繼承上一代皇帝的新皇帝不是明君，尚有賢相輔助並予制衡。宰相一職既罷，皇權自然獨大，但如果皇帝不是明君，國家就難求善政。有明一代，罷相後可以獨自操持大局而施政尚算妥善的皇帝，只有明太祖和成祖，其他都是長於深宮之中的庸君，甚至昏君，而朝中的首輔雖然似乎是群臣領袖，但始終無名無實。

廢相是因　黨爭是果

　　謝國楨在書內第二章「萬曆時代之朝政及各黨之紛爭」內縷述發生於萬曆年間的三大案即「梃擊案」、「紅丸案」、「移宮案」的始末及因此而引起的連番黨爭。不過，無論此三案成因如何，結果如何，最重要的是明確反映皇帝雖然獨擁政治權力但基於怠惰昏庸，根本毫無施政魄力。皇權高漲但皇者不賢又苦無賢相輔弼制衡，才是明亡的主因。激烈的黨爭，也只不過是這個主因所產生的惡果。謝國楨居然倒果為因，把黨爭說成明亡的原因，實在大有商榷之處。

　　不過，關於黨爭的史實，他在書內旁徵博引，多所縷述。例如，崇禎二、三年之前尚未入閣而與東林黨對敵的周延儒和溫體仁，先後入閣；周更擔任首輔，並藉袁崇煥之事，加害舉薦袁崇煥的錢龍錫，從而打擊東林黨。袁崇煥起初雖然得到崇禎賞識，並委以兵部尚書兼薊遼總督之職，可惜他未及建立豐功偉績，就擅自殺了毛文龍。崇禎亦因此誤信奸計，處死袁崇煥。

　　周、溫二人在處理袁崇煥以至打擊東林黨的口徑雖然一致，但溫體仁隨後慫慂太監王坤和給事中陳贊化先後彈劾周延儒，致令周延儒丟官，而自己則獲得崇禎信任，取代首輔一職。他身居要職後，隨即剪除朝中的東林黨人。然而，這種姑且可以歸類為黨爭惡果的史例，終究肇於皇帝昏庸無能，而一如前說，黨爭斷非明亡的主因。

民間會社有政治影響力

　　謝國楨在書內後半部全面講述應社、復社、幾社以及大江南北和浙、閩、粵諸社的活動情況。「黨社」這個詞語裏的「黨」和「社」究竟有什麼實體分別？

以最簡潔的文字解釋，黨是見於朝廷的政治組織或聯盟；社本該是見於民間而由士人按照相同藝趣共同組成的會社。不過，會社亦會因着藝術宗旨以至政治見解不同而對立，甚至互相傾軋。會社在民間互不相容的程度，往往無異於朝廷黨爭。

不過，這些植根民間的組織，並非沒有政治影響力。明末著名的復社，世人稱之為「小東林」，而這個會社居然可以聚集盈千累萬的人，進行社會運動，連宰輔薛國觀也因復社的因素而丟官，最終被崇禎賜死。

謝國楨在書內第七、八章敘述明末復社作為第一大社的成立背景、擴張經過及分散成小社的情況；至於其前的應社及與復社對立的中江社，亦有詳細報道。

單以復社而言，這個由張溥等人倡辦的會社，取名為復社，是有鑑於「自世教衰，士子不通經術，但剽耳繪目，幾倖弋獲於有司，登明堂不能致君，長（按：執掌）群邑不知澤民。人才日下，吏治日偷……期與四方多士，共興復古學，將使異日者，務為有用，因名復社。」（抄錄自陸世儀《復社紀略》「卷一」）

朝臣拉攏復社　培植勢力

復社的社員，最初來自太倉一帶，但後來伸延至江西、福建、湖廣、貴州、山東、山西各地，「同志」（社內對社員的尊稱）多達二千人以上。高峰期間，在崇禎二、三、五年先後舉辦三次大會，儼如現今的會員周年大會。以第三次在虎丘舉行的大會為例，與會者眾，連設於大雄寶殿的會議場地也容納不了，而要分坐於附近的台、石。

為什麼復社可以在士人當中形成一股強大力量呢？據謝國楨分析：「那時候復社的同志，像張溥、吳偉業……等，都成了進士，一般在朝的要人，也來拉攏復社，培植自己的勢力」，而另一方面，「凡是士子，只要進了復社，就有得中的希望……」謝國楨隨後更一針見血，指出「復社本來是士子讀書會文的地方，後來變成勢利的場所。」

謝國楨在成書過程中多所考證，用功殊深，後學閱讀時總覺史料豐富，引文詳盡。不過，由於書內直接引錄的史料繁複眾多，反而導致文氣不甚暢通，翻閱時確有迷路之虞。

如果作者把抄錄的史料經消化後以自己的文字寫出來，而把每則史料的出處以「註」臚列於章末，那麼閱讀正文時便會更覺暢順。

全面評議明末清初學風

除了這本早年寫成的《明清之際黨社運動考》，謝國楨寫了不少關於這段時間的論文，但題材不一而足，既有經濟民生，亦有文學史學，甚至野史筆記。

上世紀八十年代初，他應邀將這方面的大部分論文結集成書，名為《明末清初的學風》，而這個書名其實是取自載於書內首篇文章的題目。

這篇研究明末清初學風的文章，寫於一九六三年。文內有很多觀察所得，值得後學鑑領：

其一，他指出，以顧炎武為首的一班學者主張以「修己治人之實學」取代「明心見性之空言」；至於推崇陽明之學的黃宗羲，亦改為強調王陽明「知行合一」這積極的一面；

學林鷗樂

其二，文人對傳統君臣觀念大有反思。例如黃宗羲在前述的《明夷待訪錄》明言：「天下之治亂，不在一姓（按：指皇帝的宗族）之興止，而在萬民之憂樂」；呂留良亦認為：「君臣以義合，但志不同，道不行，便可去」；唐甄更抑君褒賊，坦言：「四海困窮之時，君為仇敵，賊為父母矣。」（按：給民衣食者，是闖賊，斷非君王）；

其三，以顧炎武為首的士人，反對傳統上看輕工商業的態度，主張注重農耕之餘，正視並大力發展工商業，而此說正好與現代經濟學裏提倡發展第三級生產的說法脗合；

其四，處於清流的士人，對那些喪失民族氣節而朝秦暮楚、認賊作父、侍敵為君的人，視作可恥。王夫之在顧炎武「行己有恥」的言論上，聲言「從乎流俗而恥蕩然矣」；

其五，在「經世致用」的大前提下，士人須輕《易》重《詩》，並應由博通群經推展至旁兼諸子百家；

其六，明末學者認為「六經之旨，當世之務」，於是重視考據之學，並且開啟清代考據之風。可惜清代學者囿於政治環境，無法把考據變成「當世之務」；

其七，在文風方面，除了講究詞藻華麗的錢謙益、吳偉業所豎立的一派，另有倡議詩文須樸實不矜、表述氣節的一派，而這一派以吳嘉紀、杜濬為代表。此外，有呂留良主張寫文章要有自己風格，不應套用別人格調，戒除模仿；又有方以智力倡作詩行文，必須發乎真性真情，而此等性情，須來自親身閱歷。

以上所述，僅屬文章部分要點。後學宜應閱讀全文，方得要領。至於書內的其他文章，例如「明清野史筆記概述」、「清初東北流人考」（按：「流人」指因罪而流徙的人）等文，均值得一讀。

往各地圖書館尋古籍

提起讀書，謝國楨固然讀書極多。為了多讀書，多查考，他先後走訪各地多間大型圖書館，包括南京、揚州、蘇州、常熟、上海、杭州、寧波、成都的圖書館，訪尋古籍，翻閱典冊，並且一一記錄。其後應出版社邀請，編集成《江浙訪書記》一書，於一九八零年初刊。

他走訪過的圖書館，均有專章載述，而其間所翻閱的古卷，則以兩三百至千餘字一一記敘。此外，他在卷首寫了一篇「江、浙、成都訪書觀感」，並於文內提及「幾點的感觸」，即：

（一）本來在宋元明已經視為珍貴的文物，到了清代，由於飽學之士多趨考據之學，賞鑑之風更盛；

（二）方以智次子方中履著有《古今釋疑》十八卷，內載天文算術科技。此書連同方中履弟子揭暄（即揭子宣）及親友分別撰寫的《揭子宣集》、《璇璣遺述》、《肆雅堂集》、《香浮園雜錄》，對於研究方氏學派，有極大補足；

（三）各館所藏的清朝野史、雜記、方誌、文集，均有助後人研究清史；

（四）清初孫元驊《二申野錄》，有助於科技史的研究；

（五）編寫善本書目的工作，必須做得妥善明確，以便用家查閱；

（六）清代陳夢雷的《閑止書堂集鈔》應予重印，蓋因他就是康熙年間《古今圖書集成》的纂修者。他的集鈔，極有分量。

除了《江浙訪書記》，坊間可以買到的謝國楨著作，還有介紹歷代史籍及講述史學研究法和相關學問的《史料學概論》、從明清史轉而研讀漢史而累集多年閱讀所得的《兩漢社會生活概述》，以

學林𣇈樂

及考證各方有關滿洲從明初至入關前所存史料的《清開國史料考》。可惜本文篇幅所限，只好捐棄不談。

　　寫這篇短文，無非是期望史學後進，翻閱一下謝國楨的著作，從中受惠。

（二十世紀文史名家系列之十七）

謝國楨專研明末清初歷史

（配稿）
師承梁啟超　深得教益

　　據謝國楨（一九零一至一九八二）憶述，一九二五年他考入清華學校國學研究院，受業於梁啟超、王國維、趙元任、陳寅恪等大學問家。當中以梁啟超教澤最多，情誼最深。

　　謝國楨畢業之後，子然一身，幸蒙梁啟超眷顧，着他前往天津自己的住所「飲冰室」，教導兒女思達、思懿等人，並且擔任《中國圖書大辭典》的主編助手。梁任公不但照顧了他的生計，連日後的歷史研究道路，亦為他鋪好。

　　學生長期緊隨老師，深覺對方平易近人，待己猶如子侄，不吝賜教，當然心存感激。例如某次梁任公談及蘇東坡被貶儋耳（今海南島）期間留下「九死南荒吾不恨，茲遊奇絕冠平生」一詩，但謝國楨對此一無所知，老師不但沒有絲毫鄙厭，反而由元祐黨爭講起，讓學生有一個梗概；又例如有一次梁任公雅興大發，向兒女及謝國楨暢談漢朝董仲舒《天人三策》。謝國楨眼看老師背誦如流，既驚詫，又盼羨。梁任公笑着對他說：「我不能背《天人三策》，又怎樣能上萬言書呢？」

　　謝國楨坦言，當年事師，自覺腹中空無點墨，但他堅持不恥求問的態度，遇有不懂，就開口發問，絕不假裝知曉。（豈不知虛心求問根本是治學求進的不二法門？）此外，他全面做到「心勤、手勤、筆勤。聽見老師說的我馬上拿小本記下來。」（見「我的治學經歷」一文，今附於《明末清初的學風》）

　　謝國楨喜歡研究明末清初的歷史，原來也是拜梁任公所賜。事緣他年輕時用心捧讀老師的《清代學術概論》及《中國近三百年學

學林鷗樂

術思想史》。當然,連帶清代江藩《漢學師承記》等書,亦一一讀過,甚至着力研究過顧炎武、黃宗羲的思想。再者,他經常恭聆老師講論明末清初的遺事,由此打下日後研究明清史的基礎。

在治學態度方面,他把任公所說的一句話「戰士死於沙場,學者死於講座」視作遺訓。

要不是梁任公從旁啟迪,現身說法,謝國楨未必走上專研明末清初歷史的道路,在這個範疇廣惠後學。

師承梁啟超 深得教益

清史專家孟森

立論精確　普澤後學

　　早前在本欄介紹專研明末清初的史家謝國楨時，提及我在上世紀七十年代參閱的一些有關明代的二手歷史書，而當中有一本是孟森的《明代史》。由於當時在港、台坊間可以買到的孟森著作，就只有這本《明代史》，很多後輩憑這本單一著作，都以為他是專治明代的史家。豈不知他專攻的不是明史，而是清史。他為了深入研究清史，特別是關於滿洲始祖及開國情況，才兼攻明史。

　　另一方面，近年他多款的清史著作幸得出版商結集刊行，坊間很容易買到。後進如果要全面認識孟森的史學成就，必須集中閱讀他的清史，而不是這本《明代史》。不過，此書早已刊行於世，我們也應先予簡介。

孟森《明代史》　與別不同

　　孟森《明代史》與其他同類的二手斷代史書很不相同。一般二手斷代史，除論述治亂興衰，還就典章制度、經濟財政、社會民生、交通運輸、學術文化等範疇分篇而論。可是孟森《明代史》獨論政治一面；其他範疇，並不觸及。因此，嚴格來說，這本書如果改稱為《明代政治史》，似乎較為確切。

　　另一方面，據國學大師楊聯陞憶述，一九三六年他在「北大」旁聽孟森所開講的明清史。可惜，他沒有取得講義，而那份上課時

學林漫樂

373

候所用的講義，一兩年後恰巧在東安市場的某書攤買到，而且是一份裝訂本。嗣後，他負笈美國，亦隨身帶備。一九五七年他把這份極可能已成孤本的講義，從美國帶至台北，交與中華叢書委員會印行，使之不至湮沒，反可續蔭後學。另，此講義付梓前，由畢業於「北大」而其後亦成為史家的勞榦校閱。

一如前述，這本專論歷朝政治的《明代史》只分兩編，即第一編「總論」及第二編「各論」。「總論」之下，分「《明史》在史學上之位置」及「《明史》體例」兩章；「各論」則下分七章，依次是「開國」、「靖難」、「奪門」、「議禮」、「萬曆之怠荒」、「天崇兩朝亂亡之炯鑒」及「南明之顛沛」。全書合計接近四百頁。

清代所修《明史》 不足傳信

孟森在第一編首章「《明史》在史學上之位置」內指出，「《明史》根本之病，在隱沒事實，不足傳信。此固當時史臣所壓於上意。無論如何，亦史學家所不敢指摘者。且史既隱沒事實矣，就史論史，亦無從發見其難於傳信之處。故即敢於指摘，而無從起指摘之意。此尤見隱沒事實之為修史大惡也。」

《明史》是官修史書，規模龐大，廣集全國名士，歷三朝始成。不過，由於明亡於清，這部卷帙浩繁的官修史，最大問題絕非書內所記史事，孰詳孰簡，而是史吏礙於上意，記史時多用曲筆，包括刪除、隱瞞、迴避、粉飾、扭曲，以致後世連可以質疑的地方都沒有。這就是孟森指出《明史》「不足傳信」的主因。其實學史之人，但凡面對官修史，必須心存警剔，不斷質疑，所謂「正史」，究竟有多少分可信？

孟森隨後進一步說明：「從古於易代之際，以後代修前代之史，於關係新朝之處，例不能無曲筆，然相涉之年代無多。所有文飾之語，後之讀史者，亦可意會其故。從未有若明與清始終相涉，一隱沒而遂及一代史之全部。」

本來但凡新朝修撰前朝史，每遇兩朝關係的敏感處，總難免不使用曲筆。不過，一般所涉及的年期，不會很長。然而，單以明清而言，滿洲女真與明朝的關係，幾乎始於明朝初立之時。換言之，清朝修撰二百多年的明史時，自始至終，幾乎處處須用曲筆，導致史家很難單憑《明史》判辨史事。

明代士大夫攀附宦官

孟森繼而在第一編次章「體例」內說明，「宦官無代不為患，而尤以明代為極甚。歷代宦官，與士大夫為對立。士大夫決不與宦官為緣。明代則士大夫之大有作為者，亦往往有宦官為之助……欲為士大夫任天下事，非得一奄（按：通「閹」，指宦官）為內主，不能有濟……明之士大夫，不能盡脫宦官之手而獨有作為。賢者且然，其不肖者，靡然惟閹是附，蓋勢所必至矣，閹黨立為專傳，為《明史》之特例者一也。」

宦官為患，是歷代常見問題，而孟森在書內指出，歷代士大夫與宦官對立，但明朝的士大夫偏偏拉攏、巴結，甚至依附宦官。然而，他並沒有解釋，明代為何有士大夫依附宦官的情況。

我們作為後學，或許可以這般理解：歷代常設宰相一職，因而形成皇權之外一個以宰相為領導的權力核心。文武百官既然受宰相統攝，自然依附宰相而容易與代表皇權或受權自皇帝的宦官對壘。

學林鷗樂

375

明朝廢了宰相，因此缺乏一個與皇權及其代表對立的權力核心。朝中官員為求自保，有效施政，乃至植黨營私，便不得不依附宦官，以致明代宦官為禍最烈。

另一方面，《明史》作為官修史卻打破「正史不為宦官立傳」的傳統，箇中原因，是認定宦官對明代的禍害，並且暗喻，明實乃亡於己，非亡於清。

萬曆怠荒　明亡徵兆

孟森《明代史》在第一編講罷《明史》的史學位置及特色後，便在第二編分章講述歷代政治情況，並於每章開首提綱挈領，概述當代情形。例如，他在第五章「萬曆之怠荒」的開首就說明：「明之衰，衰於正、嘉以後，至萬曆朝則加甚焉。明亡之徵兆，至萬曆而定。萬曆在位四十八年，歷時最久……而怠於臨政，勇於斂財，不郊不廟不朝者三十年。與外廷隔絕，惟倚閹人四出聚斂，礦使稅使，毒遍天下，庸人柄政，百官多曠其職，夷狄內侵，邊患日亟……」寥寥幾句，就道出萬曆因朝政怠荒、秕政百出而肯定踏上衰亡道路。

除《明代史》一書，由內地中華書局近年編集並於二零零六年初刊的孟森書著，計有：《滿洲開國史講義》、《心史叢刊》、《明元清系通紀》（全四冊）、《明清史論著集刊》（上、下兩冊）等，以及由浙江人民出版社於一九九八年初刊的《清史講義》，大都是關乎清史，而且主要關乎滿洲人入關前後的滿清歷史，而不是涉及滿洲人統治中國後的清朝歷史。這是孟森治史的專門範疇，亦是孟森治史特色。

以明朝紀元敘滿洲世系

上述論著，最具「孟森特色」的，應該是《明元清系通紀》。這套由目前出版商分成四冊刊行的著作，光是書名就足令初學者摸不着頭腦。「通紀」一詞，當然不難理解，是通史式的紀事體；「清系」是滿清世系；「明元」卻不是指明朝和元朝，而是指明代的紀元。「明元清系通紀」三詞合起來，是指以明朝歷代皇帝年號作為紀元（本位），敘述滿清的世系。

全書分成「前編」、「正編」兩部分，而兩者以「正編」為主。「正編」共分十五卷，由「卷一洪武、建文、永樂、洪熙四朝」一直至「卷十五正德朝、嘉靖朝」為止。至於嘉靖之後的滿洲歷史，則由另一書《清史講義》從清太祖開始，承前續敘。

至於明太祖之前的滿洲歷史，又如何處理呢？孟森在「正編」之前特闢「前編」，敘述滿洲祖先在明朝之前以至不知年份而無從繫年的事跡。

孟森盡補正史缺漏

為什麼孟森以一百一十多萬字的篇幅寫這一套通紀呢？他在書內的「前編弁言」清楚指出，「今以明代之紀元，敘清代之世系，成一編年之文，一覽瞭然。既為《明史》所削而不存，又為《清史》所諱而不着，則此一編，正為明清兩史補其共同之缺也。」換言之，他把正史刻意遺漏或避談者一一補敘。

再者，滿洲人為了擺脫曾經臣服明朝，接受建州衛指揮一職的史實，故意作假，訛稱一直沒有臣服於明朝，而以鄰國敵人自居，企圖洗脫篡朝竊國之惡名。孟森不值其行，於是根據明朝歷代《實

學林鴻樂

錄》和《朝鮮實錄》以至一批可徵可信的秘本，盡補正史的缺漏。例如，他引述《朝鮮實錄》所載，朝鮮太宗三年（即明朝永樂元年）女真野人阿哈出接受明朝委任為建州所指揮使。他的補正，對明清兩朝歷史，特別是以滿洲為本位的歷史，貢獻極大。

除《明元清系通紀》，孟森的《滿洲開國史講義》也是另一款關於滿清入關前的研究。顧名思義，這是一份用於上世紀三十年代他執教「北大」時所編發而分成十講的講義，經整理校正後刊行。不過，講義的第一、二、四講，與前述《明元清系通紀》的課題重複而且部分文字相同。

若以閱讀趣味而言，書內第三講「建州」應該最有趣。孟森在這一講的第一節先行指出，建州女真是女真部族之一。明朝初年在建州設衛，即是在建州境內設官管轄。不過，建州衛的女真人與其後的滿洲人，嚴格來說，並無血統可溯。不過，到了明英宗正統年間，明朝在建州加設建州右衛，而建州右衛範圍內的女真族，「其始祖與清肇祖為親兄弟，有血統可敘。」（頁一零八）從清太廟所供奉的遠祖可知，肇祖是滿洲人創業的始祖。換言之，其後入關的滿洲人，就是明英宗所設建州右衛內女真人的後裔。

力證董小宛並非董鄂妃

關於清世祖寵愛董鄂妃的故事，大家想必早有知聞。孟森在前述「第三講：建州」內指出，有些好事之徒，穿鑿附會，把明末才子冒襄（即冒辟疆）所憶念的亡姬董小宛，與董鄂妃說成是同一人。於是董小宛即董鄂妃的說法，不脛而走，讓世人以為清世祖的董鄂妃就是從冒襄手中奪過來的董小宛，而冒襄失去董小宛後只好託詞愛姬病歿。孟森為此闢謠，指出董小宛歸入冒襄之家，是明末之事，

而清世祖「猶在孩提，其年齒太不相當。且冒氏刻《同人集》，哀輓小宛者遍海內。其死自無疑義。」

孟森隨而追溯董鄂妃的家世，他以《八旗滿洲氏族通譜》為證，說明「董鄂氏，本係地名，因以為姓，其氏族世居董鄂地方。」（頁九十三）那位歿後追封為端敬皇后的董鄂妃，其父是鄂碩，而孟森從鄂碩一直追溯至世居董鄂地區的和和理，從而說明董鄂妃的家世，駁斥董小宛即董鄂妃之說。

如果大家有意繼續尋探董小宛其人其事，可以參閱孟森的另一篇考據文章——「董小宛考」，而這篇文章先前收錄於孟森弟子商鴻逵所編集的《明清史論著集刊》；目前則收於《心史叢刊》內。

「心史」是孟森的名號，除前述「董小宛考」外，此《叢刊》尚收錄約三十篇長短不一的考證或藝談文章，當中有一篇名叫「小說題跋一：跋《聊齋志異》顛道人」（頁二三七至二三九）。孟森為《聊齋》內「顛道人」的故事稍作註釋及考據。

戴綠頭巾者是妓夫

話說有一位「為人玩世不恭」的殷文屏，為了戲弄一位「寒賤起家，出必架肩而行」的周姓男子，特意「着豬皮靴」而在路邊等候對方。孟森引述清代倪鴻《桐陰清話》內的「教坊規條碑」一則，解釋殷文屏為何穿豬皮靴嘲弄這位外出時必定「架肩而行」的周先生。

原來但凡妓夫（按：不一定是妓女的真正丈夫，而大多指龜奴），須頭戴綠巾，腰繫綠帶，穿以豬皮造成的靴，外出時不准走在路中央而須走在路旁；如果行於路中而被人毆打，則屬自招而不得追究；

學林鷗樂

縱使老病，也不准乘坐輿馬，只准坐在一條木方之上，由兩人肩負而行。

綠頭巾原本是妓夫所戴，後來延伸至泛指婦女紅杏出牆，而此舉等於是給丈夫戴上綠頭巾（即粵語「戴綠帽」）。孟森繼而引證，妓夫戴綠巾並非始於明代。據明朝神宗年代道士程明善《嘯餘譜》（按：一本載列詞曲聲律樂譜的著作）引述宋末元初趙子昂的記載：「娼夫之詞，名綠巾詞」，以別於士子所度之曲。經孟森引述資料解釋，我們就十分明瞭這個記於《聊齋》的故事，忒也有趣。

從滿人角度看滿人治漢

除篇幅長達百多萬字的《明元清系通紀》，孟森亦有一本三四十萬字的《清史講義》刊行於世。這份講義是孟森於一九三五至三七年間在北京講授清史所用。書內分上下兩編，合共九章，由第一編「總論」的第一章「《清史》在史學上之位置」講至第四章「八旗制度考實」；另在第二編「各論」由第一章「開國」講至第五章「咸同之轉危為安」；至於第六章，則只存章目，蓋因身故而未續。

《清史講義》與眾多史家所撰寫的二手清史書炯然有別。除了因為書內旁徵博引，以外族史如《朝鮮實錄》引證清史，更因為孟森傾向從滿洲人的角度看滿洲史以及從滿洲人立場看滿人治漢，與一般史家以漢人看滿洲史及滿人治漢，顯有不同。今人讀之，鮮有陳陳相因之感；猶覺清新獨到。

例如他在第二編第二章第九節「盛明之缺失」（頁一八二至一九三）內述及康熙廢立太子之事時，指出單憑當時宮廷所記，很難找到太子被廢的真正原因。他引述《朝鮮實錄》的記載，提出太

子因「荒淫無度，私用內外帑藏、捶撻大臣以下⋯⋯」而被廢，以補《聖祖實錄》之含糊難信，或《東華錄》之誇張失實。

《明清史論著集刊》收文七十多篇

孟森著作極豐，除上述論著，尚有七十多篇文章留世而現收錄於《明清史論著集刊》「上」、「下」。本文限於篇幅，無法一一詳介。現以書內「清太祖告天七大恨之真本研究」一文（頁二五四至二六八），略述一二。

本來關於「七大恨」的原文，應該以《清實錄》裏修於天聰年間的「太祖武皇帝實錄」在時間上最為貼近；可惜原文多有修飾，真相不存。孟森於是引錄他當時得自「北大」研究所的天聰年間木刻揭牓的「七大恨文」，以資對比。這對於「七大恨」原文的考證，很有幫助。

二十世紀精研清史的學者多不勝數，而孟森因其學養豐富，研究深入，立論精確而卓然傲立，廣照學林。

（二十世紀文史名家系列之十八）

學林鷗樂

381

（配稿）

出身法政　終為史家

　　孟森（一八六九至一九三八），字蒓孫，號心史，學術界多尊稱他作「心史先生」。這位生於江蘇常州的士子，少年時代在家鄉飽讀詩文，為日後的學問功夫打下良好基礎。及後留學日本，在東京法政大學修讀法政；曾著有《新編法學通論》、《財政學》，並且翻譯日本人所著的民法及警察法等書。

　　為體現士子經世致用，他遠遊四方，多所考察，並曾擔任廣西龍江兵備道的幕僚，甚至對清末立憲之事發文爭論。及後民國初立，他當選臨時政府的眾議院議員，並經常撰寫政論。

　　不過，他隨後棄政從學，並以一顆愛國丹心，精研清史。這位見證晚清時代的士子，在民國初年以廣博的國學輔以從法政學得的理性判斷，一邊考證著述，光照學林，一邊講學授課，廣惠後學。單從已予刊行的論著而言，就有數百萬字，而書款除本版正文及上文所述者，尚有《孟森政法著譯輯刊》及《孟森政論文集刊》。

　　過去幾十年，孟森的著作散見於坊間，未必容易盡窺全豹。二十一世紀初，內地中華書局把當年經孟森弟子商鴻逵協助校訂而先後刊行的多款著作，結合為「孟森著作集」，刊行於世，方便後進。

　　這位享譽學林的「清史開山鼻祖」，對我們確實惠澤殊深。

出身法政　終為史家

王鍾翰情有獨鍾

只研清史 一生不渝

年前在本欄提及史家孟森是研究清史的開山祖師。自他以後，清史專家多若雨後春筍，當中赫赫有名的是王鍾翰。論輩分，他低孟森一輩。

一九三四年王鍾翰進入北平燕京大學歷史系，師從顧頡剛、鄧之誠、洪業等名家，畢業後續升研究院。據他自稱，其間「稍窺為文、治學、事功、經世及其（按：指前述諸位授業師）為人、交友、尊師、重道之門徑。」

負笈美國 留學哈佛

王鍾翰研究所修業後，初留校擔任助教；四三年轉往成都燕京大學歷史系任教；四六年負笈美國，在哈佛大學進修兩年；回國後調入中央民族學院研究部，自此專心致志，獨研清史，並且堅定立場，「非與清史有關諸題，寧擱筆不寫。」（以上引文，見於《王鍾翰清史論集》「敘言」）至於他為什麼獨研清史，請參閱本文配稿。

王鍾翰絕大半生專研清史，所寫就的文章，多不勝數，而歷年經不同出版社結集成書的，計有：《清史雜考》、《清史新考》、《清史補考》、《清史續考》、《清史餘考》、《清史十六講》、《王鍾翰學術論著自選集》等等。驟眼看來，確令初學者目眩難辨，但其內的文章，頗多重疊。

學林鷗樂

《清史論集》 一套四冊

幸好上述諸書所印載的文章，絕大部分已轉為集中收錄在一套四冊而多達兩百萬字的精裝本《王鍾翰清史論集》（中華書局，二零零四）。此《論集》內分五卷，依次是「清前期」、「康乾時期」、「清晚期」、「其他」及「附錄」。

此外，他所點校的八十卷《清史列傳》，近年分為二十冊印行，篇幅超過四百六十萬字，既有平裝本，亦有精裝本。另一方面，長達千餘頁的《中國民族史》（中國科學出版社，一九九四），也是由他主編。

為免紛亂難覓，以下介紹的兩篇文章，即「論袁崇煥與皇太極」和「年羹堯西征問題——兼論雍正西北民族政策」，均採自《王鍾翰清史論集》。至於為何選擇介紹這兩篇文章，純粹因為一般讀者對所涉課題，較感興趣。

袁崇煥與皇太極並論

「論袁崇煥與皇太極」一文，寫於一九八四年而初刊於翌年。王鍾翰寫這篇正文有十五頁的文章，有幾分是紀念其中一位主角袁崇煥（一五八四至一六三零）誕辰四百周年。至於他為什麼要把袁崇煥和皇太極放在一起評論，他在文章開首已予說明。他「覺得袁崇煥一生的孤忠自效，含冤而死，過去和現在，都曾引起史學界的莫大同情和重視，……史學界對皇太極這一滿族傑出人物，不論對他在清史上或滿族史上的地位和歷史作用，也發表了不少篇專文和專著。」（頁一八一）

然而，他同時指出，「將二人合在一起，相提並論，迄今尚不多見。」他認為出現這種情況的主因是「分別作傳，易於立言；合而論之，殊難着筆……」。他進而謙稱：「今不自量，僅就袁崇煥與皇太極的一得一失，一成一敗，一何以得而成，一何以失而敗，……進行一些初步分析和探討。」（同上）

他表明研究這個課題的用意後，就從皇太極繼位而袁崇煥遣使名為恭賀新君登位實為探視虛實的那一刻，開始討論。

第一個課題是按照當時實際情況，雙方究竟是否具備和解的條件。據他分析，明朝自崇禎繼位後，先誅魏忠賢，奮發圖強，而國家諸事確實需要時間調整，因此邊關安定，哪怕是較為短暫的安定，當然對己有益。何況，寧遠一役，勇挫滿洲，確為和談取得了有利條件。滿洲方面，皇太極匆匆繼任後，亦需要時間穩定自己的政權，而八旗之間的制衡關係，才是真正的當務之急。

因此，環顧當時情況，暫時的和解，對雙方來說，都是務實的選擇。事實上，雙方的確曾經議和。可惜，雙方開出的和談條件，對方都認為苛刻難允，接受不了。明朝要求對方退還遼河以東的佔地；滿洲則要求收取一筆等若戰敗國付與戰勝國的賠償，包括金銀緞布。由於各自堅持，和議拖延甚或擾攘了三年多，但最終都無法談妥。

只恨雙方和議達不成

據王鍾翰分析，袁崇煥本人十分主張議和。他同意熊廷弼的研判，對付關外的滿洲部族，最有效的策略是「以遼人守遼土，以遼土養遼人。守為正着，戰為奇着，攻為旁着。」（見《明史》「卷二五九」「袁崇煥傳」）他為了做到以守為戰，必須加強防守，大

力屯田，因此議和才是休整的佳策。只可惜，他接受不了滿洲的「和平」苛索；即便皇太極隨後示好讓步，允許暫且不提賠款一事，但由於滿洲方面堅決拒絕退還城池及官民，和議結果談不攏。

再者，從滿洲那方面看，皇太極繼任清主初期，根本沒有獨專的能力，而八旗首領，特別是他親二哥大貝勒代善、堂兄二貝勒阿敏及親五哥三貝勒莽古爾泰的嘴臉，他不能不理會，而這三位擁權的貝勒，沒有一個明確支持和議。

一君一臣　不應相比

如果說，由於皇太極在滿洲不能一人擅專，導致和議難成，那麼崇禎在中國皇權獨專，再犯下莽殺忠良的老毛病，也是和議失敗甚至釀成禍胎的因由。

閱罷王鍾翰此文，心裏難免嘀咕。雖然皇太極與袁崇煥是那段時期滿漢關係的代表，但把他倆放在一起討論甚至比較，根本絕不適當，始終一個是君，一個是臣，身分確實有別，地位明顯不同，權勢差異極大，根本沒有什麼好比，而且缺乏可予比擬的基礎。難怪王鍾翰自己也說，「將二人合在一起，相提並論，迄今尚不多見。」焉知「尚不多見」的唯一原因，是這種比較根本違反邏輯。情況猶如橙與香蕉，兩者雖然同屬水果，但根本不可比。如果拿崇禎與皇太極相比，那就勉強可比，而且較為恰當。

另一方面，袁崇煥一代忠良，為國效命，最後竟然落得含冤受屈，凌遲慘死，不但聽者心寒，亦在在印證明朝皇權高漲卻苦無牽制而惡果叢生。怎料滿清入關，承明劣制，皇權續大，惡果再招。此刻回望，歷史居然重演不誤。

檢視雍正與年羹堯關係

雍正與年羹堯的君臣關係是清史裏廣受揣測的課題。王鍾翰在收錄於上述《論集》第二卷的「年羹堯西征問題——兼論雍正西北民族政策」一文裏，開宗明義，指出：「史學界每以年羹堯之奉命西征青海，盡毀喇嘛寺廟，多殺喇嘛僧人，為摧殘藏傳佛家（俗稱喇嘛教）的罪魁禍首；加之，年恃擁立功，妄自驕蹇，又不避嫌遠疑，卒遭殺身滅門之禍，成為歷史上罪不容誅的一大罪人。」（頁一二三七）

對於這個課題，他隨後提出兩個重要論點，並列舉官史及私史佐證。首先，年羹堯奉命西征期間，的確殺過喇嘛僧人，燒過喇嘛廟，但經王鍾翰廣徵史料，推論年羹堯應該只是殺了少數喇嘛領袖，似乎沒有下令屠殺。即使有殺，但數目上斷不至傳言之多。王鍾翰本着有幾多分功過就說幾多分功過的原則，在文中鄭重提出，「這是事實具在，歷史真相大白，不能替年羹堯開脫罪責的……，但總不能像傳言之過甚其詞。」（頁一二四八）

第二，年羹堯在屢立戰功而事業登上頂峰時，的確驕橫跋扈，自恃功高，不知收斂；不過，他早在雍正尚未奪得皇位時，已經是雍親王的心腹，是雍正奪嫡的一隻重要棋子，更是壓制十四王子發揮撫遠大將軍職能的人物。與其說他目無尊上而該誅，倒不如說雍正是個兔死狗烹的無良君主。王鍾翰為了說明這一點，特意抄錄雍正與年羹堯君臣之間的奏摺，以便讀者探索推敲。這篇約有十五頁的文章，當然值得捧讀。

學林鷗樂

點校《清史列傳》意義重大

除著述外，王鍾翰亦完成了一項極為浩大的點校工作。他把八十卷的《清史列傳》一一點校。這本列傳共載二千八百九十四亦即接近三千篇傳記；內分八門，計為：宗室王公、大臣、忠義、儒林、文苑、循吏、貳臣、逆臣，而這種分類方法，與一般正史的列傳劃分法，頗為相同。

不過，這本長達四百六十多萬字的《清史列傳》，究竟是何人所編，始終無從追查，蓋因卷內並無註明編者，而且卷前無序，卷後無跋，甚至其他典籍亦未見述及。史學界對此簡直茫然若失，只得列作無頭公案。

當然，有不少學者表示，這本列傳大抵來自前清國史館在歷朝所編的《大臣列傳》而從中選錄三千名，然後按照時序，分類排成。此外，由於刊行年間已屆民國，所以把原先的名稱「國史」改為「清史」。

《清史列傳》有小部分抄自《大臣列傳》

這種看似合理的主流說法，經王鍾翰深入核證後，予以推翻。首先，《清史列傳》與國史館所修的《大臣列傳》確有相同之處。前者有些傳無疑是從後者直接抄錄過來，甚至一字不差；有些是因為抄錄過程中出錯而有少許差異；有些則略有增刪。不過，這些抄錄過來的傳，合共只得六百多篇，僅佔《清史列傳》總數的六分之一左右。

另外，王鍾翰為了尋根究底，把兩本同類典籍即《滿漢名臣傳》和《國朝耆獻類徵初編》，與《清史列傳》比對核證，發現前者與《清

史列傳》有六百多篇同名；後者則有一千六百多。然而，《清史列傳》獨有而完全不見於其他同類典籍的傳記，還有一千多篇。篇目數量顯然十分豐富，所以說，《清史列傳》的確有其史學價值。

《清史列傳》史料價值巨大

或許有人疑惑，卷帙繁浩的《清史稿》不是有很多列傳嗎，何需《清史列傳》「助勞」？然而，王鍾翰清楚指出：「《清史稿》的列傳所收雖有少數不見於《清史列傳》，而絕大多數的傳，敘事簡略，多半有年無月，有的連年月全部省去，未免失之過簡，對於清史研究工作者的進一步深入鑽討，極為不便；與此相反，《清史列傳》敘事較為詳明，年月首位具備，雖有純屬流水帳簿之誚，但因人依時，沿流溯源，探索以求，每每得事半功倍之益。不特此也，《清史列傳》亦有足補《清實錄》的闕失或糾正它的錯訛的地方……《清史列傳》的史料價值也就不言而喻了。」（見《清史列傳》「點校序言」）

從上可見，《清史列傳》不但補述《清史稿》在列傳方面的疏漏，亦在某程度上矯正《清實錄》的失實之處。這本雖然連編者身分也無從鑑別的《清史列傳》，確有巨大史料價值。

堪為典範　惠澤學林

由是觀之，王鍾翰的點校工作，確實意義重大。再者，他不單將《清史列傳》標點句讀，分成合理段落，甚至嚴謹校勘，並且幾乎在每卷之末都附上「校勘記」，累計約有兩千條。

學林鷗樂

他更不憚神勞形損，把《滿漢名臣傳》、《國朝耆獻類徵初編》、《國史列傳》三書，與《清史列傳》中同名的傳記逐一互校，其間為求美善，更旁參《大清歷朝實錄》及相關檔冊，悉心拾遺補闕，訂誤糾正，然後寫成校記，說明箇中緣由理據，以便後學覆查。

王鍾翰對清史確實貢獻良多，廣惠學林，而他奮厲積極的治學態度，更堪為典範。

（二十世紀文史名家系列之十九）

（配稿）

師承鄧之誠　受業洪業

據王鍾翰親述，他在北平燕京大學修讀歷史時，有幸追隨顧頡剛、鄧之誠、洪業等名師，而有段日子更在陳寅恪身旁親侍。不過，當中應以鄧、洪兩位教益最多，影響最深。

在校期間，向他講授清史的老師，是鄧之誠，激發他立志專研清史的，也是這位老師。事緣他求學年代，正正遭逢戰亂。一般知識分子都認為歷史沒有實際功能，因此棄而不讀；他卻力排眾議，認定「讀史貴在通觀歷代興亡史實始末，典制損益沿革，識其前言往行，文獻淵源，成敗得失與詭謀臧否，庶幾不至有負先賢『國家興亡，匹夫有責』之遺訓。」

王鍾翰這番言論，當然是受到乃師鄧之誠影響。他憶述，鄧師「自來大力提倡讀史，旨在經世致用。嘗云：『靖康之禍，昔人以為其原在於宋人之不讀史。』『誠欲救亡，莫如讀史。』……『昔人志在今古，故重史事，明典章，知沿革。』」他受乃師影響，進而認定，「讀史應習清代之事。」他所持的理據是「清為我最後之一封建帝制時代，時間最近，資料最豐，則殷鑑不遠，自以治清代事為尤要，不問可知也。」（以上引文均抄錄自王所撰「清代各部署則例經眼錄」一文）

促使他專研清史的老師，何止鄧之誠一人？他在《王鍾翰清史論集》的「敘言」憶述，他當年閱畢前輩孟森所撰的「清世宗入承大統考實」一文，不以為然，於是發表兩篇分別題為「清世宗奪嫡考實」和「胤禎西征紀實」的文章，藉此提出異議。

學林鷗樂

當時寓居美國的洪業，看罷前述「奪嫡」一文，為之拍案叫好，隨即寫信給他，加以認可，給予鼓勵。由於先後得到兩位恩師激發，王鍾翰矢志專研清史，終身不渝，並因此享譽學林。

　　王鍾翰幸有鄧、洪諸師激發，卓然有成。然而，環顧今天學界，還有多少位前輩名師可為後輩學子指點一條畢生受用不盡的明路？

漢史兼居延漢簡專家勞榦

　　月前在本欄介紹孟森《明代史》時，提及楊聯陞憶述一九三六年他在「北大」旁聽孟森講明清史。可惜，他當時沒有取得講義。幸虧那疊上課所用的講義，一兩年後居然在東安市場某書攤買到，而且是裝訂本。嗣後，他負笈美國時亦隨身帶備。一九五七年他把這份極可能是孤本的講義，從美國帶至台北，交與中華叢書委員會印行，使之不至湮沒，反可續蔭後學。

　　此講義付梓前，由畢業於「北大」而其後亦成為史家的勞貞一（即「勞榦」，一九零七至二零零三）校閱。這本《明代史》初刊時，楊聯陞親自作序，並於序內說明，勞榦在「北大」畢業較早，好像沒有上過心史（即孟森）先生的課，但是對於先生在明清史上的成就也是很佩服的。

　　對於楊聯陞這段回憶，我輩後學在上世紀七十年代捧讀孟森此書時已經知悉。其實，我們在那個年代就讀高中及預科期間，已經同時翻閱時任美國加州大學教授的勞榦在較早年間所寫的兩本斷代史，即《秦漢史》和《魏晉南北朝史》。

　　這兩本我在七十年代購得的史書，均於五十年代初刊——前者刊於五二年，後者刊於五四年，而兩者後來均由台灣華岡出版社在七十年代初印行。

學林鷗樂

兩本小史確有可觀之處

論篇幅，這兩本都是小書，每本只有百多頁，但都涵蓋了一般二手斷代史須予包含的內容。從資料數量看，若與近三四十年刊行的同類斷代史書相比，的確遠有不及。不過，我們作為後輩，必須明白箇中的兩大要點。

首先，勞榦的兩本斷代史成書於五十年代。當時有心寫這類小型斷代史的學者不多，數量上根本不可能與近三四十年海峽兩岸的斷代史刊行情況相比。加上當時資訊不大發達，遠遜當下的電子資訊時代，能夠隨時檢索資料，所以手上執有一本這般篇幅的小史，已經如獲至寶了。

其二，勞榦這兩本斷代史雖然篇幅很小，但並非表示書內論據貧乏，分析欠奉。反之，這兩本小史確有其可觀之處。

勞榦《秦漢史》共分十四章，另有兩個附錄。頭兩章分別講述「秦的發展」及「秦始皇及二世」；第三章談及「楚漢之際」；餘下十一章則由「從布衣天子到無為而治」講到「蜀漢興亡」、「兩漢學術信仰及物質生活」以及「秦漢制度」，而兩個附錄是「世系表」和「年號表」。

不過，最扼要精闢的，還是置於諸章前的四頁「自序」。

疆域概念及制度的確立

勞榦這篇「自序」，絕非交代成書的經過，而是以極小篇幅，提綱挈領，論述秦漢特色以及這段時期對整個中國歷史的影響。首先，他明言：

漢史兼居延漢簡專家勞榦

「地理上的中國區域，無疑的，是包括東北，外蒙，新疆，和西藏的。這是一個整個的區域，這是一個絕對不能分割的區域。凡是在這個區域的人民，只有精誠合作，才能共同過着繁榮而和平的生活。但是這一個整個的區域的相關性的被發現，卻不在殷，不在周，而在秦漢時期。」

換言之，中國疆域概念是在秦漢時期確定。

其次，秦漢兩代為後世奠立明確制度。勞榦指出：

「在秦漢時期，不論官制，兵制，法律，地方制度，學校制度，選舉制度，財政及貨幣制度，以至於現代所用的度量衡制度，現在中國的文字，無一不是樹立了穩固而長久的基礎。這些制度，沿襲了兩千多年，雖然其中有些改變，但假如不明瞭設制的根源，也就無法推證制度中精神及關鍵之所在。」

由此可見，沿襲千年的諸般制度，均確立於秦漢。

秦漢體現不同政治理念

其三，秦漢時代體現了不同政治理念：

「秦始皇和秦二世在位之時，是純粹法家思想實驗時期。……在漢惠帝至漢景帝在位之時，又是黃老思想實驗時期。……到了武帝即位之後，又成為儒法兩家相雜的時期。這種『雜霸之治』，在實行上雖然得到若干效果，在理論上仍是很有問題，所以漢元帝，王莽，和東漢光武帝又都以儒術為主。但儒術政治的根本，淵源於執政者的正心養家，表裏如一，……因此漢元帝的政治只是牽制文義，優柔寡斷。……王莽的政治，只是比漢武帝的儒術裝飾得更為多些，……光武採用儒術，確比前人成功，但追究起來，仍不免有

若干黃老的成分，摻雜在內（從古以來，政治的實行中，還未出現過百分之百的醇儒，所爭的只是採用儒家教理多寡之分罷了，……）到了三國時期，曹操又以法術為政。諸葛亮亦是內儒外法，和王莽內法外儒成一對比。——所以秦漢時代，正是一個諸家思想的大實驗時代，在後來二千年中，亦未曾出於這個範圍之外。」

從上文可見，秦漢以至三國時代，是先秦儒、道、法三家政治思想的體驗期，時而更替，時而相雜，但始終脫離不了儒道法的範疇。

其四，勞榦明確指出：

「秦漢時代最重要的特徵，還在當時的政治制度。秦漢政治制度的主要特徵，是簡單明潔，富於效率。……中國傳統政治的最高標準，第一是『清』，第二是『簡』。……秦的亡國在於苛暴，王莽的亡國由於煩亂。……就這個時期而言，困擾過的老百姓，需要的是休息。威逼過的老百姓，需要的是安靜，橫徵暴斂過的老百姓，需要的是薄賦，……以簡馭繁，以定馭疲，以易馭難。這就是西漢初年及東漢初年所以能成功的大原因。……從這一方面來看漢代的政治，也許對於漢代在中國政治史上的地位，更容易看出來。」

勞榦在「自序」內的寥寥幾段，已經把秦漢的歷史特色及對往後朝代的影響，清楚勾畫出來。能夠做到言簡意賅，精練入微，可見他對秦漢確實瞭如指掌。

反駁劉邦殺功臣之說

另一方面，他在正文多處表達他獨特而足可提醒後學的論點。例如他在第三章「楚漢之際」提出兩個論點。

其一：「劉項之爭，……項羽單純的代表楚國，劉邦卻並不是代表某一個地域觀念，只代表對於秦代政治路線的反抗。換言之，項羽所代表的，是楚國的復興，劉邦所代表的，只是秦帝國中人民的革命。」

其二：「世人以明太祖和漢高帝相提並論，認為都是誅戮功臣，這是完全不切當的。漢高帝為人，絕對沒有這麼猜忌，只因為世人太同情韓信了，……明太祖甚至對於郭子興的後人也一律不留。漢高帝對於韓信，是先取消王號，……再經韓信造反，漢才殺韓信……兩方面都有錯，不能說歸咎於一方的猜忌。彭越為呂后所殺，不由高帝，陳豨和英布確實反叛，不能怪漢室。」（頁二十四至二十六）

勞榦以上的兩個論點，特別是第二個，其他史家未必苟同，蓋因漢高帝與明太祖誅戮功臣，本質相同，行動如一，只不過程度稍異，步驟有別而已。何況，功臣若不是情勢所迫，會不會走上叛變而明知造反難有成功指望的不歸路？

不管勞榦如何着力為漢高帝平反，但劉邦開了新朝皇帝殺功臣的先河，怎麼說也抹殺不了。不過，即使他的論點未必得到認同，但他力排眾議的膽識，確令後學敬重。

雖然一如前述，勞榦的《秦漢史》是本小史書，但由於書內所載者，並非純是篇幅有限的史料，而是以史實作為證據的論著，因此確有惠澤後輩之功。

南北朝是南北混亂第一波

至於初刊於一九五四年的《魏晉南北朝史》，雖然篇幅比前述

《秦漢史》略大,但只有一百七十多頁,始終是本小史書。全書共分九章,另有幾幅插圖,即分別關乎三國、西晉、南北朝的時代圖和金陵沿革圖,以及兩個附錄,即「世系表」和「大事年表」。

除第一章「緒論」外,勞榦分章講述「三國之興亡」、「西晉時代」至「南北朝之兵制」、「南北朝的文學與學術」。

此書與前作《秦漢史》的最大分別,是書內並無「自序」,也就是說,他沒有運用「自序」綜論這個時代的特色;七一年再版時只有一篇寥寥十行的「再版訂正序」,交代再版的情況。

然而,我們必須明白,秦漢與魏晉南北朝在歷史意義上顯然有別。前者是大一統的開端,為後世奠立大一統所需的基礎;後者則是南北混亂的第一波。他把魏晉南北朝的紛亂因素及特色,放在第一章「緒論」講解。

西北逐漸落後於東南

第一章「緒論」下分甲、乙、丙三節,依次是「東漢與南朝」、「東漢的士風與曹魏」、「東漢以來的宗教與經濟」。

綜觀全章,主要是概述一些影響魏晉以至南北朝時代的東漢情況。例如,他在本章開頭明言:

「中國的西北邊境,……永遠是在不平衡、不安靜的局面下過日子。東南邊境,卻是易於扼守的丘陵地帶,並且不處於民族遷徙激流的對衡之點。所以西北邊境總是建設了又破壞,而東南邊境則是建設一步即增進一步。因此東南邊境的文化遺產一天一天的豐富,最後便超過黃河流域的『中原』了。西北邊境的不安已經成為西北開發程度落後的主要原因,再加上西北雨量的不足,農作物不能給

漢史兼居延漢簡專家勞榦

養大量的人口，使得西北文化，更為落後。……再加上東漢初年及東漢晚年兩次內部變亂，使得西北一帶，更為荒廢。」（頁一至二）

上述這類分析，雖然簡單淺白，但對初登史學門檻的學子來說，必須有所知曉。

世族誤國　一語中的

一如前述的《秦漢史》，勞榦《魏晉南北朝史》內的二手史料數量，儘管遜於近幾十年坊間可以買到的同類斷代史，但這絕不是說，此書價值不大，不必理會。反之，我提議後學花點時間翻閱，只因內有不少史論足以振聾啟瞶，惠澤後進。例如他在第一章「緒論」清楚指出，西晉的世族有別於東漢的世族，並因此導致中央以及地方腐敗的惡果，甚至外族侵華的劣局：

「三國的變亂，已經使中原人士紛紛逃向江南，再加上了一個東晉南渡，更成了中國中古文化在南方開展的一個重要因素。西晉的開國，……是一個政治性陰謀的成功，但就這件事的社會意義來說，卻是東漢世家豪族，對當時壓迫者曹家政權的一次總攻擊。世族的地位雖然重行增加，東漢遺留下世族中高尚而廉潔的風氣仍被破壞無餘。所以司馬氏時復興的世族，其內容和其意義並不等於東漢的世族，而是另外一種政治形態。這種執政的世族，使得中央的政治及地方的政治同時腐敗下去，最後世族自相爭奪，在諸王領導之下起了內戰，以致人民的困苦增加了，國家的實力消耗了，士氣和人心瓦解了。邊疆以外的蠻族侵入中原，終於在中原建立了蠻族的政權。」（頁三至四）

上述簡單而清晰的分析，絕對是一語中的。所以說，這本小史，肯定惠澤後學。

學林甌樂

多篇論著　結成文集

除了上述兩本小史書，勞榦終其一生，寫了不少論文，而絕大部分論文已載錄於一套兩冊的《古代中國的歷史與文化》。這套文集的最新版，刊於二零零六年，但這其實是他繼一九七六年出版的文集後，經過幾番積累，於一九九零年發行增訂版後的再版。今天我們研讀他的論文，多以刊於二零零六年的增訂論文集為依歸。

這套論文集所涵蓋的學術範疇十分廣闊。內載的四十多篇文章，共歸為九類，依次是歷史與政治、制度、思想史、社會史、地理與邊疆史、曆法、考古學及文字學、文學、典籍。每個範疇的文章，多則十篇，少則兩三篇。時代方面，絕大多數關於先秦、秦漢及魏晉南北朝，而三者以兩漢居多。

在此順帶一提，史學界習慣上把勞榦看成是漢史專家，如果單從論文數目看，把他視作漢史專家，當然極為合理。

難從固有治亂周期解脫

不過，必須補充，勞榦雖然花費極大心血專研漢史，但這並不是說，其他範疇建樹不大。其實，他的史識和洞見，對我輩後學，啟迪殊豐。例如他在上述文集的「自序」論及治亂周期時指出：

「中國數千年一直是家族統治的專制政體，所以一個朝代最長不過二三百年，到了朝代結束，就可能即是天下大亂，人民痛苦之時。今後也只有脫離家族影響之後，才會突破原有朝代式的轉移，而開創民族未來新的形式。只是舊的痕路，刻畫很深，解脫出來，當然也是相當費事的專制政體。」

然則，此番言論，不就是說明，中華人民總脫不開專制政體？

漢史兼居延漢簡專家勞榦

這是他綜觀歷史軌跡後提出而足以叫人深省的評論。至於有關這方面的詳細議論，可翻閱載於文集首篇的「中國歷史的周期及中國歷史的分期問題」。

霍光當政是個歷史創局

文集內所收錄的論文，堪稱佳構連篇，偉論紛陳，可惜本文篇幅有限，無法一一介紹，只可擇其「霍光當政時的政治問題」一文，稍予提述。

勞榦在文內第一句就劈頭道：「霍光當政的局面在中國歷史上是一個創局。」事實上，霍光是以大司馬大將軍之銜領導內朝，而這種由大司馬大將軍或大司馬車騎將軍秉政，就成為慣例。影響所及，東漢外戚常以此例把持政事，甚至到了魏晉南北朝，大司馬大將軍往往變成篡位者。這種制度亦在某程度上影響日本的幕府。

對於霍光本人及他當權施政的評價，勞榦明確指出，他「只是時勢所造成的英雄……隨事應付，並無遠見……他所處理各項事件之中，如立昭帝，在昭帝時所執行的國策，昭帝之死，立昌邑王；廢昌邑王；擁立宣帝的各項機會之中，有得有失，而且還成績很好。可惜他的夫人毒死許后，以他們的女兒繼立為后，這才是一個最大的失着，但他既不能防範於事前，又不能當機立斷，補救於事後，這才種下失敗的因素。」

不過，他始終認為，霍光幾番廢君立君，雖然悖於體統，但事急從權，不得不接受。他在文內以史實詳細評論霍光輔政的功過，十分值得後學研讀。

學林鷗樂

研究居延漢簡最有成就

勞榦除了寫過很多篇關於漢朝的論文，對漢史的另一重要貢獻是居延漢簡的研究。儘管我們十分明白，莫說是一般歷史系學生，即便是絕大多數歷史學者，對於研究居延漢簡這個課題，明顯興趣索然，但始終不能否定，居延漢簡的價值在於彌補正史如《史記》、《漢書》的不足甚至缺漏。

再者，勞榦在研究居延漢簡方面，確實起了承先啟後的作用。繼法國漢學家沙畹（Edouard Chavannes）和國學大師王國維對漢簡的初步研究，勞榦因應當時所發現的居延漢簡，痛下苦功，反覆校訂，積累了極為豐富的研究成果，更影響了同輩陳夢家及牽動了後輩吳礽驤的研究。不過，若論眾位學者的成就，當然以勞榦最大。（見本版配稿「居延漢簡研究歷程」一文）

勞榦對漢代各個課題的研究成就以及對居延漢簡的宏大貢獻，足令後世稱之為漢史專家。

（二十世紀文史名家系列之二十）

漢史兼居延漢簡專家勞榦

（配稿）
居延漢簡研究歷程

　　一九零零年英國考古學家 Aurel Stein（斯坦因，一八六二至一九四三）爵士在敦煌及酒泉一帶的漢代烽燧遺址之下，獲得大約兩千片簡牘，亦因而燃起中外學者研究漢簡的興趣。

　　一九三零年中國與瑞典的聯合考察團在漢朝重鎮居延（今內蒙古境內）烽燧遺址掘得一萬片漢簡。這些「敦煌漢簡」和「居延漢簡」是考古學的重大發現，為研究漢史特別是中央與邊塞的關係以及邊塞與外族的關係，提供豐富材料。

　　另一方面，一九六四年我國在武威西陲尋得另一批為數較少的漢簡，內有古籍《儀禮》全文，而此漢版《儀禮》，與後來傳世的唐朝版本頗有出入。

　　單以出土的居延漢簡而言，形制上可分為簡、牘、觚、楬等種類，當中以簡佔大多數。簡多以松木或椴木刻成，體積一律是九寸長，四分三寸闊，十六分之三寸厚。簡的內容多屬公文、私函，以及各方面包括政治、經濟、物價、軍事、錢糧等的記錄。

　　勞榦在研究居延漢簡過程中，將一張張拍成照片的漢簡釋寫，然後分類，並於一九四三年將之出版，翌年亦將考釋文字編成《考釋六部》。

　　及至一九五七年，他把居延漢簡的《圖版部分》再拍，隨後於一九六零年把《考釋部分》重整後印行。

　　到了一九八三年，他重訂《考釋部分》，然後再次出版，使居延漢簡以盡可能完整的情況存留。

　　他對居延漢簡的貢獻，當可不言而喻。

學林鷗樂

英國歷史學者 A J P Taylor
著作極豐　史論獨特

　　上世紀七十年代我輩修習西史時，例必閱讀英國著名史家 A J P Taylor（泰勒）的著作，特別是 *The Struggle for Mastery in Europe 1848-1918* 及 *Europe: Grandeur and Decline*。他著作豐富，史論獨特，對全球的現代史學界影響很深。我隨後幾十年仍然不斷翻閱他的史書，總覺論述清晰，啟迪殊深。

　　泰勒（一九零六至一九九零）少年在約克郡讀書時，已經顯露挑戰權威的性格。二十年代中，他進入牛津大學修讀現代史；二七年畢業後，前往維也納深造；自三零年，先後在曼徹斯特大學、牛津大學及倫敦的不同學院任教，主講現代史。

史家竟是　廣播紅人

　　泰勒任教「牛津」期間，由於講學精彩，慕名聽課的學生實在太多，據云校方不得不把他的講課時間編排在大清早，冀以減卻人潮。

　　另一方面，那個年代的一般學者，在春風化雨之餘，頂多是執筆撰文，發表於報章期刊，甚或著書立說，與學界分享研究所得。泰勒可不止於此。他竟然進軍廣播界，在電台及電視台擔任講員，暢論歷史及時事，展示他激濁揚清的魅力。他常在螢幕前兩手空空，不看講稿而可以一口氣講述半小時。身為學者而居然成為廣播界紅人，就只有泰勒一人了。

不過，由於這位星級史家選題敏感，見識破格，言論尖銳，當時的聽眾及觀眾，不一定接受得了，所以對他有毀有譽。

課題全屬　現代歐史

泰勒一生經刊行的著作，多達四十款以上，但嚴格來說，他的研究範疇絕非廣闊無垠；反之，所有課題只集中在現代歐洲史，不是歐洲大陸現代史，就是英國現代史，而且他往往著墨於英國及歐洲諸國的政治史及外交史。

泰勒的幾十款著作，單以筆者手執者而言，大概可以分成七大類：

其一，英國現代史，即 *English History 1914-1945*；

其二，歐洲現代史，當中較為重要的計有 *The Habsburg Monarchy 1809-1918*；*The Course of German History*；*The Struggle for Mastery in Europe 1848-1918*；*Europe: Grandeur and Decline*；

其三，第一次及第二次世界大戰史，包括 *The First World War: An Illustrated History*；*The Origins of the Second World War*；*The Second World War: An Illustrated History*；

其四，英國歷史人物評論，即 *Lloyd George*，及 *Churchill Revised: A Critical Assessment*；

其五，歷史人物傳記，即 *Bismarck: The Man and the Statesman*；

其六，歐洲文化綜論，例如 *From Sarajevo to Potsdam*；

其七，報刊文章、大學講稿及電台電視講章集，包括 *Essays in English History*；*British Prime Ministers and Other Essays*；*Revolutions and Revolutionaries*。

學林鴻樂

本文限於篇幅，只可酌選幾款簡介。

歐洲無力　領導世界

　　一九五四年，泰勒的 *The Struggle for Mastery in Europe 1848-1918*（可譯作《歐洲列強爭霸史 1848-1918》）面世，隨即引起學術界很大關注。他選擇列強在十九世紀中葉至第一次世界大戰結束的期間作為題材，是有感於他當時所處的五十年代，正值美蘇冷戰。對他來說，冷戰的過程並不重要，但這場冷戰在在標示着歐洲已經失卻領導世界的能力，而改由美蘇主宰世界。他作為英國人，委實意難平。

　　他因此決意為歐洲主宰世界的那個最後年代，即十九世紀中葉至「一戰」結束的該段時期，撰書立論，作為印記。

　　此書於一九七一年由牛津大學出版社推出平裝本。全書厚達六百多頁，除引言「歐洲列強」之外，分為二十三章，由首章「革命的外交，一八四八」，至末章「戰爭的外交，一九一四至一八」。書內雖然長篇大論，但一言蔽之，是英、法、德（包括統一前的普魯士）及奧匈帝國在爭霸的當兒，莫不強調均勢，即是說要實力平衡（balance of power）。

　　泰勒指出，列強雖然在維持均勢的前提下爭霸不已，但所用的斷不是刀槍火炮，而是外交手段。由是觀之，列強所展示的外交藝術，達至人類史上的頂峰。閱讀這類史書的趣味，庶幾在於參透列強的外交藝術。

　　由牛津出版社初刊於一九六五年而隨後由塘鵝（Pelican）文庫不斷印行的 *English History 1914-1945*，是泰勒所寫的最厚一本英國史。

以我手執的「塘鵝」七五年版而言，全書厚達八百多頁，共分十六章，基本上每章涵蓋一九一四至四五年之間的一至五年歷史，由第一章「舊式的大戰，一九一四至一五」至末章「終結，一九四四至四五」；隨後有長達八十頁的詳細參考書目及歷屆內閣名單。

投票規則　續有變遷

此書集中評述英國在「一戰」及「二戰」期間以及兩次大戰之間二十多年的本土政治情況及社會變遷。書內論題多不勝數，讀之有趣。例如泰勒以國民投票權逐步開放一事，評論民主選舉對當時的影響。話說一九一八年十二月國會下議院以大比數通過修訂選舉資格法。此次的修訂把英國選舉歷史帶進新里程——女國民在此之前並沒有投票權；但及後只要符合居住年期的規定，就有權投票。

不過，條件方面，男女的差別，仍然很大。年滿二十一歲的男子，只要居住滿六個月，就有投票權；但女性要住滿三十個月。此舉明顯是要抑制有權投票的女性人數，生怕她們遠遠超越男性。一九一九年戰後復員，有權投票的男性人數有一千三百萬，女性則有八百五十萬。（頁一五九）

到了一九二八年，國民投票權進入另一新紀元。女性的投票權年齡從三十降至二十一，而居住的年期規定與男性看齊。此外，除了在商界或大學任職者可多享一票（相當於香港的功能組別），其他類別的男女，只可一人一票。此舉刻意把一人兩票的選民人數減至五十萬，而一人兩票的情況，要到一九四八年才全面消除。

一九二八年的新規定為選民人數增添了五百萬，而新增的選民為傳統兩大黨帶來很大衝擊。不過，最有趣的是新的選舉年限，卻刺激不了新的拉票思維。政黨還停留在傳統拉票手段，只管舉行公

學林鷗樂

眾大會或挨家逐戶派單張，而完全沒有把著眼點放在如何吸引那幾百萬的新選民。（頁三三二）泰勒作為史家，對此很不以為然。

英國失卻　領導地位

泰勒其實在書裏還有很多不以為然的說法。例如美國在二次世界大戰後冒起而反過來搶了英國素來享有的領導地位，以致英國要跟隨美國走，他對此更不以為然。對於英國這個經歷過兩次大戰而且是由開戰第一天至戰事最終的一天都有分參與的國家，他感慨萬千。不過，對於英國人愛好和平，講求文明，堅毅忍耐，他深感自豪。

另一方面，眼看英國的傳統價值不斷消失，並且逐步走進福利國家的境地，他固然頗感無奈。為此，他在書末寫道：「大英帝國衰落了；國民生活卻有所改善。歌曲 Land of Hope and Glory 已經很少人唱了，England Arise 就更不消說。儘管如此，英國確實曾經冒起過。」（頁七二七）這就是他對二十世紀上半葉英國的結論。

至於由 Allen Lane 初刊於一九九九年而於翌年改由 Penguin（企鵝）文庫印行的 British Prime Ministers，是專研英國現代史學者 Chris Wrigley 負責將泰勒生前六十多篇電台與電視台講稿及報刊文章，編集成書。全書厚達四百多頁，而文章歸為四大編，依次為 British Prime Ministers（英國首相），How Wars Begin（戰爭如何開展），How Wars End（戰爭如何結束），Miscellaneous Reviews and Articles（雜論及雜文）。

英、歐首相 顯然有別

當中第一編的開首短文，題為 Prime Ministers，可說是一篇綜論。文章雖短，但見解精闢。他一開始就指出，英國的首相這個按年分來說與發明蒸氣機年代相若的「產物」，與歐洲大陸的宰相（即諸位部長之首），顯然有別。

歐洲各國宰相，純屬國王的代理人，是代國王辦事的家臣。其權力來自國王，一旦失寵，就會離職失權。反觀英國首相，其權來自國會，只要得到國會支持，國王即便龍顏不悅，也奈何不了。

此外，他在文末對內閣有言簡意賅的分析：十八世紀時，英國內閣不大敢於團結起來，抗衡國王。後來，內閣益見勇敢，向國王宣示其意欲，而十九世紀的首相，其個人決定常常被內閣推翻。今天，內閣成員再不是與首相平起平坐，而是主從有別，變成了一班只是從行政總監接令執行的閣員。短短一文，就清晰勾畫了英國首相的遞變。

這本書有另一特色，就是在卷首由前述 Chris Wrigley 執筆簡介泰勒一生，讓讀者翻閱泰勒文章前，對這位史家其人其作，有個初步瞭解。

另一方面，泰勒雖然在六十年代先後寫了兩本關於英國兩位首相的書，即六一年初刊的 *Lloyd George* 及六九年的 *Churchill Revised: A Critical Assessment*，但與初刊於五十年代的 *Bismarck: The Man and the Statesman*，明顯不同。前兩者是以個人為本位而評論其歷史功過；後者則以傳記方式記敘主人翁的一生。

學林鷗樂

一般史論　並不觸及

　　Bismarck 一書由 Penguin（企鵝）文庫於一九五五年初刊。不過，筆者手執的，是美國 Vintage Books 於六七年印行的版本。這本小書有十章，由第一章 The Boy and the Man（童年至及長）到第十章 Into the grave and Beyond（走進墳墓及身後），共二百七十多頁。

　　關於卑斯麥從政得失及歷史功過，不少史書已有論及，倒不必在此多贅。不過，由於泰勒是以傳記著墨，內容當然記載了很多一般史論並不觸及的故事。試以第九章 The Fall From Power（大權旁落）即記敘卑斯麥丟了相位而走至政治生涯盡頭為例。泰勒筆下的卑斯麥，在一八九零年三月下旬離職前與政府最後一次的瓜葛，居然是政府催請他繳還計由三月二十日至三十一日已予支付的宰相薪金。蓋因由該時期起，他已開始領取退休金。為免造成雙重領薪，政府於是請他繳還多付之款。政府此舉，其實極為合理，但卑斯麥對此滿臉鄙夷，並嘲諷道：「普魯士就是憑藉這種伎倆變得強大了」（頁二五一）。

　　到了三月二十七日，卑斯麥去到國王威廉一世墳前獻花。之後返回宰相府，在府內休息室守聖餐，並聽了一堂講道，而講題卻是極為諷刺的「愛你的敵人」。隨後，他躺在沙發，自言自語：「我今年七十五歲，尚有妻子為伴，而且從沒有喪子之痛。我常常以為自己死於任內。我在宰相崗位已經二十八年了，而無論健康是好是壞，我都克盡厥職。可是，現在我真不知如何打算。感覺上，我此刻的身體比多年來更好。」（同上）

　　泰勒續敘：「一段真有個性的獨白。除了妻兒，無人為他而活，沒有人惦念他的功績……卑斯麥想盡辦法為未來製造混亂。他拒絕給予繼任者任何忠告，並宣稱只有 Herbert 知道我的秘密（按：

英國歷史學者 A J P Taylor

Herbert 是他長子，也從政。據泰勒在書內較早前描述，此子雖然頗為能幹，但不懂人情世故，經常顯得自負無禮，咄咄逼人）。國王威廉二世本想要求 Herbert 留任，但卑斯麥提醒兒子，切勿留在即將撞石的船上。也因如此，Herbert 也辭職，而他的請辭信寫得比乃父更酸更怨。」（頁二五一至二五二）

Bismarck 傳記　值得細讀

泰勒在本章內記敘卑斯麥設晚宴，與他一班部長惜別。席間氣氛極差。他不但拒絕與 Boetticher（按：是指時任副宰相 Karl von Boetticher）握手，甚至在散席前按捺不住，說道：「我只看到一張張的笑臉。我丟了宰相職位，全因你們之過。」（頁二五二）這班前部屬後來想回請他，但遭拒絕。他對同袍或其他官員，連半句客套的告別之詞也沒有。唯一收到他的離職禮物的，是二十年來為他奔跑於相府與皇宮之間的老信差。

三月二十九日，卑斯麥離開柏林時，由儀仗隊開路。民眾夾道歡送，各國使節紛臨火車站送行，惟獨不見君王到場。當火車緩緩離開時，軍隊奏出緩慢的進行曲，而卑斯麥坐在車廂內，淡淡地說：「一場最高榮譽國葬。」

大家從上述引文不但可以瞭解多一些有血有肉的卑斯麥，而不是那些只管列述政績功過的歷史教科書或參考書，更可以欣賞到泰勒寫人敘事的本領。當然，他所寫的，絕非小說般憑空杜撰，而是閱罷大量第一手資料才動筆。如果大家對卑斯麥其人其事特感興趣，泰勒這本傳記應該值得細讀。

學林鷗樂

觀點背離 西方「主流」

另一方面，當他在一九六一年推出 *The Origins of the Second World War*（《第二次世界大戰的起因》）時，引起很大震撼。

先談此書的寫作背景。一如前說，對於美蘇冷戰，他作為英國史家，看得不是味兒。此外，他不但對創立歐洲共同市場有異議，更加反對由美國主導的北大西洋公約組織。他就是在這種思想狀態下寫就此書。

與早前談及的兩本巨著相比，此書篇幅很小。以我手執的「塘鵝」六四年版而言，全書只有三百多頁，共分十一章。大體上，他把「二戰」成因分成兩大類。其一是「一戰」遺留下來的問題得不到妥善處理；其二是列強之間在大戰之前舉措屢屢失當。

此外，書內有一個論點十分值得注意，就是他對希特勒的歷史評價。史家、政治家以至一般百姓都認定希特勒是大戰的元兇禍首，更是殘酷滅族的大魔頭。可是泰勒認為列強舉措失當，處事不濟，才是主因。

另一方面，德國人民絕不是光聽希特勒指揮的無辜一群；他們也須負起戰爭罪責。戰後西方列強為了討好西德人民使之全心面對以蘇聯為首的威脅，才避重就輕，把所有罪責推到希特勒一個人的頭上。他因此認為，此等結論根本就是存心的錯置。

喚醒世人 史家有責

作為史家，他覺得自己有責任當頭棒喝，喚醒世人。他甚至甘冒大不韙，在書內題為「再思」的序言直書，「希特勒作為德國元首，須為該等大得無法量度的惡行、摧毀德國民主、設立集中營、

滅絕種族而負上最大責任。他下達無比邪惡的明令，而屬下的德國人就奉命執行。不過，他的外交卻是另一回事。他銳意打造德國成為領導歐洲甚至全球的強國。然而，列強何嘗沒有此心？甚至今天，列強仍懷此心。其他強國把一些小國變成他們的衛星。其他強國何嘗不是設法以武力捍衛自己的重大利益。」（頁二十七）

試想，在六十年代初，他此等異於主流而甚至人家看來全屬離經叛道的言論，怎不會惹起各界譁然反感？政客討厭他，學界鄙夷他。可他還是一臉「雖萬人，吾往矣」的意態。或許就是這個原因，他後來不見容於「牛津」而失去教席。然而，他終生著論不絕，廣澤世人，畢生教學，啟導了不少後代名家，例如專研歐洲史尤精波蘭史的 Norman Davies。

此刻回望，這位影響全球史學界的泰勒，在多本著作裏所發表的史論，我輩不一定全面認同，但他那種不甘從眾、愛思好辯、無懼權貴的精神，史學後輩應當學效。

（二十世紀文史名家系列之二十一）

學林鷗樂

言行出格　常惹投訴

　　如果俗語「不招人妒是庸才」是至理名言，泰勒就肯定不是庸才，皆因終其一生，常常惹火招尤，不單因其獨特的史論而引起學術界不滿甚至側目，日常的出格言行亦遭受各界批評甚至惹來投訴。

　　泰勒與另一位差不多同期及同範疇的英國歷史學家 Hugh Trevor-Roper（一九一四至二零零三）不和繼而互相攻訐之事，是二十世紀英國學術界以至整個社會引為美談但不是笑柄的軼聞。他倆都是主研英德兩國現代史的學者，在五十年代初期，本來惺惺相惜，以朋友論交。可是由於史觀各異，似乎埋下了不和的伏筆。

　　不過，導致公開不和的主因，是一九五七年的教席之爭。事緣該年牛津大學有「皇家教授」的席位出缺。由於這類教席地位崇高，兩位學者都有意競逐。時任首相而代表皇室委任「皇家教授」的麥美倫，卻把教席委與 Trevor-Roper，而他如此決定，顯然是政黨考量多於學術考量。

　　泰勒眼看這個教席這般落在對方手上，當然不是味兒。自那時起，他動輒就在學術上挑剔對方，而雙方經常在電視辯論。最經典的一幕要算一九六一年的唇槍舌劍。Trevor-Roper 批評泰勒的新作《第二次世界大戰的起因》，可能損及他作為史家的聲譽。泰勒豈是省油的燈，馬上回敬，「你這般批評我，才會損及你作為史家的聲譽，如果你真的有聲譽。」

　　由此可見，他嘴巴絕不饒人。之後，泰勒總愛尋隙挑釁，而媒體更樂意報道雙方的罵戰。

他的惹火言行，當然絕非限於學術界。他的社會評論，亦十分出格。例如，一九六七年他在報章《星期日快訊》撰文，批評政府在馬路上定立車速限制，根本對交通安全了無建樹；反而有增加危險之虞。他揚言，自己駕駛了四五十年，但從不理會車速限制，而他自始至終都絲毫無損，足見車速限制毫無效用。

這篇文章惹起讀者不滿，於是向當時的新聞管理局投訴，指摘泰勒變相鼓勵駕駛者犯法，罔顧車速限制。泰勒這番厥辭，害得新聞管理局不得不介入。

不過，這宗投訴經該局研判後，不予受理。據該局稱，泰勒言論雖然確實惹來爭議，但他有言論自由，而這種自由是不應受到干犯的。

另一方面，泰勒與 British Academy 亦有一段糾結。British Academy 的全名是 The British Academy for the Promotion of Historical, Philosophical and Philological Studies，中文或可譯作英國文史哲促進會。這個促進會是英國的人文學科權威學者薈萃之地，其內院士，都享有公認地位。泰勒本屬該會院士，但為何矛盾頓生呢？

事緣著名美術史教授亦即該促進會院士 Anthony Blunt 的蘇聯間諜身分，雖然早已向英國情報當局秘密自供，但在一九七九年被時任首相的戴卓爾夫人披露。他馬上身敗名裂，連爵位也被女皇褫奪，而親友同業都鄙夷他。促進會得悉此項醜聞，亦與他切割，逐他出會。然而泰勒大為反對，認為一事歸一事；Blunt 間諜身分雖然屬實，但這只是他的政治及情報活動，根本與促進會該管的學術無關，因此會方沒有正當理由逐他出會。泰勒為表反對，在翌年悻然放棄會籍，離開促進會。

此舉對耶錯耶，就任憑看官定奪了。不過，重點始終是：泰勒就是這麼的一個人。

細說黎東方「細說史」

月前在本欄介紹專研明末清初歷史的學者謝國楨時，提及我在上世紀七十年代讀過他的《明清之際黨社運動考》，而除此之外，還有多款明史二手參考書，當中以黎東方《細說明朝》最為有趣。

有趣？這種感覺乍聽來似乎與寫史或讀史之事永遠無緣。史真的可以寫得有趣，讀得有趣？

答案是，有的。你只消翻閱黎東方以「細說」體裁寫的歷史，定必感到輕鬆流暢，明快幽默，意趣盎然。為什麼他可以把本該枯燥乏味的歷史寫得生動有趣，看之不厭呢？要瞭解他如何有這般能耐，得從他的成長說起。

留學法國　中西兼擅

黎東方（一九零七至一九九八），本名智廉，原籍河南，生於江蘇，父親是舉人公。也許是幼受薰陶，他早年讀了很多古書，為未來的學習打下穩固基礎。及長，他考進清華大學，主攻歷史，並有幸成為梁啟超四名關門弟子之一。及後負笈法國，進入巴黎大學研習西史，並於三十年代初以最優異成績取得博士學位。

他由於學識廣博，為人圓通，在學術界很吃得開，不論是民國時代的內地以至其後的台灣，或美國及其他地方，都是各所大學爭相羅致並委以要職的對象。

無論何時何地，黎東方的教學事業都是順暢無阻，而終其一生，他基本上與人為善，絕不斤斤計較，亦從不惡意批評學術界任何人。他本身幽默風趣，兼且自嘲能力極強。據學生唐德剛憶述，他「是一位終生樂觀，嘻嘻哈哈，瀟灑不羈，甚至玩世不恭的名士……一生在任何遭遇之下，任何逆境之中，都從未垂頭喪氣，或愁容滿面的悲哀過……永遠是一位笑口常開的彌勒佛……在他把原名的黎智廉改名為黎東方時，他說，他的原意是東方黎明，而不是漢代的滑稽大師的東方朔，不幸的是，他把名字改糟了，結果卻做了一輩的東方朔……我的老師黎東方就是一位現代中國裏具體而微的東方朔。作個現代東方朔，亦足垂不朽矣。……」（見「講三國說民國的史學大家」〔代序〕）

　　黎東方辭世後，唐德剛聯同其他同學在老師喪禮上共賦一輓聯：

「研百家 成一家 輕輕鬆鬆 便為巨帙 鬢宇同尊彌勒佛。
　講三國 說民國 嘻嘻哈哈 不拘小節 全僑永憶地行仙。」

　　在本該莊嚴的輓聯裏，居然用上「輕鬆」、「嘻哈」此等毫不莊重的字眼，就可以明白黎東方性格上就是彌勒佛、地行仙。由是觀之，他本質上、性格上就十分適合寫「細說」歷史。

首位史家　售票講史

　　不過，在刊行「細說」歷史之前，他早於抗戰年間，就在當時的「陪都」重慶擔任多項工作，一邊任職於史地教育委員會和大學用書委員會等組織，一邊舉辦收費講座。

　　據悉，他選定了某個大型會場作為固定的講座地點，定時在場內以漫談細說形式及以輕鬆幽默口脗演講，先是三國歷史，其後暢

談武則天。不管是哪個講題，觀眾都樂意買票入場，細心聆聽。他的講座，套用戲曲術語，每場都「滿坑滿谷」，即是說，全院滿座，絕無虛席。

大家必須明白，他在重慶的講座，斷非一般的街頭說書，借歷史事跡而隨意鋪演，甚至天馬行空，亂說一通。他所說的，盡皆依據史實，按史鋪陳，既無肆意添加，更不扭曲附會。

黎東方繼重慶演講成功，聲名大噪，隨即轉赴昆明，依樣葫蘆，重演一遍。當然，講座受歡迎的程度，與先前在重慶相若。余生也晚，無緣趕及他在渝、昆演講的盛況，但他所著的叢書，卻有緣捧讀，也因此有幸與讀者分享。

他著「細說」史的最大特色，是多數以人物或歷史事件作為每節的標題，而不採用斷代史慣用的體裁。其實，「細說」一詞，頗易惹起誤會，以為是作者詳細述說或解說某朝歷史，但此詞原來是「漫談」之意，是作者不遵守斷代史的體裁而隨興之所至，漫談一番。大家只消隨意翻閱，就知道其「細說」本意了。

「細說」系列　先清後明

本來按照出版先後（詳見本文「配稿」），他的《細說清朝》是最早面世的單行本，而《細說明朝》次之，但我倒想介紹《細說明朝》。我選談此書，斷非因為我少年時先讀此書，因而有「先讀為主」的感覺，而摒棄《細說清朝》。選明史，棄清史，純因史學研判。

滿清一朝雖然是外族入侵後而建立，也儘管清廷口中說「滿漢一家」而在任官施政方面卻是「滿漢分家」，但骨子裏特別是制度

方面，確實是在極大程度上「承明舊制」。正因如此，要瞭解清朝歷史，必先暢曉明朝史實。簡言之，明史不匯通，清史休想看懂。

我手執的《細說明朝》，是七十年代在香港買得的六九年香港壹版，屬於「文星叢刊」的叢書。黎東方在書內第一節「明朝值得細說」先解釋為什麼在刊登細說系列的時候，「說了清朝，才說明朝，是把中國的歷史倒過來敘，這一種敘法，也有道理。因為，我們對於近的比較親切，對於遠的比較陌生。先把比較親切的加以分析、了解，然後再去分析、了解那比較陌生的，於是陌生的也就漸漸變成了親切的了。」（頁一）

他這種解釋方法，倒也貼合人的習性，但不像史家的說法，也挺有趣。不過，他隨即在下一段說明：「清朝之所以能在入關以後立足得住，在於沿襲了明朝制度之長，而革除其短。單憑這一點，明朝便已十分值得我們加以研究。況且明朝在其他方面的成就，也的確不容忽視。它推倒了元朝的部族統治，而且光復了那已經失掉四百多年的燕雲十六州……稱臣的藩邦之多，史無前例……明朝也有富於傳奇性的人物：太祖朱元璋、鄭和、于謙、張居正……」（頁一至二）

到了末段，他才說：「可惜，君權極大，而夠得上行使此極大權力的皇帝，僅有太祖、成祖，仁宣二帝有三楊輔佐，景帝與孝宗亦差強人意，其餘的非昏即愚，大權旁落於奸臣宦官之手。」（頁二）

《細說明朝》 惜未中的

抄錄上文幾百字，無非是要指出幾個重要的可議之處。首先，粗通明史的人當必知曉，明朝根本沒有什麼重大而優良的制度傳給清朝；反之，明朝最大而最殘害中國的制度，卻給清朝承襲了。

學林鷗樂

419

記得之前我在介紹史家謝國楨時明確指出，明朝最大的「特色」，也即是明朝最大的歷史失誤，是早在明初即明太祖洪武十三年藉胡惟庸之事廢除宰相。我當時已引述黃宗羲（梨洲）在其《明夷待訪錄》的說法：「有明之無善治，自高皇帝罷承相始也。」

洪武年間的宰相胡惟庸設若不賢，縱或謀反屬實，其職固然可撤，其罪亦可論誅，但斷不可以藉故撤走宰相之職，致令中國從此陷入「獨夫」（一人專權）困境，平白斷送了我國皇權與相權互抑互濟的千年優良傳統。我國上至秦漢，下迄唐宋，無不是皇權與相權彼此制衡，互相補足，連蒙古人入主中原而建立國祚未及百年的元朝，也設有丞相之職。

廢了宰相，明朝皇帝便須兼負宰相之責；又由於六部互不統屬，而須改由皇帝直接管轄，如此一來，皇帝便成為「獨夫」，今後再不會受到須有的制衡。幹練的皇帝如太祖、成祖，或可肩起「獨夫」重任，但隨後生於深宮的皇帝，如何有效治國？荒怠如神宗，居然可以不朝數十載，國華日替，政務糜爛的情況，根本不言而喻。此外，皇帝苦無賢德副手，只好重用佞臣，寵信宦官，導致政事日衰。

明朝廢相 才是癥結

不過，黎東方那句話「君權極大，而夠得上行使此極大權力的皇帝，僅有太祖、成祖……其餘的非昏即愚，大權旁落於奸臣宦官之手」，其實只說對了一半。須知昏愚皇帝，並非大權旁落，而只是授權非人。試看崇禎皇帝甫繼位，就誅滅魏宗賢一黨，足見皇權常在，只不過是前任諸帝，掌大權卻不用於正道而已。

皇權高漲的另一惡果是君臣之勢日趨傾斜。遠的不說，只從唐朝說起。唐朝皇帝很禮敬大臣，議政時大體上是君臣並坐；到了宋朝，

君尊臣卑的情況轉趨明顯，議政時是君坐臣立；到了明朝，君尊臣卑的情況走至極端，不單是君坐臣跪，而且動輒得咎，慘遭廷杖，即是在朝上用棍毆打大臣。這種視臣子為家奴的悲慘情況，完全敗壞了君主須尊重大臣的良好傳統。清朝所承襲的，就是這種叫人痛心的制度。

清朝康熙及前期的乾隆是鮮有的明君，才可以建造康乾盛世，但隨後的皇帝限於才智魄力，清朝就走上萬劫不復的衰敗道路。回望歷史，朱元璋是中華民族的千古罪人！

皇權高漲　未及詳述

賢如史家黎東方，為何絲毫不見他在書內首節清楚述及明朝真正的最大特色——廢相，而只管寫了一些次要的因素？後學如我，四十多年前初閱此文，確實百思莫解！

另一方面，我想從書內第六十至六十四節，即自「英宗」至「也先」、「土木之變」、「景帝于謙」，以至「奪門之變」，說明皇權如何強大。話說英宗志大才疏，居然率領宦官王振與不懂用兵的兵部尚書鄺埜和一班文官嘗試「御駕親征」的玩意，抵禦也先入侵進犯，結果戰敗被俘，隨行的一些官員和王振被殺。這是明朝史上著名的「土木堡之役」。英宗後來幾經折騰才返回宮中。可惜由於他被擒之後，于謙等大臣擁立英宗弟朱祁鈺為景帝，及後英宗復辟，即史稱「奪門之變」，而復辟有功的宦官曹吉祥居功傲慢，兼且招權納賄，最後甚至密謀造反，怎料被英宗手到擒來，凌遲至死。

由此可見，英宗儘管是個失而復得的不濟皇帝，但所擁權力之大，從瞬間誅滅曹吉祥可見一斑，（反觀唐朝「甘露之變」後，文

學林鷗樂

宗不再視朝，而上一任皇帝敬宗更因故而被宦官弒殺。）黎東方縷述此等歷史時，怎會沒有意識到明朝皇權極為高漲呢？

《細說元朝》 名不副實

　　相對於《細說明朝》，黎東方為《細說元朝》寫文章時，卻沒有那麼順暢，而是遭遇重大挫折。原來他在過程中得了重病。他後來等不及完全康復，就再提筆完稿。（詳見本文「配稿」）

　　不過，這本《細說元朝》倒也特別。此書的頭五分三篇幅，是細說蒙古，而最後五分二左右，才是真正細說蒙古所建立的元朝。因此，嚴格來說，此書名不副實，書不貼題。與其稱之為《細說元朝》，倒不如稱之為《細說蒙古》，就更貼切。可惜，如果稱之為《細說蒙古》，就不是中國的元朝了。黎東方似乎也懶得拘泥這個問題，一於稱之為《細說元朝》。

　　關於這本以五十多篇文章彙集而成的小書，筆者只想提出一個大家或許感到有興趣的課題。黎東方在書內第二十章「蒙古漢軍」一文談到，在成吉思汗逝世之時，全蒙古軍當中，只有十二萬九千人是蒙古人，而忽必列所掌握的蒙古兵，只是這十三萬當中的一大部分。至於窩闊台、蒙哥和忽必列用來伐金伐宋的軍隊，多數是漢軍，而拔都奉命西征的大軍，多數是突厥人。

蒙古創立 漢萬夫長

　　及至窩闊台即位首年，「漢軍三萬戶」宣告成立。所謂「三萬戶」，即是這三萬漢軍分別由三位萬夫長領導。窩闊台滅了金國後，增添了五個萬戶。由此可見，滅金滅宋的大舉，雖由蒙古人主事，

但主要由漢軍執行，而這亦某程度上解釋了元朝把國民分成四等時，「漢人」（指北方的漢人）比「南人」（即南方的漢人）高一級。

另一方面，黎東方在隨後一章「成吉思可汗的遺產」指出，成吉思可汗在即位為可汗之時，封了三個萬戶，九十五個千戶；軍事上，他們是萬夫長，千夫長；行政上，是省長，縣長；在社會職能上，是部長，族長；在爵位上，是侯爵，男爵。萬戶和千戶都是世襲的爵位。

黎東方續稱，成吉思可汗糾合了多數的部落與氏族，屢屢對外作戰，而作戰期間，生死與共，戰勝以後，財產分享，俘虜分享，都足以增進各部落氏族之間的團結，以及對領袖成吉思可汗的擁護。

成吉思汗　建立「護衛」

成吉思可汗的另一傑作，是建立「護衛」，並將護衛人數由一千增至一萬。護衛是從各地萬戶千戶百戶的子弟挑選擔任，一則有根有連，易於管控，易求忠誠；二則可作為質子，致令相關萬戶千戶不敢貿然造反。

護衛由於隨時在可汗身邊侍候，戰時是督戰隊伍，平時則是憲兵護衛體制，又等於是軍官學校兼行政幹校，是訓練擢用提拔的理想園地。上述這種不像制度而實質是上佳制度，實在是蒙古「馬上得天下」的一大因素。

另一方面，黎東方在六十年代中推出一本由臺灣商務印書館人人文庫刊行的小書——《先秦史》，而我手執的版本，是七四年第四版。書內共有上中下三卷，每卷有八章，合共二十四章；每卷分敘「遠古」、「春秋」、「戰國」，由石器時代講至秦統一前後。

學林鷗樂

集權制度　秦朝創造

　　他在書內末章開端明言：「公元前二二一年的統一，是中國歷史上的一大分水嶺……。在此以後，便是中國於既已形成一固定國家以後，如何逐漸充實與變換其內容的時期。……他創造了前此所未有的澈底集權制度。……一切的土地屬於皇帝，一切權力集中於皇帝。因此，一切的事務也集中於皇帝一身。他必須……每日批閱一石重的公文。這是需要如何飽滿的精力？歷史上每一個專制政體的基礎，本就建築在君主的健康上。」

　　每次看到這段文字，不期然想起吳晗在《朱元璋傳》記述明太祖每天批閱千多條奏章之事。開國皇帝固然尚可應付，但及後繼承皇位的子子孫孫又如何？他們生於深宮之中，長於婦人（包括宦官）之手，又何來魄力日理萬機呢？勢必假手於人。外戚有之，宦官更有之。

　　如果宰相制度健全，尚望擔起輔助重責，但如果相權不彰，甚或宰相一職已予廢除，國家行政就會日漸衰壞。

　　回望國史，秦一統天下，奠立集權於一身的皇帝制度，之後歷代沿襲，究竟是福大於禍，抑或禍福參半，甚或禍大於福？治史之人，應該有所鑑別。

散篇文章　寫了不少

　　除「細說」史外，黎東方也寫過不少散篇文章，當中有些收入《我對歷史的看法》（中國工人出版社，二零零八）一書內。此書收錄了二十多篇長短不一的文章。不過，當中我最想提及的是「王安石」一文，不是因為此文精闢高妙，也不是有待商榷之處極多，而是因為他在文末提及一件值得世人深刻反思的事。

本來此文是他因應業師梁啟超所撰的《王安石傳》而有意加述。在他看來，「老師的著作雖多，其內容之精美、客觀，而充滿了愛國心，以《王安石傳》為第一。」（按：學術界一般認為梁啟超的力作，首推《中國近三百年學術史》及《清代學術概論》。他反選《王安石傳》，倒有力排眾議之心。）

關於他在文內覆述王荊公的變法新措施，由於知之者眾，不必細表。他在末段提及蘇軾起初激烈反對新法，但其後目睹新法確有成就，於是自覺錯誤，並向朋友說道：「吾儕新法之初，輒守偏見，致有同異之論。雖此心耿耿，歸於憂國，而所言差謬，少有中理者。今聖德日新，眾化大成，回視向之所執，亦覺疏矣。」及至王安石退休，蘇軾更前去拜訪他，甚至以詩相酬。黎東方稱讚蘇軾，認為他勇於反省認錯，衝破黨爭界線，確有士子風範。

細說流暢　立論未精

本文限於篇幅，無法詳述黎東方的史學特點。只可最後指出，黎東方固然腹笥淵博，甚至學貫中西，加上幽默風趣，細說流暢，把一般人認為沉悶枯燥的歷史變成輕鬆有趣的故事。這般能力，的確睥睨學林。然而，從嚴正的學術角度看，由於他並非專攻某朝，亦非精於某個門類，因此對歷史的研究未算深入，立論偶爾未及精確。

綜合而論，黎東方的細說史，用作趣味史書閱讀則可，用於史學研究就似覺不算最為適合。不過，這不就是他寫細說史的本意麼？

（二十世紀文史名家系列之二十二）

學林鷗樂

《細說》系列出版歷程

上世紀六十年代，早已譽滿台灣及海外學林的黎東方，俯允台灣某報社敦請，以「細說清朝」為題，寫了大量短篇文章，並於其後印發成書，而這就是後來《細說》系列的第一本書——《細說清朝》。

由於《細說清朝》廣受歡迎，黎東方再次應邀，以同樣模式寫就《細說明朝》，並於六十年代後期以「第一冊」及「第二冊」出版。那邊廂，黎東方自一九六三年另外慨允香港某報社請託，開始寫一連串以民國為題的文章，而這個初稿就是後來刊行的《細說民國》。

他後來再應台灣報社敦請執筆寫《細說元朝》時，卻遭遇到一些困難。一則，他覺得元史最難讀（按：大抵指元史不好讀），亦最難寫；既然最難寫，那當然就最難細說。不過，由於報社主事者勉勵他「勇闖」（他自己的用語）這一關，他不得不勉力施為。二則，他在寫作過程中患病險死，但未待完全康復，就再執筆「闖關」。

到了九十年代，上海人民出版社向黎東方致意，懇請他允准內地出版他先前寫就亦即上述分別細說元、明、清、民國的四本書。黎東方深感「於離開故鄉父母之邦五十個年頭以後，重新能與祖國史學界以文字相會，共同切磋，增進知識」（見內地版「自序」），於是慨允所請，並親自執筆作序，而當中的《細說民國》為求切合實情，易名為《細說民國創立》。

鑑於黎東方去國半個世紀，建國後的內地學子對他毫無認識，而只有在三四十年代修業的學子才認識他，出版社特邀內地知名史

家鄧廣銘和唐振常為這四史（其後加上《細說三國》）作總序，推介黎東方，為他打邊鼓助威。

黎東方有感於內地對他的「細說系列」反應熱烈，毅然以耄耋之年續作，希望完成其餘朝代的細說史。可惜到了九八年底，他溘然辭世，只完成了《細說秦漢》的其中一部分。出版社為免「細說系列」中斷，邀得黎東方弟子陳文豪整理遺稿，並請內地秦漢史專家王子今續完《細說秦漢》；另邀史學名家沈起煒、趙劍敏及虞雲國分別撰寫兩晉南北朝、隋唐及宋代三書。書成後，與黎書一併納入「細說中國歷史叢書」。

踏入二十一世紀初，這套由黎東方開啟而由內地史家續成的「叢書」全面推出。不過，為黎東方承乏的幾位史家，究竟是青出於藍，更勝前人，抑或是工力悉敵、秋色平分，又或是狗尾續貂，落得效顰，則不屬本文範圍。他日有緣，或可另文論說。

學林甌樂

學林鷗樂

塵紓

作者： 塵紓

編輯： Joyce Shum

設計： 4res

出版： 紅出版（青森文化）

地址：香港灣仔道 133 號卓淩中心 11 樓

出版計劃查詢電話：(852) 2540 7517

電郵：editor@red-publish.com

網址：http://www.red-publish.com

印刷： New Artway Printing Production Ltd

香港總經銷： 聯合新零售（香港）有限公司

台灣總經銷： 貿騰發賣股份有限公司

地址：新北市中和區立德街 136 號 6 樓

電話：(886) 2-8227-5988

網址：http://www.namode.com

出版日期： 2023 年 12 月

上架建議： 文史

ISBN： 978-988-8822-66-9

定價： 港幣 97 元正／新台幣 390 圓正